秘蔵写真で振り返る
関西発
ゆかりの名列車

606M急行「鷲羽3号」。153系12両だが、車体の色がまちまち。3.15改正で「新快速」に転用予定の青色の車が混ざって、この時代ならではの編成色を見せている。今は「さくら夙川駅」となっているこの構図も懐かしい。1972.1.6　西ノ宮〜芦屋

東海道新幹線開通前は、現在の東海道本線（ＪＲ神戸線、ＪＲ京都線、琵琶湖線など）が東京～大阪・神戸間を結ぶ主力だった。国鉄伝統の列車名「つばめ」も、当時最新鋭の151系によって運転されていた。１等車が５両も連結され、全12両の豪華編成。1961.1.4　近江長岡~柏原　写真：篠原 丞

名古屋、東京へ
東海道本線、関西本線を東上

関西～関東を結ぶ大幹線であるゆえ、歴史上、常に最新のテクノロジーが導入されてきた半面、栄枯盛衰も激しかった。東上する名列車には、上京の意気込みが重なってくる。

戦後、「つばめ」とともに東京～大阪間を結ぶ優等列車の代表格だった「はと」。ヘッドマークを掲げた展望車も誇らしげに、快走してゆく。1960.5.25　関ヶ原～垂井　写真：篠原 丞

東海道本線の電車急行全盛時代の一翼を担った急行「やましろ」。特急があったとはいえ、庶民の旅は普通列車や急行列車が主。「六甲」「せっつ」などとともに、こうした急行の愛称は一定の世代には青春のように懐かしい。1961.10.1　大阪　写真：大津 宏

とんでもなくスタイリッシュな新幹線500系。登場時の衝撃は今も記憶に新しいが、ＪＲ西日本の車両だっただけに、関西のレイルファンには親しみも深い。16両編成時代の「のぞみ18号」博多発東京行き。　2007.4.5　三河安城～豊橋

新幹線の影で大阪～東京間を結んだ寝台急行「銀河」は、東海道本線全盛時代の面影を最後まで残し孤軍奮闘していた名列車だった。東京から夜通し走ってきたナハネフ23が関西の通勤客を見つめるのは、いつもの朝の大阪駅一景。
1977.3.26　大阪

関西本線は東海道本線のバイパス線でもあり、優等列車が多数運転されていた。その中で、最後まで残ったのは奈良～名古屋間の急行「かすが」。キハ65形＋キハ58系で座席指定が1両、201Dという列車番号は、車両がキハ75形に置き換えられてからも引退まで変わらなかった。
1991.4.21　木津～平城山

朝の山陽・東海道本線（ＪＲ神戸線）は、九州からの夜行列車が続々東上する“長距離列車銀座”だった。宮崎県都城から一夜駆けてきた新大阪行き特急「彗星３号」が、朝の六甲颪を受けてラストスパート。EF58 85＋ 24系14両の優美な編成も懐かしい。1975.2.23　西ノ宮～芦屋

九州、四国へ
山陽本線を西下

東海道本線黄金時代の殷賑がそのまま西にスライドしていたような山陽本線。新幹線の延伸に合わせながら、古くは瀬戸内海航路と対峙しながら生き抜いた、西下の名列車たちである。

世界初の寝台電車581系による特急「月光」。昼夜を走る車両は高度経済成長の申し子だった。新大阪到着後、野洲に回送されていた。　1971.4.26　瀬田～草津

1964年10月のダイヤ改正で九州乗り入れとなった151系「はと」。九州内は交流区間のため、機関車牽引で運用されていた。パンタグラフが下げられている、今となっては珍しいシーン。1965.9.12　門司～小倉　写真：篠原 丞

山陽新幹線開業前の急行列車は多士済々で、中でも「つくし」は新大阪～博多間を結んだ名列車。グリーン車やビュフェも連結した堂々の475系10両編成は、山陽本線の貫禄十分だった。201M新大阪発博多行き急行「つくし1号」。1972.2.24　八本松～瀬野

大阪無視の列車ダイヤだったブルートレインが、初めて関西発の列車として登場したのが特急「あかつき」だった。それだけに、関西のレイルファンにとって思い入れの深い名列車である。36レ長崎・佐世保発新大阪行き「あかつき6号」。14系14両編成。　1974.10.10　須磨～塩屋

国鉄末期、新幹線の旅の楽しさを教えてくれた100系も、晩年は短い編成となってカラーリングも一新。山陽新幹線で「こだま」として運用されていた。山陽新幹線は、100系に限らず、各型式とも最後の活躍を見せる場としての楽しみもあった。こだま「634号」。2002.12.28　相生

青函トンネルが完成して北海道とレールが繋がり、特急「日本海」が函館発着となったが、やはり札幌まで走破する「トワイライトエクスプレス」は、関東の「北斗星」を凌ぐ、関西発着ご自慢の夢列車だった。EF8 143　1995.8.23　新疋田～敦賀

北陸、東北、北海道へ日本海縦貫線を北上

関東在住者が想像する以上に、関西と北陸、東北、北海道の結びつきは太くて深い。まるで、古く北前船の伝統を今に映すルートを駆け抜けた名列車たちには、東京とは無縁ゆえの、独特の貫禄が備わっているのである。

大阪・京都～北陸間の鉄道需要は高く、特急と急行が多く運転されていた。「ゆのくに」「立山」は、馴染み深い急行の名列車である。これらの列車は、湖西線開通前は米原経由だったのも語り草である。1501M大阪発金沢行き急行「ゆのくに１号」 475系12両編成。1971.4.26　瀬田～草津

国鉄がＪＲとなって柔軟な発想の列車が次々に登場したが、北陸の名列車「雷鳥」も生まれ変わり、時代の移ろいを感じさせた。4019M大阪発富山・和倉温泉行き特急「スーパー雷鳥19号」485系10両編成。1994.8.21　今庄～湯尾

山陰本線の起点、京都駅の山陰ホームは、長大編成を迎え入れるに十分な威容を放っていた。10両編成も食堂車連結も、今となっては信じられない光景かもしれない。2007D城崎行き特急「あさしお3号」。1974.1.1　京都

山陰、南紀へ
山陰本線、紀勢本線を辿る

地の利の関係上、多くの名列車が関西拠点で運転された山陰や南紀。今ではありえないルートを走る名列車も、多かったものである。関西人には懐かしい列車名に、そのオリジナルルートとその時代の印象を重ねてしまう。

11D新大阪発出雲市行き特急「おき」。今では山口線発着列車の印象しかないが、実は関西仕立ての列車だった。キハ181系10連の堂々編成。1972.1.6　西ノ宮～芦屋

現在のきのくに線を走る特急「くろしお」は、紀勢本線を経由して関西～中京圏を結ぶ列車として登場。1972年10月からはキハ81形も加わり、食堂車なども連結されて華やかだった。南紀地方が新婚旅行先として人気があったのもこの時代だ。1D名古屋発天王寺行き特急「くろしお1号」。1974.4.5　串本～紀伊姫

信州への直通夜行急行といえば「ちくま」。スキーヤーやハイカーなどに親しまれた名列車で、後年は14系寝台車＋12系座席車の“準ブルートレイン”の編成だった。4802レ長野発大阪行き急行「ちくま」は、大阪着8時で撮影しやすかった。1990.9.23　山崎～高槻

飛騨、信州へ
高山本線、中央本線を辿る

名古屋発着の列車でも、その一部は関西発着で運転されていた飛騨、信州への名列車たちは、スキーヤーやハイカーにはなじみ深い。彼らが大阪駅にいると、ターミナル駅の雰囲気も変わるのである。

名古屋での乗り換え不要の大阪直通特急「しなの」1往復は、関西のレイルファンにとっては往年の東海道本線を思い出させる名列車だった。2015M大阪発長野行き特急「しなの15号」383系10両編成。　2002.12.30　近江長岡～柏原

高山本線直通の列車は特急「ひだ」とともに急行「たかやま」があった。ディーゼル車独特のエンジン音が響く大阪駅構内は、東京のターミナル駅には無い雰囲気を醸していた。4711D大阪発飛騨古川行き急行「たかやま」。キハ58系４両編成。1999.8.10　大阪

関西発
ゆかりの名列車

国鉄～JRのネームドトレインの物語

寺本光照
Teramoto Mitsuteru

交通新聞社新書 171

関西発ゆかりの名列車　国鉄～ＪＲネームドトレインの物語――もくじ

第2章　山陽本線を西下した名列車たち……79

第3章　日本海縦貫線をゆく名列車たち……145

序章　伝統を感じさせる関西発の列車群～はしがきにかえて

戦後の特急列車が復活した１９４９（昭和24）年から現在にいたるまでの四半世紀。大阪を中心とする関西の国鉄～ＪＲ主要駅を、数多の列車たちが東海道・山陽・山陰・北陸・紀勢線等に所在する都市や観光地を目指し旅立って行った。この間、京都・大阪・天王寺の各駅を始発とする定期優等列車が通過した都道県（末端区間が普通列車になる場合を含み、京阪神の３府県を除く）は、北海道・四国を含め、実に36の多くに及ぶ。

関西の鉄路を行き来した列車たちを、思い浮かぶ順に振り返ると、１９５０年代は展望車付きの特急と、多数の車種を連結した長編成の幹線急行。60年代は「こだま」や「白鳥」に代表される電車や気動車の特急、それにブルートレインと中盤から登場した新幹線電車。70年代から国鉄末期の80年代にかけては、電化の進展による数自慢のエル特急。もちろん、団塊の世代を中心に周遊券利用でお世話になったキハ58系急行群や、長距離の普通列車を忘れてはならない。そして、民営化後はＪＲ西日本オリジナルの山陽新幹線電車や特急電車群と、第三セクター会社による気動車特急、それに特急並みのスピードを誇る「新快速」

電車など、まさに〝役者〟は多士済々である。

国鉄列車の特徴は、全国均一サービスを展開することで車両や設備が標準化され、何とも言えない落ち着きがあり、優等列車である特急には歴史と伝統のなせる業か、車両を見るだけでも風格が感じられたほどである。現在のJR西日本特急車もそれを受け継いでいるのか、奇をてらわない落ち着いたスタイルや塗装、広い窓などに好感が持てる。

今回、『関西発　ゆかりの名列車』を発表する機会をいただいたので、6つの章に分けて、東海道・山陽・日本海縦貫・山陰・南紀・信州並びに飛騨本面へ行く名列車群を、概説と幾つかのテーマごとに解説させていただく。各運転区間の時代の運転状況が分かるよう、優等列車一覧や時刻表、編成表なども掲げさせていただいた。時刻表については、上下列車とも記すのが「鉄道史」とりわけ「運輸運転史（列車史）」では常道だが、本書ではタイトルの「関西発」にこだわり、大阪（または京都・天王寺）発の列車だけを掲載させていただいたことをお断りしておく。また、関西在住の筆者にとっては、掲載の運転区間によっては、小学生時代の1950年代半ばから乗車の経験があるため、そうした思い出も挿入しながら執筆を進めていくことにしたい。列車史の論文ではなく、列車を主人公とした物語だと思って、気楽に読んでいただければ幸いである。

第1章

東海道本線を東上した名列車たち

概説

新橋～横浜間に、わが国の鉄道が最初に営業を開始したのは1872（明治5）年9月12日（太陽暦10月14日）だが、500km以上も離れた関西の大阪～神戸間も、それから2年も経たない1874（明治7）年5月11日に開業を見ている。

その東西両区間が米原付近で結ばれるのは1889（明治22）年7月1日で、その後1909（明治42）年10月の線路名称制定にともない新橋～神戸間が東海道本線と命名される。この東海道本線は、路線の大部分が江戸時代に最も人々の往来があった東海道沿いに建設されたことや、勾配区間が比較的少ないうえに、東京～神戸間で横浜・静岡・浜松・名古屋・京都・大阪など人口の多い都市を結ぶことで、幹線鉄道としては、立地条件に恵まれていた。

特に首都で政治・文化の中心である東京と大阪を中心とする関西地区は、鉄道全通時から直通客の需要があったことで、特急や急行といった特別料金を徴収する優等列車や夜行列車の運転も、他の幹線路線に先がけて実施された。そして、東京～大阪（神戸）間を少しでも早く結ぶため、全区間の複線化や線路改良のほか、機関車の性能向上と大型化など技術開発も積極的に進められてきた。日露戦争後の1912（明治45）年6月には、国際列車的使命を持つ展望車付きの特急（のちの「富士」）が新橋〜下関間で運転を開始。1930（昭和5）年10月には、東京〜神戸間をそれまでの最短所要を3時間近くも短縮し、9時間（東京〜大阪間8時間20分）で結ぶ特急「燕」が登場。全区間を蒸気機関車の牽引ながら、表定速度が時速70キロに近いスピードは当時としては驚異的で、〝超特急〟といわれた。

1937（昭和12）年7月には、東京〜大阪間を通過する特急だけでも前述の「富士」「燕」に加え、「櫻」「鷗」と計4往復が揃うが、直後に勃発した盧溝橋事件により日本は世界大戦への道を進み、1945（昭和20）年8月の無条件降伏後は、連合国軍による間接統治を受けたことで、一時期には優等列車が全廃され、2等車の連結も廃止される〝暗黒期〟にも直面する。

しかし、戦後の世も少しずつ落ち着きを取り戻し、国鉄が公共企業体として再出発後の1949（昭和24）年9月には、東京〜大阪間に特急が「へいわ」の列車名で復活。「へいわ」は1950（昭和25）年元日をもって「つばめ」に改称されるが、同年5月には姉妹列車として同区間に「はと」が登場し、特急は2往復体制になる。連合国軍による支配下という厳しい時代だったが、両列車とも1等展望車や2等車、それに食堂車が連結され、同年中に2等車は居住性の良いリクライニングシート車に置き換えられた。同年10月改正時点の急行や準急に目を向けると、東京〜大阪間を通す昼行急行は、すべて九州への直通列車。夜行は東京〜大阪間完結のほか、山陽・九州への直通が設定されていた。準急は大阪から東海道上り方に向かう列車の設定はないが、関西本線湊町（現JR難波）〜名古屋間で3往復が運転されていた。今日の同線の姿からは想像もできないが、名阪間ではバイパス的な役目を担っていたのである。急行の2等車には特急同様のリクライニングシート車と、転換クロスもしくはシートピッチの広い固定クロスシート車の双方が連結されており、前者は特別2等車（特ロ）と呼ばれ、乗車には2等急行券のほか「特別2等車指定券」（1951年10月から地帯別特別2等車券に変更）が設定された。なお、特急の2等車はすべて特ロであるため、特別2等車料金の設定はなかった。

ところで、戦前における東海道本線の電化は、東京〜沼津間が丹那トンネル開通の1934（昭和9）年12月までに、関西の京都〜神戸（〜明石）間も同年9月までに完成する。だが、その後は戦争の影響でそれどころではなく、戦後は1949（昭和24）年2月の沼津〜静岡間の電化完成を皮切りに、徐々に区間を西に進め、1956（昭和31）年11

東京からの特急「つばめ」が大阪駅に到着。機関車はC62 17号機。右隣は城東線（現在の大阪環状線）の電車だ。1955.3.19　写真：篠原丞

月19日の米原～京都間の工事竣工により、全線電化が完成する。当時としては記念切符が発売されるほどの国家的プロジェクト完成で、国鉄もEF58形電気機関車の通し牽引となった東京～大阪間特急「つばめ」「はと」用の機関車と客車を、それまでの標準色である茶色から薄緑色に変更し、電化をアピールするほどだった。

この改正では、戦後としては初の東京～大阪間昼行急行「なにわ」と、関西三都は深夜通過で利用は困難だが、これも戦後初の東京～九州間特急「あさかぜ」が寝台車主体の編成で登場する。だが、せっかくの電化も電車優等列車は、東京口で湘南形80系電車が伊豆温泉郷への準急に使用されている程度で、東海道本線には電車運転が実施されていない区間さえあった。当時、大手私鉄では小田急電鉄・東武鉄道・京成電鉄・近畿日本鉄道の4社が有料の特急を運転しており、中にはリクライニングシート車や高性能車まで導入する会社も存在しただけに、

国鉄はこと電車の分野で、遅れていると言わざるを得なかった。

そうした国鉄も、吊掛け駆動の旧性能車ながら軽量客車に類似した車体を持つ80系300番代を製造し、1957（昭和32）年10月1日から東海道本線下り方では、大阪／神戸～名古屋間準急（運転開始後「比叡」を命名）3往復に投入する。80系電車準急は東京～名古屋／大垣間準急にも登場したため、ここに東海道本線は全区間にわたり電車の活躍舞台になる。またこの改正では、東京～大阪間夜行急行のうち、「彗星」が座席指定の3等車1両以外は、すべて寝台車での編成となり、『時刻表』には「寝台専用列車」または「寝台列車」と記された。

翌1958（昭和33）年は、戦後における国鉄技術の蓄積が一斉に開花した年で、東海道本線では、まず10月1日に東京～九州間特急「あさかぜ」が、茶色の一般形客車から、ブルーを基調にクリーム色の3条のラインを施した塗装も鮮やかな、集中電源方式の固定編成客車20系に置換えられる。寝台車主体の編成は、等級に関係なく全車両がエアコン完備で、冷房など高級ホテルのような限られた場所にしか設置されていなかった当時では、別次元の寝台列車とあって「走るホテル」とまで称された。

電車も、前年に登場した乗り心地のいい通勤型新性能車モハ90系をもとに、外観や車内設備、それに性能面を優等列車用に改良した特急型モハ20系と、準急型のモハ91系が11月1日から戦列に加わる。20系電車は東京～大阪／神戸間特急「こだま」２往復に登場。世界でも類を見ないボンネット型の正面形状や、クリーム色を基調に窓周りや屋根の雨樋部分、車体裾に赤のストライプを施したスマートで鮮やかな塗装。そして客車の20系同様に全車エアコン完備で、３等車も回転クロスシートになり、供食設備としては新企画の軽食堂・ビュフェが採用された。20系電車はこうしたデラックスな設備と、列車名にふさわしく東京～大阪間を日帰り可能とする６時間50分の高速で結ぶなど、日本中で大きな話題となった。この20系電車と同じ日に、80系に代わり東京～大垣間準急「東海」でデビューを果たした91系は、前面ガラスの隅に曲面ガラスを使った貫通型の正面マスクを持ち、側面もユニットサッシの二段窓が採用されるなど優等列車用車両にふさわしく、地味ながらも工夫を凝らしたスタイルになるが、全体としてのイメージは80系３００番代の域を出ていないのか、それとも20系電車のインパクトがあまりにも強烈だったせいか、当初はあまり話題にのぼらなかった。しかし、増備車の登場で運用列車が増え、１９５９（昭和34）年４月から準急「比叡」の運用にも加わると、新性能電車特有の静かな車内や20系と同じ空気バネの乗り心地の良さで人気を集めた。なお、電車の形式が増えたことにより、同年中に20系は151系、90系は101系、91系は153系のように3桁形式に変更される。本書でも以後電車の形式については3桁で表記させていただく。

電車による優等列車の大好評により、国鉄が昼間の優等列車は電車または気動車、夜行優等列車は寝台列車を主体とする方針を立てるまでに時間はかからなかった。そして、1960（昭和35）年6月1日改正では、「こだま」登場以後も東海道特急として客車が併用されてきた「つばめ」「はと」計2往復も151系電車化の対象となり、1等展望車に代わるパーラーカーや、本格的な食堂車も連結され編成も豪華になる。同日からは153系も急行に進出し、「せっつ」の列車名で東京〜大阪間を7時間46分で結ぶ。東海道本線優等列車の電車化拡大で、展望車の引退と同時に1等の等級も消滅したため、1ヵ月後の7月1日に列車等級の呼称変更が実施され、旧3等車は新2等車に、旧2等車は新1等車に、それぞれスライド格上げされた。

1961（昭和36）年3月1日には、特急に比べサービス面で見劣りが目立った東海道急行の体質改善が実施され、「なにわ」「せっつ」とも153系電車の急行バージョンともいうべき、リクライニングシートの1等車と寿司スタンド付きの半室ビュフェ車各2両を連結した編成に置き換えるとともに、運用間合いで夜行急行「金星」が新設される。

電車特急「こだま」誕生以来、年々列車運転が充実する東海道本線だが、複線の線路には東京〜大阪間を6時間30分で走破する最高時速１１０キロの電車特急から、貨物取扱駅で入換作業をしながら同65キロの低速で操車場間を結ぶ貨物列車まで、昼夜を問わず動力や種別、最高速度が異なる多くの列車が運転されているため、このままでは輸送量が行き詰まることは容易に予想された。そこで東海道本線の全線複々線化が望まれ、種々の検討の結果、平均時速２００キロ、最高時速２５０キロの標準軌による高速列車専用の新線を建設し、在来線と分離することになる。これが「東海道新幹線」で、１９５９（昭和34）年４月に起工式が行われ、１９６４（昭和39）年10月の開業に向け、建設工事が開始された。

そうした中で、１９６１（昭和36）年10月1日に全国ダイヤ改正が実施される。キハ80系気動車の大増備により全国特急ネットワークが構築されるなど、戦後国鉄では最も華やかな改正だが、こと東海道本線に限っては、新幹線開業までに実施可能な最後の改正であり、これ以上列車増発やスピードアップの余地はないといった厳しい改正でもあった。この改正で、大阪駅から名古屋以遠の東海道本線に直通する定期優等列車は、別掲の**表１**のように昼行が電車特急7本、電車急行6本、客車急行5本、電車準急10本。夜行は電車急行3本、客車急行8本になり、そのうち5本は寝台列車である。このほか京阪神間では〝お

表1　1961（昭和36）年10月1日改正における大阪駅発東海道本線上り優等列車一覧

時	分	種別	列車番号	列車名	始発	行き先	動力	形式・編成両数	連結車種等	備考
2	12	特急	4	あさかぜ	博多	東京	客車	20系14両	寝・ABロネ・ハネ・シ	
	50	特急	6	はやぶさ	西鹿児島	東京	客車	20系14両	寝・ABロネ・ハネ・シ	
3	58	特急	2	さくら	長崎	東京	客車	20系14両	寝・ABロネ・ハネ・シ	
4	13	特急	1004	みずほ	熊本	東京	客車	一般形12両	寝・Bロネ・ハネ・シ	不定期
5	37	急行	604	阿蘇	熊本	名古屋	客車	一般形14両	Cロネ・ハネ・シ	
6	35	急行	34	雲仙・西海	長崎・佐世保	東京	客車	一般形14両	ハネ・シ	
7	00	特急	2M	第1こだま	（大阪）	東京	電車	151系11両	展・シ・ビ	
	30	準急	402M	第1伊吹	神戸	名古屋	電車	153系10両		全車座席指定
	45	特急	1002M	第1ひびき	（大阪）	大阪	電車	157系6両		不定期
8	00	特急	2004M	第1富士	神戸	宇野	電車	151系11両	展・シ・ビ	
	16	準急	404M	比叡1号	（大阪）	大垣	電車	153系10両		
	30	急行	102M	六甲	（大阪）	東京	電車	153系12両	ビ	
	40	急行	36	高千穂	西鹿児島	東京	客車	一般形15両	Cロネ・ハネ・シ	
9	00	特急	4M	第1つばめ	（大阪）	東京	電車	151系11両	展・シ・ビ	
	30	急行	104M	やましろ	（大阪）	東京	電車	153系12両	ビ	
	42	急行	1032	桜島	西鹿児島	東京	客車	一般形15両		不定期
10	22	急行	32	霧島	鹿児島	東京	客車	一般形15両	Cロネ・ハネ・シ	
11	00	急行	106M	いこま	（大阪）	東京	電車	153系12両	ビ	
	30	準急	406M	比叡2号	（大阪）	名古屋	電車	153系10両		
12	30	急行	108M	第1なにわ	（大阪）	東京	電車	153系12両	ビ	
13	00	特急	6M	はと	（大阪）	東京	電車	151系11両	展・シ・ビ	
	20	急行	110M	第1せっつ	（大阪）	東京	電車	153系12両	ビ	
	50	準急	408M	比叡3号	（大阪）	名古屋	電車	153系10両		
14	00	急行	112M	第1よど	（大阪）	東京	電車	153系12両	ビ	
	30	特急	8M	第2こだま	（大阪）	東京	電車	151系11両	展・シ・ビ	
15	00	準急	410M	比叡4号	（大阪）	名古屋	電車	153系10両		
	20	特急	1004M	第2ひびき	（大阪）	東京	電車	157系6両		不定期
	30	特急	2003M	第2富士	宇野	東京	電車	151系11両	展・シ・ビ	
16	00	準急	412M	比叡5号	（大阪）	名古屋	電車	153系10両		
	30	特急	10M	第2つばめ	（大阪）	東京	電車	151系11両	展・シ・ビ	
17	00	準急	414M	比叡6号	（大阪）	名古屋	電車	153系10両		
18	00	準急	416M	比叡7号	（大阪）	名古屋	電車	153系10両		
	03	急行	602	さつま	鹿児島	名古屋	客車	一般形10両	ハネ	
19	00	準急	418M	第2伊吹	（大阪）	名古屋	電車	153系12両	ビ	全車座席指定
	20	急行	1116M	第2いこま	（大阪）	東京	電車	153系12両	ビ	不定期
	40	急行	1114M	はりま	姫路	東京	電車	153系10両		不定期
20	00	準急	420M	比叡8号	（大阪）	名古屋	電車	153系10両		
	05	急行	114M	第2せっつ	（大阪）	東京	電車	153系12両	ビ	
	16	急行	26	瀬戸	宇野	東京	客車	一般形14両	Bロネ・ハネ・シ	
	25	急行	1118M	第2六甲	（大阪）	東京	電車	153系12両	ビ	不定期
	45	急行	14	明星	（大阪）	東京	客車	一般形12両	寝 ABロネ・ハネ	
21	05	急行	38	筑紫・ぶんご	博多・大分	東京	客車	一般形15両	Bロネ・ハネ・シ	
	20	急行	12	銀河	神戸	東京	客車	一般形11両	寝 ABロネ・ハネ	
	45	急行	116M	第2なにわ	（大阪）	東京	電車	153系12両	ビ	
22	00	急行	24	安芸	広島	東京	客車	一般形15両	Bロネ・ハネ・シ	
	15	急行	16	彗星	（大阪）	東京	客車	一般形14両	寝 ABロネ・ハネ	
	30	急行	18	月光	（大阪）	東京	客車	一般形15両	寝 ABロネ・ハネ	
	45	急行	118M	第2よど	（大阪）	東京	電車	153系12両	ビ	
23	00	急行	2022	金星	（大阪）	東京	客車	一般形6両	寝 ハネ	京都から「出雲」に併結

大阪駅から東海道本線名古屋以遠に直通する定期列車と不定期列車を記載
連結車種欄；展＝展望車(パーラーカー)　シ＝食堂車　ビ＝ビュッフェ車　寝＝寝台専用列車(東京〜九州間特急も組成内容から寝台列車と見做す)　Aロネ＝1等寝台A室　Bロネ＝1等寝台B室　Cロネ＝1等寝台C室　ハネ＝2等寝台
客車形式のうち一般形とは、どの車両と連結しても運転が可能な10・43系客車などを示す
編成両数は大阪駅発車時点のものを示す
連結車種等欄に特記事項なしは、1・2等座席車だけで組成される列車を示す

じゃま虫〟の存在だが、九州発東京行き寝台特急も３本が運転されていた。当時これらの列車は、大阪駅北側上り列車ホームの９・10番線（１９６２年10月からは（９～11番線）から発車しており、同番線の構内通路には不正乗車防止のため中間改札が設けられていたので、見送り客は入場券を購入しなければならなかった。年輩の読者の方なら、こうした駅風景や在りし日の列車の姿が浮かぶことと思うが、質的にもバランスが取れた列車群が次々に大阪駅にやって来る、東海道本線の栄華の時代だった。

東海道新幹線東京～新大阪間は、当初の予定通り東京オリンピック開催を目前に控えた１９６４（昭和39）年10月１日に開業。同区間に速達タイプの超特急「ひかり」と各駅停車タイプの特急「こだま」が設定される。これにより在来線東京～大阪相互間の特急は全廃されるが、新幹線鉄道そのものが〝初物〟で速いスピードに不安を抱く向きや、沼津や岐阜のように新幹線の停車駅から外された主要駅への利用客の便宜を図るため、急行や準急は半数以上が存続する。しかし、日が経つにつれ新幹線の快適性と便利さが認識されると、在来線利用客の新幹線移行が顕著になり、１９６８（昭和43）年10月改正では東京～大阪間から電車急行が撤退。一方、新幹線も山陽区間の岡山開業を機に「ひかり」「こだま」の種別を特急に統一。さらに東京～博多間開業の１９７５（昭和50）年３月改正では、「ひかり」と「こだま」の料金が同一とされたことで、東京〜新大阪間の直通旅客は繁忙期のピーク時を除いては「ひかり」を利用するようになり、「こだま」は補佐的使命を一層濃くする。この改正で在来線では東京〜西鹿児島間急行「桜島・高千穂」が廃止された結果、東京〜大阪間を直通する昼行急行は消滅。同区間の夜行急行も「銀河」1往復が残るだけとなる。東京〜九州間特急で京阪神三都駅に停車する列車もあったが、何れも時刻が早朝か深夜に偏り、東京行きに利用する客はごくわずかだった。

その後、新幹線では「ひかり」一部列車での停車駅の拡大や、１９６５（昭和40）年11月以来不変だった東京〜新大阪間所要3時間10分が3時間08分を経て、１９８６（昭和61）年11月改正では2時間52分にまで短縮される。これは、東海道新幹線区間の最高速度が時速２１０キロから時速２２０キロに引き上げられた成果だった。また、20年にわたり０系の一枚看板だった車両も、１９８５（昭和60）年以後、新幹線というよりも国鉄では初となる2階建て車両を連結した１００系が戦列に加わる。

１９８７（昭和62）年4月の分割民営化で、東海道新幹線は全線がＪＲ東海に引き継がれる。航空機との対抗のため、新幹線のさらなるスピードアップを目指す同社は、最高時速２７０キロ運転が可能な３００系を開発。その３００系は、１９９２（平成４）年３月改正で「のぞみ」の列車名で運転を開始し、東京〜新大阪間の所要時間を一挙に2時間30分にまで縮める。以後東海道新幹線では、300系やその後の500系、700系の増備により、品川駅開業の2003（平成15）年3月改正からは「のぞみ」が主体の運転となる。東海道新幹線は後発の山陽新幹線ほど線路が立派でないのと、高速鉄道が未経験の時代に、短期間に限られた予算内で建設されたため、「のぞみ」は最高時速が270キロの時期が続いたが、N700Aの登場で2015（平成27）年3月から285キロに向上。2023（令和5）年3月改正では新大阪〜東京間の最速「のぞみ」が2時間21分で結んでいる。

こうして、JR化後は東京〜関西間鉄道で東海道新幹線の〃一強時代〃が続く中、在来線での同区間では伝統を誇ってきた急行「銀河」が2008（平成20）年3月改正で引退。阪神地区から東京へ直通する列車は、今や全国唯一の定期夜行列車でもある「サンライズ瀬戸・出雲」の1本だけになってしまった。

展望車付きの客車特急「へいわ」「つばめ」「はと」

JRの定期優等列車がすべて特急となって久しい現在では考えも及ばないが、戦前から戦後の1960年代前半、すなわち東海道新幹線が開業するまで、特急の運転は全国でも主要路線に限られており、本数も少なかったので、まさに〃殿様列車〃そのものだった。特に戦前の特急は、日本が世界の一等国の時代に誕生し、国際列車の使命を担っていたこともあり、列車の最後尾にはその象徴ともいうべき1等展望車を連結していた。だが、その後の戦争の拡大により4往復設定されていた特急は徐々に姿を消し、最後まで残っていた東京〜博多間特急「富士」も1944（昭和19）年4月に廃止されてしまう。同時に展望車を含む1等車や寝台車、食堂車の連結も取り止められた。

1945（昭和20）年8月の戦争終結により、日本統治のためにやってきた米国を中心とする連合軍は国鉄を管理下に置き、展望車や寝台車、食堂車などの優等車両はもちろんのこと、2・3等車も状態の良いものはことごとく接収する。全国各地の基地への兵士や物資の輸送、軍関係者の国内視察や観光旅行用列車の運転が目的だった。そのため、日本人は〃何とか走れる状態〃の3等車や客車代用の貨車で、通勤や通学、それに農村部への買い出しや都市部の闇市へ出かけなければならなかった。本数が大幅に削減された列車には、機関車のデッキや客車の屋根にまで人が乗るほどの混雑で、車両・線路設備とも傷んでいるため列車事故も多く、社会秩序も乱れているので列車内や駅での盗みなど犯罪は日常茶飯事だった。

こうした中でも、東海道本線では下関直通の急行1往復だけは終戦の日を挟んで、敗戦後も運転を続けた。国内は混乱していても〝平和〟が戻ったことで、1945（昭和20）年11月からは東海道本線内では急行も4往復に増発された。1947（昭和22）年の一時期には、石炭不足により優等列車が全国から姿を消すという事態に陥るが、その後は鉄道設備の復興や車両の新製や増備もあり、1946（昭和21）年11月に新設された準急を含む優等列車も、少しずつ増発された。

1949（昭和24）年になると、戦時中に消滅したままの特急が秋のダイヤ改正で東京〜大阪間に復活する運びになる。もちろん連合軍からの許可があってのことで、それに迎合するかのように列車名は「へいわ」とされるが、国鉄の特急への思い入れは凄まじく、「特急の顔」とされる展望車と食堂車の連結を目指した。しかし、特急1往復を運転するには、連合軍に接収されている両優等車種を3両ずつ調達せねばならず、容易ではなかった。そこで、展望車は戦争中の事故で休車状態となっている1930（昭和5）年製の二重屋根車スイテ38とマイテ39の計3両を整備。1等室側は日本では初のリクライニングシートを基本とした室内に改装された。一方、食堂車は1944（昭和19）年の連結廃止で、急遽3等車に改造された2両を復元するほか、連合軍から1両の返還もあり、3両ともスシ47に編入して工面する。これらの両車種には整備改造に際し、冷房装置が取り付けられた。

特急「へいわ」は、1949（昭和24）年9月15日から運転を開始する。関西の始終着駅が戦前の神戸から大阪に変更されたのは、神戸港が連合軍に接収され、戦前のように外国航路との連絡がなくなったことが理由だが、東海道本線の〃下り方起点〃であり、京阪神三都の1つでもある神戸市にとっても屈辱だった。その「へいわ」の時刻は東京発9時、大阪発12時とされ、東京～大阪間を9時間で結ぶ。同区間は1934（昭和9）年の丹那トンネル開通後は8時間に短縮されていたので、所要時間こそ1時間及ばなかったが、線路設備の整備状況からは精一杯の速度だった。

「へいわ」の編成は**表2**に示すように、1等展望車と食堂車のほか2等車が5両、3等車は荷物合造車を含む3両で計10両になる。2等車は連合軍への接収を免れた固定クロスシートのオロ40、3等車はスハ42とスハニ32で、すべて経年がまだ浅い35系客車で固められた。このうちスハ42は新車だった。客車ファンの方なら、この編成に特急としての物足りなさを感じられることと思う。しかし、戦前の特急も展望車は別にすれば、2等車は転換クロスシート、3等車も一部に一方向き固定座席や、のちの12系客車並みにシートピッチが広い固定クロスシートを有する車両があったが、スハ32やオハ35が主力で、雲の上の〝超エリート列車〟である割には、大したことがなかった。

表2　東海道本線・昼行客車特急編成の変遷（一例）

1949.9.15 特急「へいわ」
←11・12レ 東京行き・大阪行き

①	②	③	④	⑤	⑥	⑦	⑧	⑨	⑩
3・荷	3等	3等	2等	2等	食堂	2等	2等	2等	1・展
スハニ	スハ	スハ	オロ	オロ	スシ	オロ	オロ	オロ	マイテ
32	42	42	40	40	47	40	40	40	39

1951.10.1 特急「つばめ」
← 1・2レ 東京行き・大阪行き

①	②	③	④	⑤	⑥	⑦	⑧	⑨	⑩	⑪
3・荷	3等	3等	3等	2等	2等	食堂	2等	2等	2等	1・展
スハニ	スハ	スハ	スハ	スロ	スロ	スシ	スロ	スロ	スロ	マイテ
35	44	44	44	60	60	36	60	60	60	39

1958.10.1 特急「はと」
← 3・4レ 東京行き・大阪行き

①	②	③	④	⑤	⑥	⑦	⑧	⑨	⑩	⑪	⑫
3・荷	3等	3等	3等	3等	2等	2等	食堂	2等	2等	2等	1・展
スハニ	スハ	スハ	スハ	スハ	ナロ	ナロ	オシ	ナロ	ナロ	ナロ	マイテ
35	44	44	44	44	10	10	17	10	10	10	58

3・荷は3等荷物合造車、1・展は1等展望車を示す

　こうして運転を開始した「へいわ」は、展望車に平和の象徴である鳩を描いたバックサインが付けられ、東京～浜松間はEF57またはEF58、浜松～大阪間はC62に牽かれて走る。特急列車の復活は敗戦に打ちひしがれている国民に、復興の力と希望を与え、その功績は大きかった。だが、この特急設定に対して不満を抱く向きも見られた。一つは日本人旅客からで、「へいわ」の列車名は戦争の裏返しであるせいか、あまり評判が良くなく、営業開始後に公募を行い、1位だった「つばめ」に1950（昭和25）年の元日を機に変更される。もう一つは連合軍からで、2等車の座席がお粗末すぎるの

で、外国人観光客のためにも米国の鉄道と同じリクライニングシートを採用せよという〝指令〟が出される。これにより、回転が可能なリクライニングシートを持つ特別２等車スロ60が落成し、１９５０（昭和25）年４月からオロ40に代わって「つばめ」の編成に入る。

同年５月11日には東京〜大阪間に〝第２特急〟が増発される。列車名は先の公募で２位の票数を獲得した「はと」が選ばれ、バックサインも「へいわ」に使用時の鳩のデザインがそのまま流用される。これを機に東海道特急は「つばめ」が東京・大阪とも９時発、「はと」は同12時30分発の時刻に改められ、これは両列車の終焉まで続いた。

「はと」の展望車と食堂車は連合軍からの返還により整うが、２等車はスロ60の増備車が間に合わず、５月末までは並ロのスロ34とオロ40でつないだ。そして、「はと」に特ロが入った６月１日からは女性客室乗務員が両列車の１・２等の接客を担当する。東海道特急は「つばめ」が大阪鉄道管理局に対し、「はと」は東京鉄道管理局の受持ちであるため、客室乗務員は局のメンツをかけサービス合戦を繰り広げた。客室乗務員の声のかけ方一つにしても、大鉄局と東鉄局とではニュアンスの違いがあるため、関西人の乗客からは地元の言葉で話がしやすい「つばめ」の方が、居心地が良かったと聞く。

戦後初の白紙ダイヤ改正が実施された１９５０（昭和25）年10月１日改正で、「つばめ」

「はと」の両特急の東京〜大阪間所要は戦前最速の８時間に復す。２等車に比べ、接客設備面で陳腐化や物足りなさが目立っていた３等車や食堂車も、１９５１（昭和26）年５月から10月にかけ、前者はスハ43を経て一方向き座席を持ち、〃特別３等車（特ハ）〃と呼ばれるスハ44とスハニ35に、後者はマシ35またはマシ36に置き換えられる。食堂車のうち「つばめ」に使用されたマシ36は、電気レンジを持つ画期的な車両だったが、肝心の火力が弱く、程なくして従来通りの石炭レンジを使用するマシ35に改造されてしまった。しかし、何はともあれ両特急の客車は、お召列車用並みの装飾を施す展望車を除き、１９５０（昭和25）年以後に落成した新車に置き換えられる。どの車種も戦前の特急車とは比較にならないほど居住性面で優れていた。この頃までに、戦前の特急にはなかったヘッドマークが機関車正面に取り付けられ、日本の鉄道というよりは、国力の復興をアピールするには十分過ぎるほどだった。

『経済白書』に「もはや戦後ではない」と謳われた１９５６（昭和31）年。この年の11月19日に東海道本線は全線電化を迎える。同日には全国ダイヤ改正が実施され、東京〜大阪の全区間がＥＦ58の通し牽引となった特急「つばめ」「はと」は、所要時間が22年ぶりに短縮され、７時間30分になる。電化を祝うかのように、機関車と客車もそれまでの国鉄にはなかっ

この当時の特急は、機関車と客車だった。
左：EF58牽引の「つばめ」。客車の塗装は“青大将”と言われた淡緑色。
1959.5.9　近江長岡～柏原
右：最後尾に展望車マイテ58が陣取る客車特急の晩年だが、ホームにカメラを持った人はいない。カメラ自体、貴重だった時代である。
1960.5.26　大阪駅　写真：ともに篠原丞

た薄緑色塗装になり、編成も12両に増強された。食堂車はこの日から軽量構造で定員の多いオシ17が編成に入り、2等車も1957（昭和32）年からは軽量のナロ10に置き換えられ、多客時には最大14両で走る姿も見られた。

　しかし、その翌年の11月1日から冷暖房完備のモハ20系電車特急「こだま」が同じ区間に登場すると、スピードや設備の面で客車特急「つばめ」「はと」は陳腐化を隠すことができなくなった。それでも、2往復とも始発駅の時刻が不変であることで常連客の利用が多く、特に1・2等の利用客はビジネス特急「こだま」よりも、伝統ある客車特急に乗ることにプライドを感じていたようだ。現に筆者の知人の父親は当時大阪市内にあった中堅会社の重役だったが、東京への出張にはいつも「つばめ」を愛用しており、これは客車時代の最後まで変わらなかった。だが、１９５９（昭和34）年の夏を迎えると、全車冷房の「こだま」に対し、展望車と食堂車以外は非冷房の客車特急は、サービス格差是正のため体質改善が課題になる。そして迎えた１９６０（昭和35）年６月１日改正で、「つばめ」「はと」計２往復は１５１系電車に置き換えられて２往復の「つばめ」となり、「はと」の列車名はひとまず姿を消す。運転最終日の５月31日の東京行き「つばめ」の展望車には、「へいわ」運転時に整備された二重屋根のマイテ39が連結されていた。

１９５０（昭和25）年生まれの筆者にとって、その車体色から「青大将」のニックネームが付けられた「つばめ」と「はと」が全線電化後の東海道本線を走った期間は、小学１年から５年までの時期に当たる。当時筆者は大阪府内の片町線沿線に住んでいたが、大阪駅へ出向く機会は、家族での旅行か百貨店の食堂に行くかなど、記憶しているだけでも10回前後のせいか、残念ながら「青大将」に出会ったことは一度とてなかった。「つばめ」「はと」に最後まで使用された客車形式は、展望車を除き引き続き急行などに格下げ使用されたため、写真を撮影したほか実際に乗車もしているが、「青大将」の塗装は、展望車付き特急の終焉と同時に封印されてしまったため、実物でお目にかかることが出来なかったのは今もって残念である。

時代を先取りした〝若き天才〟の電車特急「こだま」

1956（昭和31）年11月19日の東海道本線全線電化は、当時としては国鉄史上に残るほどの大プロジェクト完成だったが、当日に実施されたダイヤ改正の主役を担った優等列車は、関西では特急「つばめ」「はと」「あさかぜ」の3列車と、急行「なにわ」が目立つ程度で、それも全線電化完成の割には時間短縮が期待されたほどでもなく、客車もほとんどが改正前からの流用で、新鮮味に欠ける内容だった。

もっとも、国鉄は以前から東海道本線全線電化に際し、東京～大阪間を6時間30分で結ぶ高速特急を運転する計画を立てていた。そうなると、東京～大阪間最高速度を従前の時速95キロから110キロに向上させる必要上、機関車は、当時としては最大出力の貨物用EH10のうち15号機を高速列車仕様に改造。1955（昭和30）年12月の試験運転では時速124キロを記録したことで、一応の目途が立つ。だが、当時の東海道本線は線路をはじめとする地上設備が、戦中戦後の酷使から十分に復旧しているとは言えず、軌道への影響が大きい機関車牽引の客車列車で高速運転を行うには、軌道強化だけでも数年を要することが分かった。そのため、1956（昭和31）年11月での運転計画は反古となり、「つばめ」「はと」用客車に「青大将」塗装を施すことでお茶を濁すのである。

そうした折、私鉄ではすでにモーター音が静かで客車列車に遜色のない乗り心地のよい高性能電車が運転されていたため、国鉄も遅ればせながら１９５７（昭和32）年６月に通勤型の新性能車１０１系を落成させる。そして、同年11月までに、この１０１系や小田急電鉄の特急型電車３０００形ＳＥ車を使用して高速度試験を実施した結果、電車では東海道本線での高速特急運転が可能なことが実証される。そして、１９５８（昭和33）年11月を目標に、東京〜大阪間を６時間30分で走破し、日帰りを可能なダイヤとする電車特急を運転することになり、１５１系電車の設計・製造が開始される。

この１５１系の外観や塗装については、概説欄で触れたため記述を省略するが、東海道電車特急は在来の展望車付き客車特急（代表列車）とは一線を画すため「ビジネス特急」と呼称し、当初はオール３等車での運転が計画された。そのため、座席は当時としては珍しいシートピッチ９１０㎜の回転クロスシートが採用され、冷房付きであることを考慮すれば、居住性は急行以下の列車に連結される〝並ロ〟よりも勝っていた。その後、計画の変更で２等車も編成に加わるが、こちらはリクライニングシートながら、デラックス感をそそる段付き縞柄のモケットを使用するほか、シートラジオが設けられた。供食設備は〝食

デビュー当時はモハ20系として登場した「こだま」。“ビジネス特急”と呼ばれていた頃。1959.5.9　京都駅　写真：篠原丞

べる時間も惜しい〃ビジネス客に配慮してか、飲料のほか、サンドイッチやハムサラダ、トーストなど簡単な食事を提供する立食形態のビュフェとされるなど、少なくとも時代を10年先取りしたような画期的な特急列車だった。

列車名は公募の結果、1位ではないものの〃東京～大阪間を日帰り運転するイメージにぴったり〃ということで、「こだま」に決定する。同時に先頭車ボンネット部の逆三角形状の特急シンボルマークや、特急先頭車の車体側面に付けられるＪＮＲマークも、この時に制定されたもので、国鉄時代の電車並びに気動車特急用車両のトレードマークになった。特急「こだま」は１９５８（昭和33）年の秋を迎える頃になると、同時期に運転を開始する20系客車特急「あさかぜ」とともに、国鉄駅の掲示板にカラーポスターが張り出される。当時小学3年だった筆者は「すごい列車が走るんやなぁ」とは思ったものの、乗ってみたいという気持ちにはならなかった。「こ

だま」は電車特急であることは分かっていても、「あさかぜ」が機関車牽引の列車だという知識は、当時では持ち合わせていなかったし、それに東京や九州は、小学生が簡単に行ける場所ではなかったからである。

その「こだま」は予定通り同年11月1日に、東京〜大阪／神戸間で2往復の運転を開始する。時刻は「第1こだま」が東京・大阪とも7時発、「第2こだま」が同16時発で、到達時分は線路強化が未整備の区間が存在する関係で、当面は6時間50分とされた。ちなみに神戸での時刻は上り「第1こだま」が6時30分発、下り「第2こだま」が23時20分着で、編成は2等車2両、3等車4両、3等・ビュフェ合造車2両の8両だった。ビュフェ車が2両とされたのは半車構造であるため、2両で供食スペースが1両の考えとともに、**表3**の編成変遷図に示すように、3号車と6号車に連結すれば、3等旅客の2等車への立入りを未然に防げる効果があったからである。いわば、ビュフェ車は列車内の〝関所〟の役目も兼ねていたのだ。

「こだま」は前評判も良かったことで、運転開始当初から切符の入手難が続くほどの満員盛況で、年末年始輸送では予備編成から捻出した車両を増結した10両で運転された。旅客は国鉄の目論見通り、ビジネス客が主体だったが、観光客のほか学校が休み期間には家族

表3　東海道本線・151系電車特急編成の変遷（一例）

1958.11.1　特急「こだま」
←大阪行き・神戸行き　　東京行き→

①	②	③	④	⑤	⑥	⑦	⑧
3等	3等	3・ビ	2等	2等	3・ビ	3等	3等
クハ	モハ	モハシ	サロ	サロ	モハシ	モハ	クハ
26	20	21	25	25	21	20	26

1959.12.13　特急「こだま」
←大阪行き・神戸行き　　東京行き→

①	②	③	④	⑤	⑥	⑦	⑧	⑨	⑩	⑪	⑫
3等	3等	3・ビ	2等	2等	2等	2等	3等	3等	3・ビ	3等	3等
クハ	モハ	モハシ	モロ	モロ	サロ	サロ	サハ	サハ	モハシ	モハ	クハ
151	151	150	151	150	151	151	150	150	150	151	151

1960.6.1　特急「つばめ」「こだま」
←大阪行き・神戸行き　　東京行き→

①	②	③	④	⑤	⑥	⑦	⑧	⑨	⑩	⑪	⑫
2・展	2等	2等	2等	2等	食堂	3・ビ	3等	3等	3等	3等	3等
クロ	モロ	モロ	サロ	サロ	サシ	モハシ	モハ	サハ	モハ	モハ	クハ
151	151	150	150	151	151	150	151	150	150	151	151

1961.10.1　特急「つばめ」「はと」「こだま」「富士」
←大阪行き・神戸ゆき・宇野行き　　東京行き→

①	②	③	④	⑤	⑥	⑦	⑧	⑨	⑩	⑪
1・展	1等	1等	1等	食堂	2・ビ	2等	2等	2等	2等	2等
クロ	モロ	モロ	サロ	サシ	モハシ	モハ	サハ	モハ	モハ	クハ
151	151	150	151	151	150	151	150	150	151	151

1963.10.1　特急「つばめ」「はと」「こだま」「富士」
←大阪行き・神戸ゆき・宇野行き・広島行き　　東京行き→

①	②	③	④	⑤	⑥	⑦	⑧	⑨	⑩	⑪	⑫
1・展	1等	1等	1等	食堂	2・ビ	2等	2等	2等	2等	2等	2等
クロ	モロ	モロ	サロ	サシ	モハシ	モハ	サハ	サハ	モハ	モハ	クハ
151	151	150	151	151	150	151	150	150	150	151	151

2(3)・ビは2(3)等ビュフェ合造車、1(2)・展は1(2)等展望車を示す
1958.11.1の編成は旧形式で示す

連れの姿も多かった。多分、子どもが親にせがんで「こだま」に乗せてもらったと察しが付くが、それができるのは「選ばれた家庭」の親子だけだった。それと、「こだま」のキャッチフレーズである〝東京〜大阪間を日帰り〟だが、実際に日帰りをするのは終点で引き返す車両だけで、旅客は目的地で宿泊するか、急用の場合は夜行急行で戻るのが普通だった。強いて「こだま」で日帰りをするとなると、車両の折り返し間合いの2時間10分の間に〝仕事〟を片付けな

ければならず、乗ることだけを目的とする往復試乗以外は、イベントでの来賓としての挨拶か葬儀での焼香くらいがいいところだった。

運転開始1周年に差しかかった「こだま」は、1959（昭和34）年9月22日から東京～大阪間所要が6時40分に短縮され、同年度の年末年始輸送が開始される12月13日からは、2等車4両、3等車6両、3等・食堂合造車2両の12両編成に増強される。当時すでに客車特急「つばめ」「はと」の151系電車化が決定しており、増強分はそれに際しての先行落成車によるものだった。

そして、1960（昭和35）年6月1日、「つばめ」「はと」が電車化される。両列車にはそれまでの実績から、1等展望車と温かい料理が賞味できる食堂車の連結が不可欠であるため、展望車に替わるパーラーカー・クロ151と、電車としては初の本格的食堂車サシ151が新製される。パーラーカーが2等扱いとされたのは、展望車の引退後は従前の3等級を2等級に変更する狙いがあったのが理由で、クロ151には2等特急券のほか、特別座席料金が徴収された。この改正で4往復になった電車特急は1本の編成で東京～大阪／神戸間を1往復する運用になるため、列車名は「こだま」と「つばめ」の2種にまとめられ、編成も展2等1両、2等車4両、3等車5両、3等・食堂合造車と食堂車各1両

特急「はと」。151系独特のスタイルで、パーラーカーも誇らしげだ。1962.2.6　近江長岡～柏原
写真：篠原丞

の12両に変更される。「ビジネス特急」でスタートした「こだま」も、ここに東海道の「代表特急」に登り詰めたわけである。この改正で、東海道電車特急の時刻は「第1こだま」が東京・大阪とも7時発、「第1つばめ」が同9時発、「第2こだま」が同14時30分発、「第2つばめ」は同16時30分発とされ、東京～大阪間所要は当初目標の6時間30分とされる。神戸直通の「こだま」1往復は従来通りだった。改正直後の7月1日、2等級制が実施され、等級が格上げされるが、車両形式の変更はなかった。

新幹線の開業が3年後に迫った１９６１（昭和36）年10月1日改正では、年々増加する東京～大阪間優等列車利用客に対処するため、同区間の１５１系電車特急は神戸・宇野始終着を含め7往復に増強される。これにより運転区間と本数は東京～宇野／神戸間の「富士」が2往復、東京～大阪間では「こだま」「つばめ」が各2往復、「はと」が1往復になる。往年の名優である「富士」の列車名をロングラ

表4　1961年10月1日改正における東海道本線大阪発上り昼行特急の時刻

列車番号	2M	1002M	2004M	4M	6M	8M	1004M	2002M	10M
列車名	第1こだま	第1ひびき	第1富士	第1つばめ	はと	第2こだま	第2ひびき	第2富士	第2つばめ
使用形式	151系	157系	151系	151系	151系	151系	157系	151系	151系
連結車種	ロテ・シ		ロテ・シ	ロテ・シ	ロテ・シ	ロテ・シ		ロテ・シ	ロテ・シ
始　発			神戸 7 30					宇野 12 40	
大　阪　発	7 00	7 45	8 00	9 00	13 00	14 30	15 20	15 30	16 30
京　都　〃	7 32	8 18	8 32	9 32	13 32	15 02	15 52	16 02	17 02
米　原　〃	↓	↓	↓	10 17	↓	↓	↓	↓	↓
岐　阜　〃	↓	9 41	9 52	↓	↓	↓	17 12	17 22	↓
名古屋　着	9 11	10 03	10 13	11 13	15 11	16 41	17 33	17 43	18 41
名古屋　発	9 14	10 16	10 16	11 16	15 14	16 44	17 36	17 46	18 44
豊　橋　〃	↓	↓	↓	↓	↓	↓	↓	↓	19 32
浜　松　〃	↓	↓	↓	↓	↓	17 57	↓	↓	↓
静　岡　〃	11 20	↓	↓	↓	↓	↓	↓	↓	20 52
沼　津　〃	↓	↓	↓	13 58	17 56	↓	↓	↓	↓
熱　海　〃	12 12	13 02	13 12	↓	↓	19 42	20 32	20 42	↓
小田原　〃	↓	↓	↓	↓	18 28	↓	↓	↓	↓
横　浜　着	13 07	13 57	14 07	15 07	19 07	20 37	21 27	21 37	22 37
東　京　〃	13 30	14 20	14 30	15 30	19 30	21 00	21 50	22 00	23 00
記　事		不定期					不定期		

連結車種欄　ロテ=パーラーカー、シ=食堂車　1等並びに2等座席車だけで組成される列車は省略

ン特急として17年ぶりに復活させたあたりには、国鉄の苦心が感じられるが、「はと」が東京・大阪とも13時発での復活は、客車当時と時刻が似ており、客車時代の常連客から喜ばれた。同改正での時刻を**表４**に掲げるが、各列車の編成は改正で本数が増えたことで、１等車を１両減車の11両とされる。

しかし、特急利用客の増加は予想以上で、かと言ってダイヤ設定上新規列車の増発はできないため、１９６３（昭和38）年４月に、生来の特急型電車ではない１５７系を使用する東京～大阪間不定期特急「ひびき」のうち１往復を定期列車に格上げ。同年10月には１５１系で運転される７往復を、２等車１両増結の12両に改組して輸送力の増強を行うという苦しさだった。

関ケ原付近を走る151系特急「富士」。先頭車はクロ151形のパーラーカー。1964.8.30　写真：篠原丞

当時は不定期列車だった「ひびき」。非冷房車の157系6連での運転だった。1962.4.18　大阪駅　写真：篠原丞

ところで、151系特急は「こだま」で登場した頃から、車両は予備車が少ないため、列車が事故や災害等で運休した時には準急の153系が代走していた。レイルファンからは〝かえだま〟として、撮影対象になっていたが、家族旅行中に不運にも〝かえだま〟に乗る羽目になった子どもの中には、「ニセモノに乗るのなんかいやや」と泣きじゃくり、親御さんや駅員がなだめるのに苦心するシーンも見られた。この〝かえだま〟は東海道151系特急としては末期の1964（昭和39）年にも出現する。同年4月24日静岡市内の踏切で、東京発宇野行き特急「第1富士」が直

前横断のダンプカーと衝突。１５１系の先頭から７両目までが脱線し、先頭のクロ１５１が廃車されるなど全車両が当面の間運転不能になる。こうした場合、予備編成でやりくりをするのが通例だが、当時は１５１系が新幹線開業後の九州乗入れ改造中だったため車両を捻出できず、４月24日から、被災した１５１系編成のクロ１５１を除く11両が復旧する6月1日までの間、「こだま」のうち1往復を独立運用し、１５３系や１５７系を使用して急場を凌いだ。

こうしたハプニングに見舞われながら、東海道本線電車特急は１５７系「ひびき」を含む全列車が9月30日をもって運転を終了し、翌日からは新幹線に職務を託す。「こだま」が活躍した6年間、筆者は小学3年から中学3年までの多感な時期を過ごした。大阪駅などで「こだま」をはじめとする１５１系特急には出会うことがあったが、残念ながら乗車することも撮影することもできなかった。カメラは自宅に2台ありながら、両親の教育方針もあって使用が許されなかったし、乗車となると、我が家は〝ええし（関西弁で良家のお金持ち）〟でなかったからである。特急が門地や社会的地位による「選ばれた人たち」だけが乗車できる列車から、お金さえ払えば誰でも気兼ねなく乗れる大衆的列車に変身するまで、今しばらく時間を要した。

なお、「こだま」をはじめとする151系電車特急の編成の移り変わりを、**表3**に示す。

急行「なにわ」から寿司スタンド付き〝電車急行6人衆〟に発展

多少ひがみっぽい表現だが、東海道新幹線開業前まで特急は「選ばれた人たち」だけが利用できる列車だったと述べた。では、その時代に関西から用務や観光等の目的で東京方面へ旅行する庶民層はどんな列車で移動したのか？　答えはいとも簡単で、昼行で行くも夜行で行くも、急行または普通列車を利用したのである。そのため、東海道本線全線電化前の1955（昭和30）年7月当時、東京〜京都間を直通する定期列車は、急行が13本、普通は6本設定されていた。当時は、急行の寝台と特ロ以外はすべて〝早くからホームに並んだ者が優先〟の自由席車で、いわば「急行の3等車」が庶民にとって利用できる最高の車両だった。この項では、おもに東海道本線内完結の昼行急行を中心に話を進める。車両等級については、本項では1960（昭和35）年7月以降の1・2等制で表記する。

1955（昭和30）年7月当時の『時刻表』を見ると、大阪から東京に日着可能な昼行急行の列車名を発車順に列挙すると、6時10分の「雲仙」を筆頭に、「きりしま」「西海」「げんかい」が続き、10時02分の「阿蘇」まで５本がある。列車名が示すように、すべて九州始発の古強者揃いだ。これらの列車の利用客には九州から関西や東海・東京への長距離客がいれば、九州島内相互間や関西〜東海・東京間旅客も見られるなど、多種多様だった。だが、これらの長距離急行は関西人からの評判が芳しくなかった。その理由としては、時間帯が良好なことに加え、列車本数との関係もあって全区間を通じて乗車率が高く、京阪神三都駅でかなりの旅客が入れ替わったところで、家族旅行では一ボックスを確保しにくいこと。それに、列車は九州から十数時間をかけ、夜を徹してやってくるため、車内は酒や煙草のにおいが充満するうえ、場合によっては座席の下に食事後の駅弁や駅そばの容器が置かれたままになっていて、そのにおいもブレンドされるので、清潔とは言えなかった。そのため、関西からは戦前に運転されていた、地元仕立ての昼行急行の復活が望まれていたのである。

そうした声に応えるかのように、東海道本線全線電化の１９５６（昭和31）年11月19日改正で、東京〜大阪間に急行「なにわ」が新設される。時刻は下りが東京発９時30分、大阪着18時58分、上りは大阪発12時50分、東京着22時00分で、大阪では九州始発東京行き急行群が出払った後に発車するダイヤだった。全区間ＥＦ58が牽引する客車列車で、旅客車部分は**表5**の編成変遷図でも示すように、2等車（うち1両が特ロ）2両、3等車9両、食堂車1両と、庶民派優等列車にふさわしいカジュアルな編成で、特に大阪から清掃が行き届いた車両に座れることで人気を集めた。

表5　東海道本線・急行編成の変遷

1956.11.19 急行「なにわ」(客車)
←大阪行き　　東京行き→

		①	②	③	④	⑤	⑥	⑦	⑧	⑨	⑩	⑪	⑫
荷物	郵便	特2等	2等	食堂	3等	3等	3等	3等	3等	3等	3等	3等	3等
マニ	スユ	スロ	オロ	マシ	スハフ	スハ	スハ	スハ	スハ	スハフ	スハ	スハ	スハフ
		60	40	29	42	43	43	43	43	42	43	43	42

1960. 6. 1 急行「せっつ」
←大阪行き　　東京行き→

①	②	③	④	⑤	⑥	⑦	⑧	⑨	⑩
3等	3等	3等	3等	3等	指2等	自2等	3等	3等	3等
クハ	モハ	モハ	モハ	モハ	サロ	サロ	モハ	モハ	クハ
153	152	153	152	153	153	153	152	153	153

1961 3. 1 急行「なにわ」「せっつ」「金星」
←大阪行き　　東京行き→

①	②	③	④	⑤	⑥	⑦	⑧	⑨	⑩	⑪	⑫
2等	2等	2等	2・ビ	自1等	指1等	2・ビ	2等	2等	2等	2等	2等
クハ	モハ	モハ	サハシ	サロ	サロ	サハシ	モハ	モハ	モハ	モハ	クハ
153	152	153	153	152	152	153	152	153	152	153	153

1968 7. 急行「なにわ」「いこま」
←大阪行き　　東京行き→

①	②	③	④	⑤	⑥	⑦	⑧	⑨	⑩	⑪
2等	2等	2等	自1等	指1等	2・ビ	2等	2等	2等	2等	2等
クハ	モハ	モハ	サロ	サロ	サハシ	モハ	モハ	モハ	モハ	クハ
153	152	153	165	165	153	152	153	152	153	153

特2等は特別2等車、指1(2)等は座席指定の1(2)等車、自1(2)等は自由席の1(2)等車。2(3)・ビは2(3)等・ビュフェ合造車

　だが、1958（昭和33）年11月の東海道特急「こだま」と同時に、東京～名古屋／大垣間準急「東海」で運転を開始した153系電車が、1959（昭和34）年4月から6月にかけて、神戸／大阪～名古屋間準急「比叡」の運用に入ると「なにわ」の旗色が悪くなる。京阪神から東海道本線を東上する特急以外の優等列車利用客は、豊橋以遠が急行、名古屋までは準急と棲み分けが出来ているため、直接のライバルにはならないが、

EF58牽引による客車時代の急行「なにわ」。スハ43系の重厚な編成だ。1960.9.18　大阪駅
写真：大津宏

１５３系準急は乗り心地が良好なほか、東名間と名阪間の所要時間とも「なにわ」よりも速く、双方の上り最速列車を合わせると、大阪～東京間は８時間24分になる。停車駅を減らせる急行では８時間以内の到達も可能だ。こうなると、東京～大阪間に電車急行新設を求める声が起こるのは当然の話で、１９６０（昭和35）年６月の「つばめ」電車化に合わせ、電車急行「せっつ」が運転を開始する。

「せっつ」の時刻は、東京発８時14分、大阪着16時00分、上りは大阪発14時00分、東京着21時44分とされる。改正前の客車特急よりも15分前後遅いだけで、この改正でスピードアップされた「なにわ」よりも１時間近くも速かった。そのため、「なにわ」利用客の「せっつ」移行も見られたが、「せっつ」にも、どうすることもできない〝弱点〟があった。当時の国鉄には特急型１５１系と準急型１５３系との中間に位置する急行型電車がなかったのだ。強いて言えば１５７系が該当しないわけではないが、これは〝日光型特別電車〟としての地位が与えられている特殊用途の車両だった。

そこで、「せっつ」は東京〜伊東間などで運転される湘南準急と同じ153系10両編成が使用される。2等車は問題なかったが、当時の急行はリクライニングシートの座席指定1等車（旧特ロ）はもちろん、東海道本線ともなると食堂車も連結されるのが原則なので、1等車は指定車を含め非リクライニングのサロ153で、食堂車のない「せっつ」は、組成面では「なにわ」に比べ見劣りを隠すことが出来なかった。つまり、東海道急行は「なにわ」がスピード、「せっつ」が

電車化直後の急行「せっつ」。153系10連の堂々たる編成だが、まだビュフェの設備はなかった。
1960.6.26　大阪駅　写真：大津宏

車両設備で課題を抱えていたわけである。

そのため、国鉄では「なにわ」の電車化を機に、両列車を急行の地位にふさわしい列車とすべく、リクライニングシート付きの1等車サロ152と、2等・ビュフェ合造車のサハシ153を立ち上げ、1961（昭和36）年3月から、サロ152・サハシ153とも各

2両連結の12両編成で運転を開始する。「なにわ」の東京～大阪間所要も7時間45分にスピードアップされ、同時に同区間の夜行急行として「金星」が運転される。この「金星」は「なにわ」が東京到着後の折り返し運用による設定であるため、列車新設にかかる車両製造費はゼロである。しかも、利用客の多い東京～大阪間夜行急行の混雑緩和と、夜行客車急行の寝台車増強も図れるので、電車化は一石三鳥の効果が得られたわけである。

ところで、東海道電車急行といえば、「寿司コーナー」が伝説となっているので、その話題に触れておく。客車と異なり当時の電車優等列車は、先頭車が2等形式のクハもしくはクモハに限定されるため、1等車は編成の中間に連結せざるを得なかった。そこで、153系急行も運転開始当時の151系に合わせ、半室構造のビュフェ車を1等車のガードとして4・7号車の2ヵ所に連結される。しかも、全車座席指定で定員が限られる特急と異なり、利用客数が多く見込まれることで、サハシ153のビュフェ部分はモハシ150よりも2m以上長くされ、スペースが広くなったことで、従来からの「喫茶コーナー」のほか「寿司コーナー」が設けられる。庶民派の列車らしく洋風メニューだけでなく、寿司を気軽につまんでもらうのと、当時のビュフェ車には電子レンジが搭載されておらず、コーヒーや熱燗のような飲料とトースト以外は、過熱を要さない料理ばかりだったので、「喫茶コーナー」

では食事メニューの提供に限度があるのも理由だった。

この「寿司コーナー」は、市井の寿司屋のように握り寿司が一つ単位で注文できるほか、マグロなどのネタは頼めば刺身としても出してもらえることや、盛り合わせ寿司、大阪寿司のメニューもあり、運転開始当初は物珍しさもあって連日満員で、途中で売り切れになるほどだった。だが、東海道急行にビュフェ連結列車が増えると、寿司職人の補充が難しくなり、「寿司コーナー」は7号車だけとされてしまったのは残念だった。それと、153系ではサハシ153のビュフェ部分だけが冷房完備だったため、夏場の多客時には座席にあり付けなかった客が「どうせ立つんやったら、冷房の入った場所でないと損」とばかりビュフェに押し寄せるため、営業に支障をきたすこともあったようだ。

話を列車史に戻すと、東海道電車急行は「金星」も含め好評であるため、1961（昭和36）年10月改正では増発のほか、列車としては陳腐化した東京〜九州間急行の東京〜大阪間を、可能な限り電車化する方針が立てられる。これにより、同改正での東京〜大阪間電車急行は定期だけで昼行が6往復、夜行は3往復に大増発され、特に直通旅客の利用が多い夜行は多客期には姫路発の「はりま」を含め、3往復の不定期列車が運転される。この改正での時刻は**表6**に示すように全列車が153系で揃い、準急用編成を使用する「は

表6　1961年10月1日改正における東海道本線大阪発上り電車急行の時刻

列車番号 列車名 使用形式 連結車種	102M 六甲 153系 ビ	104M やましろ 153系 ビ	106M いこま 153系 ビ	108M 第1なにわ 153系 ビ	110M 第1せっつ 153系 ビ	112M 第1よど 153系 ビ	1116M 第2いこま 153系 ビ	1114M はりま 153系	114M 第2せっつ 153系 ビ	1118M 第2六甲 153系 ビ	116M 第2なにわ 153系 ビ	118M 第2よど 153系 ビ
始　発								姫路 18 10				
大　阪　発	8 30	9 30	11 00	12 30	13 20	14 00	19 20	19 40	20 05	20 25	21 45	22 45
京　都　〃	9 04	10 03	11 34	13 04	13 54	14 34	20 01	20 20	20 44	21 09	22 28	23 30
米　原　〃	↓	10 54	↓	13 56	↓	15 24	21 17	21 32	21 55	22 33	23 48	↓
岐　阜　〃	10 35	11 33	13 06	14 33	15 25	16 02	22 03	22 15	22 44	23 31	0 37	1 42
名古屋　着	10 59	11 57	13 30	14 58	15 49	16 26	22 29	22 41	23 15	23 59	1 03	2 10
名古屋　発	11 02	12 00	13 33	15 01	15 52	16 29	22 32	22 46	23 20	0 10	1 07	2 14
豊　橋　〃	11 56	12 56	14 26	15 56	16 45	17 25	23 50	0 02	0 32	↓	↓	↓
浜　松　〃	12 29	13 25	14 55	16 28	17 15	17 59	0 33	0 45	1 17	2 06	2 51	4 10
静　岡　〃	13 27	14 22	15 53	17 26	18 12	18 56	2 05	2 18	2 42	3 23	4 16	5 40
沼　津　〃	14 10	15 05	16 35	18 12	18 56	19 38	3 07	3 22	3 41	4 25	5 19	6 45
熱　海　〃	14 29	15 25	16 55	18 29	19 16	19 56	↓	↓	4 09	4 52	5 42	7 11
小田原　〃	14 51	15 46	17 15	18 49	19 36	20 17	↓	↓	4 38	↓	6 10	7 41
横　浜　着	15 34	16 33	18 02	19 32	20 23	21 02	5 03	5 09	5 46	6 27	7 17	8 47
東　京　〃	16 00	17 00	18 30	20 00	20 50	21 30	5 35	540	6 20	7 00	7 50	9 21
記　事							不定期	不定期		不定期		

連結車種欄　ビ=ビュフェ車、1等並びに2等座席車だけで組成される列車は省略

りま」以外は、1等車とビュフェ車を2両ずつ繋いだ12両編成で、ビュフェは夜行列車でも営業され、就寝時までは〝走る赤のれん〟として、朝はモーニングセットを求める客で賑わった。列車名も〝地名の場合は下り行き先に因む愛称を付ける〟の不文律にしたがい、「六甲」「いこま」「やましろ」「よど」も加わって〝六人衆〟になり、まさに関西列車のオンパレードだった。このうち「やましろ」だけは、1962（昭和37）年7月の山陽本線広島電化による延長運転で、列車名が消滅する。

こうして、151系特急とともに花の東海道で全盛を築いた153系急行も、東海道新幹線開業の1964（昭和39）年10月改正では昼行4往復・夜行2往復（不定期）に、さらに1965（昭和40）年10月には昼行2往復・夜行1往復（同）にまで削減され

雪の伊吹山を背景に東京を目指す153系急行「なにわ」　1962.2.6　柏原～近江長岡　写真：篠原丞

153系急行「よど」。153系全盛時代の一コマ　1961.10.6　京都駅　写真：篠原丞

153系急行「やましろ」。広島電化のあおりで、活躍は8ヶ月で終了した。
1962.2.11　西小坂井～豊橋　写真：大津宏

る。昼行として残った「なにわ」２往復も、準急並みに停車駅を増やしたため、東京～大阪間では上り１本を除いては８時間以上の所要となり、全区間を利用する利用客もめっきり減っていた。そこで、国鉄は東京～大阪間の旅客を新幹線に移行させる狙いもあり、１９６８（昭和43）年10月改正で同区間の急行３往復を廃止する。同年夏からは１５３系も組成変更によりビュフェ車が１両に減車されていたが、「寿司コーナー」の営業は続けられていた。筆者は東海道電車急行が運転されている７年半の間に２度乗車の機会があり、ビュフェ車を利用しようと思ったものの、昼行列車では8月とあって、涼を求める立ち客のため諦めざるを得ず、夜行ではオーダーストップのため退散するしかなかった。

なお、東京～大阪間を昼行で走る急行としては、東京～九州間直通の「霧島・高千穂」（1970年に「桜島・高千穂」に改称）が存続し、大阪からは東京や東北地方に出かける周遊券利用客を中心に人気を集めていた。同列車は座席車だけでの編成だが、1972（昭和47）年3月までは食堂車の営業を行っていた。当時の筆者は20歳を過ぎていたので、1971（昭和46）年10月の東京への利用時には、「新幹線こだま自由席の1400円分を食べて飲んでやろう」と、昼間からポークカツとハムサラダ、それにビール2本を注文し、最後はカレーライスで締めた。値段がいくらだったか忘れたが、こだま料金にまで届かなかったことだけははっきり覚えている。

この九州急行も1975（昭和50）年3月改正を前に廃止されたため、関西から昼行の東京行き優等列車は姿を消す。早いもので、あれから半世紀近くもの歳月が流れている。

東海道の夜の部を彩った〝ななつ星in東海道〟

東海道新幹線開業前、東京〜大阪間を電車特急で通し乗車する旅客は、時間に余裕のある観光客や用務客が中心で、目的地での限られた時間内で観光や用務を済ませたあとはホテル等で宿泊し、次の日に備えていた。設定当時は「ビジネス特急」と呼ばれた151系特急利用でも、大阪から日帰り可能な出張先といえば、静岡が限度だった。

そのため、東京〜大阪間を行き来する〝それなりの地位にあるビジネス客〟は、電車特急ではなく、夜行急行を利用していた（というよりは、させられていた）。同区間の距離は556・4キロなので、時速60キロでは9時間余りかかることで睡眠時間が十分に取れ、翌日は朝から出張先での仕事が可能である。これは、目的地での時間を有効に活用したい観光客や用務客とて同じである。だから、東京〜関西間では東海道線開業の1889（明治22）年以後、夜行列車は連綿とその歴史を刻んできた。

その夜行列車も最初は固い座席車からスタートし、横になって眠れる快適な寝台車は〝エリート中のエリート〟だけが乗車できる車両として3等級制の1等寝台車から登場。比較的安い値段で乗車できる3等寝台車は、1931（昭和6）年になって、東京〜神戸間急行に連結される。そうした中にあって1934（昭和9）年12月に、旅客車は1・2等寝台だけで8両、それに2等座席車と食堂車が各1両の編成で運転される豪華夜行急行が東京～神戸間に設定される。政財界の要人たちの利用で賑わったことで、〝名士列車〟と呼ばれたが、当時は「寝台列車」の称号はまだなかった。しかし、一列車中寝台車連結の比率が過半数を占めるのはこの列車だけで、ほかはいいところ寝台車は3等を含む5両までの連結で、相変わらず座席車が主体だった。

戦後は、寝台車が連合軍に1両残らず接収されたことで〝歴史は繰り返す〟ではないが、夜行列車の寝台車は1948（昭和23）年の1等、1950（昭和25）年の2等、そして3等寝台車は1956（昭和31）年3月になって復活し、同年内に全国を走る夜行急行列車に連結される。その3等寝台車と入れ替わるように、値段がべらぼうに高いことで乗車率の低い1等寝台車は2等寝台に格下げされ、これを機に2等寝台は料金に差を付けることで、コンパートメントのA室、プルマン型開放寝台のB室、元来からの2等寝台車であるC室に再編される。

さて、1956（昭和31）年11月改正で、東京～大阪／神戸相互間の夜行急行には「明星」「銀河」「月光」「彗星」の4往復が設定されていた。このうち不定期の「彗星」は、寝台車は2等C寝台車1両だけだが、残る3往復は2・3等の寝台車だけでも4～5両が連結され、特に「銀河」と「月光」にはA・B・Cの3クラスから成る2等寝台車だけでも3両が入っていた。2等A寝台車となると、座席車では1等展望車のレベルの客車だった。だが、これらの夜行列車にも問題があった。寝台車と特ロは〝居場所〟が指定されているので、深夜の車内は静かだが、各列車に5両以上連結されている3等車は全車自由席なので、季節によってはデッキはもちろん通路まで混みあい、深夜の停車駅では飲食物の購入や気分転換のためホームに出る旅客もいたりして、寝台車や2等座席車の旅客の中には落ち着かない人もいた。そこで、1957（昭和32）年に3等寝台車が増備されるのを機に、10月1日から「彗星」を定期に格上げのうえ、編成を可能な限り寝台車で固め「寝台列車」として運転する。特急同様に定員制で静かな車内は、特に出張で利用する3等寝台利用の会社員から「よく眠れる」と好評だった。

急行「なにわ」が電車化された1961（昭和36）年3月には、153系の運転間合いを利用して、定期としては初の夜行電車急行「金星」が設定される。これにより座席輸送力が増強されたため、「明星」の寝台列車化が実施される。この「金星」の成功により、国鉄では東京～大阪/神戸相互間の夜行急行は客車を寝台列車、電車は定員が多い座席車による輸送力列車として運転する方針が立てられる。そして、同年10月からは既設の「彗星」「明星」に加え、「銀河」と「月光」、それに新しく客車列車になった「金星」が寝台列車化される。これに、夜行電車急行は定期が「第2なにわ」「第2せっつ」「第2よど」の3往復、多客期には不定期の「第2六甲」「第2いこま」、それに姫路始終着の「はりま」が加わり、関西仕立ての夜行急行は、多客期には客車の寝台列車が5往復、電車による輸送力列車が6往復になる。

湊町（現ＪＲなんば）～東京間を関西本線経由で結んだ夜行急行「大和」。大阪南部や奈良県のステイタス列車だった。1967.9.18　王寺～河内堅上

関西始終着の夜行急行としては、このほか東京～湊町間を関西本線経由で結ぶ「大和」があった。大阪市内南部や泉州地方、それに奈良県内から東京への往来に便利な列車で、こちらは改正前の「銀河」や「月光」同様、1・2等の寝台・座席を連結するスタイルだった。

だが、客車と電車の長所を活かした万全の体制と思えた東海道夜行急行も、経済の高度成長により、2等寝台車への乗車を希望するビジネス客の需要に

表7　1963年10月1日改正における東海道本線大阪発上り寝台車連結急行の時刻

列車番号 列車名 連結車種	2014 すばる Bロネ・ハネ	204 大和 Bロネ・ハネ・指自ロ・ハ	2018 あかつき Bロネ・ハネ	14 明星 ABロネ・ハネ	12 銀河 ABロネ・ハネ	16 彗星 ABロネ・ハネ・ビ	18 月光 ABロネ・ハネ	2022 金星 ハネ
始　発		湊町 20 11			神戸 20 40			
大　阪　発	20 05	〃	20 25	20 45	21 20	22 15	22 30	23 00
京　都　〃	20 46	〃	21 10	21 28	22 01	23 00	23 17	23 45
米　原　〃	↓	〃	22 33	↓	↓	↓	↓	1 03
岐　阜　〃	22 44	〃	↓	↓	↓	↓	↓	↓
名古屋　着	23 15	23 35	23 59	0 15	0 46	1 40	1 53	2 26
名古屋　発	23 20	23 45	0 10	0 22	0 51	1 45	2 00	2 31
豊　橋　〃	↓	1 00	↓	↓	↓	↓	↓	↓
浜　松　〃	1 17	1 43	2 06	2 12	2 43	3 44	3 59	4 28
静　岡　〃	2 42	3 04	3 23	3 34	4 04	5 13	5 27	5 57
沼　津　〃	3 41	4 04	4 25	↓	↓	↓	↓	6 56
熱　海　〃	4 09	4 30	4 52	5 04	5 32	6 50	6 57	7 25
小田原　〃	↓	5 00	5 19	5 31	↓	↓	↓	7 53
横　浜　着	5 45	6 07	6 27	6 38	7 05	8 26	8 35	9 00
東　京　〃	6 20	6 40	7 00	7 10	7 35	9 00	9 09	9 36
記　事		関西本線経由						京都から「出雲」に併結

関西始発(湊町を含む)の東京行き寝台車連結急行を掲載(「大和」以外は寝台列車)
連結車種欄　Aネ=1等寝台車A室、Bネ=1等寝台車B室、ハネ=2等寝台車、指自ロ＝座席指定と自由席からなる1等

応えきれなくなる。そこで、1962（昭和37）年6月に「あかつき」、1963（昭和38）年10月には「すばる」の両寝台急行が東京〜大阪間で運転されるが、東海道本線ではすでに列車増発の余地がないため、「あかつき」は電車急行「第2六甲」、「すばる」は「第2なにわ」の客車化名義での列車設定だった。1963（昭和38）年10月1日改正における東海道寝台急行の時刻は**表7**、編成を**表8**に示す。

こうして、東海道の夜を彩った7往復の寝台急行、今流にいえば〝なつ星in東海道〟は、1964（昭和39）年10月の東海道新幹線開業でも、それまでの人気から「ひかり」が4時間所要では、昼行優等列

表8　1963.10.1改正（1964. 1時点）における東海道本線・関西始発東京行き寝台車連結急行編成

←11レ　神戸行き　「銀河」　12レ　東京行→

		①	②	③	④	⑤	⑥	⑦	⑧	⑨	⑩	⑪	⑫	⑬
荷物	荷物	1寝・AB	1寝・B	2寝	2寝	2寝	2寝	2寝	2寝	2寝	2寝	2寝	2寝	2寝
マニ	マニ	マロネ	マロネ	オハネ	オハネ	オハネ	オハネ	オハネ	ナハネフ	オハネ	オハネ	オハネ	スハネ	スハネフ
		40	41	17	17	17	17	17	10	17	17	17	30	30

←13レ　大阪行き　「明星」　12レ　東京行→

		①	②	③	④	⑤	⑥	⑦	⑧	⑨	⑩	⑪	⑫
郵便	荷物	1寝・AB	1寝・B	2寝	2寝	2寝	2寝	2寝	2寝	2寝	2寝	2寝	2寝
オユ	マニ	マロネ	マロネ	スハネ	スハネ	スハネ	スハネ	ナハネフ	スハネ	スハネ	スハネ	スハネ	ナハネフ
		40	41	30	30	30	30	10	30	30	30	30	10

←15レ　大阪行き　「彗星」　16レ　東京行→

	①	②	③	④	⑤	⑥	⑦	⑧	⑨	⑩	⑪	⑫	⑬	⑭
荷物	1寝・AB	1寝・AB	1寝・AB	1寝・B	1寝・B	ビ	2寝	2寝	2寝	2寝	2寝	2寝	2寝	2寝
	マロネ	マロネ	マロネ	オロネ	オロネ	オシ	ナハネ	ナハネ	ナハネ	ナハネフ	オハネ	スハネ	スハネ	ナハネフ
	40	40	40	10	10	16	11	11	11	10	17	30	30	10

←17レ　大阪行き　「月光」　18レ　東京行→

	①	②	③	④	⑤	⑥	⑦	⑧	⑨	⑩	⑪	⑫	⑬	⑭
荷物	1寝・AB	1寝・AB	1寝・AB	1寝・B	1寝・B	2寝	2寝	2寝	2寝	2寝	2寝	2寝	2寝	2寝
	マロネ	マロネ	マロネ	オロネ	オロネ	オハネ	オハネ	オハネ	ナハネフ	オハネ	オハネ	オハネ	オハネ	ナハネフ
	40	40	40	10	10	17	17	17	10	17	17	17	17	10

←19レ　大阪行き　「金星」

①　②　③　④　⑤　⑥　⑦

2022～22レ　東京行→

⑧	⑨	⑩	⑪	⑫	⑬	⑭
2寝	2寝	2寝	2寝	2寝	2寝	2寝
ナハネフ	スハネ	スハネ	スハネ	スハネ	オハネ	ナハネフ
10	30	30	30	30	17	10

←2013レ　大阪行き　「すばる」　2014レ　東京行→

①	②	③	④	⑤	⑥	⑦	⑧	⑨	⑩	⑪	⑫
2寝	1寝・B	1寝・B	2寝	2寝	2寝	2寝	2寝	2寝	2寝	2寝	2寝
ナハネフ	オロネ	オロネ	オハネ	オハネ	オハネ	オハネ	ナハネフ	オハネ	オハネ	オハネ	ナハネフ
10	10	10	17	17	17	17	10	17	17	17	10

←2017レ　大阪行き　「あかつき」　2018レ　東京行→

①	②	③	④	⑤	⑥	⑦	⑧	⑨	⑩	⑪	⑫	⑬
2寝	1寝・B	1寝・B	2寝	2寝	2寝	2寝	2寝	2寝	2寝	2寝	2寝	2寝
ナハネフ	オロネ	オロネ	オハネ	オハネ	オハネ	オハネ	ナハネフ	オハネ	オハネ	オハネ	オハネ	ナハネフ
10	10	10	17	17	17	17	10	17	17	17	17	10

←203レ　湊町行き　「大和」　204レ　東京行→

⑦	⑧	⑨	⑩	⑪	⑫	⑬	⑭
2等	2等	1寝・B	指自1等	2寝	2等	2等	2等
スハフ	オハ	オロネ	スロ	オハネ	オハ	オハ	スハフ
42	46	10	60	17	46	46	42

列車は大阪並びに湊町始終着時の編成

車に比べ利用客の移行率は低いと読んでか、「銀河」「明星」「月光」「金星」が存続する。しかし、ビジネス客の新幹線移行は顕著で、翌年10月には「銀河」「明星」の2往復に削減。この改正で電車急行「はりま」が廃止されたため、「銀河」は東京～姫路間運転となり、さらに1968（昭和43）年10月では列車名統合で東海道夜行は2往復とも「銀河」になる。

この時代は姫路～東京間の運転だった急行「銀河2号」。1972.2.20　西ノ宮～芦屋

東京より到着した急行「銀河」。急行では一早く20系12両による運転になった。1977.3.26　大阪駅

その後の「銀河」は1970（昭和45）年3月から9月までの万国博開催時には、2往復とも東京圏から関西への観光客で連日切符が完売になるほどの人気だったが、結果的にはこれが最後の華といえた。1975（昭和

50）年３月からは、東京～大阪間での１往復だけの運転となり、１９７６（昭和51）年以後は特急用客車が使用されるなど、寝台急行としては破格の待遇を受け、ＪＲ化後も孤軍奮闘を続ける。しかし、並走する高速道路を行く廉価な夜行バスの台頭に加え、国鉄末期から使用されてきた24系25形客車の老朽化だけは何ともならず、２００８（平成20）年３月で力尽きてしまった。

近鉄特急としのぎを削った名阪準急「かすが」「比叡」

１９５０年代、東海道本線内には当時「六大都市」と呼ばれていた人口百万以上の東京・横浜・名古屋・京都・大阪・神戸の各都市が集まり、日本の総人口の40％以上が沿線地域に在住すると言われた。だから、京阪神から東海道を東上する旅客には途中の岐阜・名古屋・静岡等で下車する人たちも数多くいた。特に名古屋までは料金の安い準急が設定されていたため、関西～名古屋間で急ぎの国鉄旅客はほとんどが名阪準急を利用した。

本書の読者の方にも、国鉄に準急が運転されていたことをご存知でない方もおられるかもしれないので、まず「準急」について簡単に解説をさせていただく。準急の種別は、戦前から比較的短距離の速達列車を中心に使用されていたが、当時は料金不要だったので、現在風には快速列車の仲間である。特に戦前における優等列車の特急と急行は、現在とは比べようもないほど地位が高く、四国島内全路線のほか、本州でも中央本線や関西本線、紀勢東・西線、高山本線、伯備線、房総東・西線といった地方幹線クラスでさえ設定されていなかった。そうした路線では、地元で「準急」または「快速」などと呼ばれる速達列車が運転されており、地域の代表列車の座にあったが、市販の『時間表』では通過記号が目立つだけで、種別の表示はなかった。

その準急が優等列車の仲間入りを果たすのは、戦後混乱期の1946（昭和21）年11月のことである。戦前の地方幹線急行の復活に際し、車両や設備面が不十分のため急行では荷が重い列車を〝急行に準ずる列車〟すなわち「準急行」として、急行の半額程度の料金で設定したのである。しかし、これで優等列車設定へのハードルが低くなったことで、以後戦前には優等列車のなかった路線に準急が運転を開始する。

1949（昭和24）年6月1日に湊町（現JR難波）〜名古屋間で3往復の運転を開始した関西本線準急もその一つで、これも戦前に活躍した快速からの格上げだった。当時の東海道本線は山陽・九州直通の旅客・貨物列車の設定が優先されるため、全体では一区間に過ぎない名阪間完結の優等列車が入る余地はなく、関西本線にシフトされていたのだ。また、同本線は東海道本線に比べ距離が約15㎞短いので、到達時間の面でも有利で、同年9月改正では3時間43分で結んだ。ちなみに東海道本線急行の名阪間は3時間59分、国鉄に先がけ1947（昭和22）年10月に運転を開始した近畿日本鉄道の特急は3時間25分だった。近鉄ではこのほか料金不要の急行が約4時間30分で結んでいた。途中の伊勢中川を境に軌間が異なるため、特急同様に乗換えの不便があったが、この近鉄急行こそ名阪間旅客のシェアでは一位だった。値段が安いうえに1時間ヘッドの電車運転なので、便利さと煙のない旅に勝るほどの魅力は、ほかの列車にはなかった。

名阪間の競争では、蚊帳の外に置かれていたような東海道本線だが、1952（昭和27）年9月1日から大阪〜名古屋間に毎日運転の臨時準急1往復が設定される。全区間C59形蒸気機関車の牽引で、上りは大阪発17時30分、名古屋着21時05分、下りは名古屋発8時、大阪着11時35分の時刻で、名古屋から大阪へはもちろん、大津・京都方面へのビジネス旅に至便なので好評を博し、同年11月からは定期列車に格上げされた。車両は中央西線夜行準急の間合い運用のため、2等1両のほかはすべて3等の計8両編成で、その2等車も並ロなので見た目には普通列車と変わらなかったが、これこそ急行に準ずる列車である準急の真骨頂といえた。ちなみに当時の関西本線準急はC57形牽引の4両編成で、2等は半室構造のスロハ32だった。

ところで、閑散ローカル線の乗り物だった気動車も、総括制御を可能とする液体変速機が開発され、1953（昭和28）年10月からは客車スタイルのキハ17系が量産される。そして、房総東・西線（現外房・内房線）のように、それまで蒸気機関車が牽いていた比較的短い編成の客車列車を置き換える。キハ17系は、性能そのものが従前の気動車と変わらず馬力も弱いため、車体断面を小さくして軽量化に努めたほか、製造コスト軽減を狙い、座席も背ずりのビニール内のクッションを少なめにした。そのため、座り心地など居住性は良くなかったが、煙害を気にせず乗車できるので、利用客から喜ばれた。

国鉄はローカル線の合理化に、キハ17系に両運転台形式も製造するなどして使用範囲を広げるが、馬力の弱さだけはどうにもならず、勾配路線には投入できなかった。そこで研究の結果、床下にエンジンを2基搭載した22m車体のキハ50形を2両試作。1955（昭和30）年3月から、何と関西本線準急1往復に投入し、キハ50＋キロハ18＋キハ17＋キハ50の編成で運転する。キハ50に予備車がないため、検査日には蒸気列車で運転する必要上、湊町～名古屋間所要は3時間15分のままとされたが、このような〝遜色準急〟にもかかわらず、旅客からの評判は上々だった。国鉄も気を良くしてか、キハ50の改良増備形として車体長がキハ17とさほど変わらないキハ51を製造。１９５６（昭和31）年７月には関西本線準急３往復を気動車化し、名阪間を２時間台の到達とするほか、上り２本は湊町〜名古屋間を２時間47分、大阪ミナミの中心駅天王寺からは２時間39分で結び、名阪間では最速列車に躍り出る。列車も利用客増により常時６両で運転された。

準急「比叡」。80系による初期の頃で、“準急”だけのヘッドマークはユニークだ。1959.4.26 高槻〜山崎間　写真：篠原丞

キハ55系旧塗装時代の準急「かすが」。この頃はまだ関西本線も活気があった。1962.4.18 中在家〜加太　写真：篠原丞

関西本線準急が短い夏を謳歌している中、東海道本線は同年11月19日に全線電化が完成。全線ＥＦ58牽引となった「つばめ」「はと」が名阪間最速列車の座を奪還する。東海道準急も到達時分こそ３

時間15分だが、こちらも無煙化され、スハ43系の居住性は好評だった。そして、翌1957（昭和32）年10月に東海道準急は80系湘南形電車による運転となり、同時に神戸発を含め3往復に増発。上りの名阪間最短所要は2時間39分となり、関西本線の気動車準急と肩を並べるが、80系とキハ17系とでは設備に大差があり、勝負は決したも同然だった。名阪準急は、東海道・関西の両沿線では「準急」だけで通用するのか、列車名は付けられていなかったが、本数の増加等により東海道準急は1957（昭和32）年11月に「比叡」、関西線準急には1958（昭和33）年10月「かすが」が命名される。

こうした、東海道全線電化後の「比叡」の躍進に危機感を抱いたのは、当時の名阪間で圧倒的なシェアを誇っていた近鉄である。同社では伊勢中川での乗換えがある限り、上本町～名古屋間での到達時分を2時間35分よりも短縮することは困難と踏んでおり、直接のライバルであり、伸びしろさえ感じさせる「比叡」が、名阪間で近鉄特急よりも速い時間で結ぶようなことがあれば、一大事と考えていたのだ。そこで、伊勢中川～名古屋間の名古屋線を標準軌に改軌し、名阪特急を直通運転させ2時間20分以内で結ぶ手に打って出る。1957（昭和32）年7月に老朽化した木曽川橋梁などを、複線型長大橋への付け替え工事に着手したのはその第一歩で、1960（昭和35）年2月の竣工を目指した。

80系の投入と増発で、名阪間利用客が増加した国鉄は、１９５８（昭和33）年10月改正で「比叡」を５往復に増発し、１９５９（昭和34）年４月から６月にかけて、新性能車の１５３系に置き換える。そして、同年９月22日改正で、「比叡」とは別に朝夕の時間帯に全車座席指定準急「伊吹」２往復を運転。上り「第１伊吹」は途中停車駅を沿線府県都の３駅だけに絞り、名阪間を２時間30分で結んだ。この陰に名阪間直結の使命を失っていった「かすが」は、車両こそ準急にふさわしくキハ55系にグレードアップされるが、輸送の対象を奈良〜名古屋間旅客に変え、同改正からスピードダウンが続く。

　その改正から数日後の１９５９（昭和34）年９月26日、伊勢湾台風が東海地方に来襲し、災害史にも残るほどの甚大な被害を出すが、近鉄は長期運休からの復旧を機に名古屋線の改軌を繰り上げ実施し、11月27日に竣工。12月22日の全面復旧から、近鉄の念願だった１０１００系新ビスタカーでの名阪間直

当時は91系と呼んだ153系準急「比叡」。列車名部分が円形のヘッドマークは153系初期のものだ。
1959.5.5 米原　写真：篠原丞

表9　1961年10月1日改正における東海道本線大阪発上り電車準急の時刻

列車番号 列車名 使用形式 連結車種	402M 第1伊吹 153系	404M 比叡1号 153系	406M 比叡2号 153系	408M 比叡3号 153系	410M 比叡4号 153系	412M 比叡5号 153系	414M 比叡6号 153系	416M 比叡7号 153系	418M 第2伊吹 153系 ビ	420M 比叡8号 153系
神戸 発	7 00									
大阪 〃	7 30	8 16	11 30	13 50	15 00	16 00	17 00	18 00	19 00	20 00
京都 〃	8 03	8 50	12 05	14 26	15 34	16 36	17 37	18 37	19 35	20 36
大津	8 12	8 59	12 15	14 35	15 44	16 45	17 46	18 46	19 44	20 45
石山	↓	9 04	↓	↓	↓	↓	↓	↓	↓	20 51
草津	↓	9 11	↓	↓	↓	↓	↓	↓	↓	20 58
近江八幡	↓	9 25	↓	↓	↓	↓	↓	↓	↓	21 12
彦根	↓	9 43	12 54	15 14	16 24	17 24	18 24	19 24	↓	21 32
米原 〃	↓	9 49	13 00	15 26	16 30	17 30	18 30	19 30	↓	21 38
大垣	↓	10 18	13 29	15 56	17 04	17 59	18 59	19 59	↓	22 09
岐阜 〃	9 31	10 28	13 39	16 08	17 16	18 10	19 09	20 09	21 01	22 19
尾張一宮	↓	10 39	13 50	16 18	17 26	18 20	19 20	20 20	21 11	22 30
名古屋 着	9 53	10 53	14 05	16 32	17 40	18 35	19 35	20 35	21 25	22 45
記事	座席指定								座席指定	

全列車153系を使用、1・2等車を連結。ビはビュフェ車を連結。「伊吹」は全車座席指定

通運転が開始される。

名阪間における国鉄対近鉄のライバルスケッチはさておき、東海道準急の両列車はその後も発展が著しく、1961（昭和36）年3月改正までに「比叡」は7往復に増発。一方「伊吹」は本数こそ2往復のままだが、名阪間所要は2時間25分にまでスピードアップされた。中でも下り「第1伊吹」と上り「第2伊吹」は同改正で電車化された急行「なにわ」と共通の12両編成とされたため、ビュフェ営業も実施されるなど、まさしく特別準急といった感じだった。ビュフェでは朝の大阪行きは喫茶コーナー、夜間の上りは寿司コーナーの売り上げが良かったと言われる。もう一方の〝逆伊吹〟は「比叡」と共通編成のため、1等客は同じ値段でありながら、車両面で〝損〟をする結果になった。

そして迎えた10月1日改正で、「比叡」は8往復に

まで増発される。同改正の名阪準急大阪発列車の時刻は**表9**の通り。のちの「エル特急」の嚆矢ともいうべき便利なダイヤの「比叡」は増発すれば客が付き、また増発の好循環をたどったが、この改正後は列車の増発ができないため、1963（昭和38）年10月からは

表10　東海道本線・名阪準急編成の変遷（1952～1964）

1952. 9. 1 準急(客車)
←3405レ　大阪行き　　3406レ　名古屋行き→

①	②	③	④	⑤	⑥	⑦	⑧
3等	2等	3等	3等	3等	3等	3等	3等
オハフ	オロ	オハ	オハ	オハ	オハ	オハ	オハフ
33	35	35	35	35	35	35	33

1956.11.19　準急(客車)
←405レ　大阪行き　　406レ　名古屋行き→

①	②	③	④	⑤	⑥	⑦	⑧	⑨	⑩	⑪	⑫
3等	3等	3等	3等	3等	2等	3等	3等	3等	3等	3等	3等
スハフ	スハ	スハ	スハ	スハ	オロ	スハ	スハ	スハ	スハフ	スハ	スハフ
42	43	43	43	43	41	43	43	43	42	43	42

1957.10. 1準急(11.15から「比叡」)
←　大阪／神戸行き　　名古屋行き→

①	②	③	④	⑤	⑥	⑦	⑧	⑨	⑩
3等	3等	3等	3等	3等	2等	3等	3等	3等	3等
クハ	モハ	モハ	サハ	モハ	サロ	モハ	サハ	モハ	クハ
86	80	80	87	80	85	80	87	80	86

1959. 9.22準急「比叡」「伊吹」
←　大阪／神戸行き　　名古屋行き→

①	②	③	④	⑤	⑥	⑦	⑧	⑨	⑩
3等	3等	3等	2等	3等	3等	3等	3等	3等	3等
クハ	モハ	モハ	サロ	モハ	モハ	サハ	モハ	モハ	クハ
153	152	153	153	152	153	153	152	153	153

「伊吹」は全車座席指定

1960. 7. 1準急「比叡」(一部を除く)・「伊吹」
←　大阪／神戸行き　　名古屋行き→

①	②	③	④	⑤	⑥	⑦	⑧	⑨	⑩
2等	2等	2等	1等	2等	2等	2等	2等	2等	2等
クハ	モハ	モハ	サロ	サハ	サハ	サハ	モハ	モハ	クハ
153	152	153	153	153	153	153	152	153	153

「伊吹」は全車座席指定

1961. 3. 1 準急「第1伊吹」(下り)・「第2伊吹」(上り)
←403T大阪行き　　416T名古屋行き→

①	②	③	④	⑤	⑥	⑦	⑧	⑨	⑩	⑪	⑫
指2等	指2等	指2等	指2・ビ	指1等	指1等	指2・ビ	指2等	指2等	指2等	指2等	指2等
クハ	モハ	モハ	サハシ	サロ	サロ	サハシ	モハ	モハ	モハ	モハ	クハ
153	152	153	153	152	152	153	152	153	152	153	153

1963. 10. 1準急「比叡」(全列車)・「第1伊吹」(上り)「第1伊吹」(上り)
←大阪行き　　名古屋行き→

①	②	③	④	⑤	⑥	⑦	⑧	⑨	⑩	⑪	⑫
2等	2等	2等	2等	2等	1等	2等	2等	2等	2等	2等	2等
クモハ	モハ	クハ	モハ	モハ	サロ	サハ	サハ	サハ	モハ	モハ	クハ
165	164	153	152	153	153	153	153	153	152	153	153

「伊吹」は全車座席指定

165系2両を増結する変則編成で急場を凌いだ。同日までの東海道名阪準急の編成の変遷を**表10**に示す。

東海道新幹線開業の1964（昭和39）年10月1日改正では、「比叡」「伊吹」は″並行在来線″を行く列車となる。だが、新大阪～名古屋間で1時間40分を要する新幹線各駅停車特急「こだま」に比べ、名阪準急は乗換えの時間を考慮すれば、実質的な到達時分の差は30分程度に過ぎないことや、大津・岐阜など新幹線の恩恵を受けない優等列車停車駅も多く、新幹線の影響はさほど受けないと思われた。

そのため、数字上では「伊吹」2往復を廃止した形で、「比叡」は改正前同様8往復が存続し、車両運用の関係で急行編成を使用する下り1号と上り7号ではビュフェ営業も継続された。だが、名阪間旅客の新幹線移行は国鉄としては嬉しい誤算で、「比叡」の利用客は予想以上に減少する。日本経済の高度成長による国民の収入増で、新

153系準急「伊吹」。準急ながらビュフェを連結したデラックス編成。1961.8.14　大阪駅　写真：大津宏

幹線をはじめとする特急は、もはや「お金さえ出せば誰もが利用できる列車」に変身していたのだ。そのため、翌１９６５（昭和40）年10月改正で「比叡」は4往復運転に削減。その後急行への格上げや、組成の変更、ビュフェの廃止などが実施され、１９７２（昭和47）年3月に2往復、１９８０（昭和55）年10月には1往復だけの運転となり、１９８４（昭和59）年2月改正で姿を消す。廃止当時は１６５系普通車だけの8両編成だった。

一方、一時は名阪間の王座を張った関西本線の「かすが」は、１９８５（昭和60）年3月改正で奈良～名古屋間で1往復運転となったものの、ＪＲ化後も急行として長く活躍を続ける。しかし、こちらも２００６（平成18）年3月改正で廃止された。

〝夢の超特急〟を実現させた「ひかり」から〝走るオフィス〟「のぞみ」まで

本書の第1章で最も重要な地位を占める列車はもちろん、活躍期間や利用客数、社会への貢献度から東海道新幹線であることに揺るぎはない。その建設目的や開業までの経緯、開業後も60年に迫ろうとする歴史を、時系列にまとめようとすれば一冊の本ができるほどの文字量になるので、ここでは切り口を変え、開業当初からファンや利用客として、新幹線に接してきた筆者の経験を中心に記していくことにする。

1950（昭和25）年生まれの筆者が居住地の大阪から東京まで初めて出かけたのは、小学1年生だった1956（昭和31）年の夏休みで、両親と1歳下の弟との4人での家族旅行である。行きは米原まで蒸気機関車（大阪駅入線時の記憶から多分C59）の牽く夜行普通列車、帰りは熱海から名古屋までEF58牽引の昼行普通列車、名古屋では近鉄に乗換え急行電車の乗り継ぎで鶴橋まで戻っている。旅行中の記憶はだんだん薄れているが、車両に関しては車窓や駅などで80系湘南電車を見たほか、70系スカ形電車に乗ったこと、名古屋地下駅ホームで、座席に純白のリネンが掛けられたツートンカラーの近鉄6421系特急車を目の当たりにして、試乗欲を抱いたことは今も鮮明に覚えている。当時の庶民層としては標準的な旅で、鉄道に対する興味が深まったのもこれがきっかけだったと思うが、東海道本線内が普通利用だったことで時間がかかり、〝東京はとても遠いところ〟という印象が強かった。

だから、1958（昭和33）年にビジネス特急「こだま」が斬新な塗装で登場した時は衝撃的だったし、それと前後するかのように、小学生向けの月刊学習雑誌や、当時発刊されたばかりの少年向け週刊誌で「東京～大阪間を3時間で結ぶ〝夢の超特急〟」のイラスト

今とは違い、12両編成だった0系「こだま」。
1970.1.28　京都〜米原

入り記事を読んだ時は、まさに夢のような話で信じることができなかった。それが6年後のオリンピック開催に合わせ実現してしまうのだから、日本の鉄道技術の高さに感激したことは記すまでもない。だが、その頃の筆者にとって、新幹線電車の情報はテレビや駅などのポスターで眺めるほか、書店で鉄道雑誌の立ち読みで仕入れるしかなかった。その開業直前には、ＮＨＫテレビで東京〜大阪間4時間の「ひかり」ダイヤで走る新幹線試運転電車の様子を生中継する番組があり、車内からはもちろん、定点映像やヘリコプターなど、当時の技術を駆使しての制作だった。筆者も自宅で食い入るようにして眺めていたが、異次元のスピードの速さに対する驚きや感動はあっても、なぜか乗ってみたいという気持ちは起こらなかった。映像で見る0系の車内が試乗欲をそそるほどの豪華さでなかったのと、それまでの経験から、特急は〝ええし〟でないと乗れないという気持ちが脳内を支配していたからだろう。

そうしたこともあって、自宅からはたかだか20キロ以内にありながら、出会いのきっかけすらなかった新幹線電車だが、高校1年の1965（昭和40）年の暮れになってようやく写真撮影が許されるようになったので、翌年の正月に父から回してもらったライカ判カメラを持って新大阪駅へ撮影に出かけた。新幹線も開業から1年余りが経ち、東京までは「ひかり」が当初予定に近い3時間10分、「こだま」が4時間所要となり、しかも両列車とも概ね30分ヘッドダイヤとなったことや、年末年始輸送が終わった昼下がりなので、新幹線ホームも人影はさほど多くなかった。そのため停車中の0系「ひかり」の編成や形式写真のほか、車内写真も車掌氏の許可を得て撮ることができた。

東海道新幹線を新大阪から東京まで通し乗車したのは、1969（昭和44）年8月が最初で、大学鉄道研究会の北関東方面合宿行事なので、「こだま」指定車利用だった。現地での高崎第一機関区での撮影会終了後は解散となり、碓氷峠越えを体験したあと大阪への帰路は、国鉄の等級制度廃止で、300円の普通列車用グリーン券で通し乗車できる〃大垣夜行〃と接続の西明石行き普通を利用し、サロ163とサロ112のリクライニングシートの旅を楽しんだ。学生時代には、その後鉄道史の共同研究を行っていた友人が、就職で東京に住むことになったため、上京する機会が増えるが、新幹線利用の場合はすべて「こだま」の自由席に乗車した。当時は新大阪～東京間の料金が「ひかり」より20％以上も安く、そのうえ新大阪ではお目当ての進行方向右の窓側席を確保することができ、広い窓からは景色をたっぷりと楽しむことができるのが魅力だった。当時は、筆者以外にも新大阪～東京間の通し旅客は多く見られた。

東海道新幹線「ひかり」は、0系16両編成の時代が長く続いた。当時は防護壁もなく、こうした写真が撮れた。1970.1.28　京都～米原

博多開業後の約10年は、結婚や子育て等で鉄道趣味も最小限に抑えざるを得なかったが、国鉄の分割民営化前後には子どもも小学校に通う年齢になったため、遠出の趣味活動も再開する。ＪＲ化後は東京へ行く機会も増えたことで、新幹線を利用する際には、よほどのことがない限りは二階建て車両が目を引いた１００系「ひかり」を選んで自由席に乗車した。本数が少なく博多発しかない頃も、新大阪では旅客の入れ替わりがあるため、早めに並べばお目当ての場所のゆったりした席に座れたし、名古屋以遠では展望食堂車も満席ではない場合は、ある程度の

東海道新幹線に新しい旅の楽しみを加えた100系。これはカフェテリア付きのG編成。2003.8.17 豊橋駅

時間を過ごせた。100系の本数が増えると新大阪始発「ひかり」の供食設備は〝走る総菜屋〟のカフェテリアの編成が多くなるが、購入した商品を座席に持ち帰って食べるため、「これやったら発車直前でない時は、デパ地下で買っといた方が安上がりやなぁ」と将来性を心配したものだった。ともあれ、新幹線では100系が運転されていた当時が一番楽しく、まさに「旅の楽しさを与えてくれた新幹線電車」だった。

そうした東海道新幹線も、最高速度270キロの300系が博多に進出した1993（平成5）年3月改正からは、「のぞみ」の時代に入る。しかし、300系の供食設備と言えば、編成で2ヵ所のサービスコーナーだけで、座席の窓も小さくビジネス客に特化したような車両で、全車座席指定のうえ料金も割高とあっては、急ぎの客でない筆者は利用する気にもなれず、相変わらず本数では断然上位の「ひかり」用100系に乗車した。だが、その後「のぞみ」

大阪〜東京間の日帰り出張を身近にした300系。
2007.4.5　三河安城〜豊橋

の本数が増え、３００系の改良増備形式ともいえる５００系や７００系が運転を開始すると、０系は１９９９年中に東海道新幹線から引退し、法定耐用年数が近づいた１００系も、２０００（平成12）年３月改正を機に食堂車営業を休止、１００系のカフェテリアもすぐ後を追う。このような時期にあっても、筆者は２００１（平成13）年12月のフルムーン旅行の際、「こだま」に使用中の１００系二階グリーン車を利用できたのは幸いだった。

新幹線品川駅が開業した２００３（平成15）年10月改正では、東海道新幹線全列車の最高速度が２７０キロとされた結果、運用車両は３００・５００・７００系の３形式にまとめられ、列車本数も「のぞみ」が上位になった結果、「ひかり」は全列車が速達型から１時間当たり２往復の主要駅停車型に姿を変える。これにより「のぞみ」の料金は若干値下げされ、新設された自由席は「ひかり」「こだま」と同一の料金とされる。そのため、筆者は東海道新幹線での乗車列車を、流麗なスタイルの５００系「のぞみ」にターゲット

レイルファンには現在も人気が高い 500系による「のぞみ41号」。2007.4.5　三河安城〜豊橋

コロナ禍を経て、次のフェーズに期待したいN700A　2018.5.9　西明石

を絞る。レイルファンでなくても５００系を選んで乗る人が多いのか、そのうちの１回は３両の自由席中２両の禁煙車は通路に人が並ぶほどの満員。喫煙車には幸い窓側にも空席があったので利用したが、列車に禁煙車の設置などなかった１９７０年代の車内とは比べものにならないほど、車内には煙のにおいが漂っていた。筆者も20歳代は愛煙家だったので、免疫があるせいかさほど苦にならなかったが、そうでなければ耐えられなかったのではないかと思う。

その５００系も２０１０（平成22）年に東海道新幹線から姿を消したため、以後の新幹線

表11　東海道新幹線・新大阪～東京間最速到達時分の変遷

年月日	列車名	形式・両数	最高速度 km/h	到達時分 時間－分	表定速度 km/h	記事
1964.10. 1	ひかり2号	0系12両	210	4-00	128.9	地盤軟弱と初期故障への対応
1965.11. 1	ひかり2号	0系12両	210	3-10	162.8	当初計画の到達時分
1985. 3.14	ひかり300号	0系16両	210	3-08	164.5	余裕時分の見直し
1986.11. 1	ひかり288号	0系16両	220	2-52	179.8	最高速度向上
1988. 3.13	ひかり308号	0系16両	220	2-49	183.0	余裕時分の見直し
1992. 3.14	のぞみ302号	300系16両	270	2-30	206.2	300系運転開始・最高速度向上
2007. 7. 1	のぞみ52号	N700系16両	270	2-25	213.3	N700系運転開始・曲線通過速度向上
2015. 3.14	のぞみ64号	N700系16両	285	2-22	217.8	最高速度向上
2020. 3.14	のぞみ64号	N700系16両	285	2-21	219.3	全列車をN700系に統一

東京～新大阪間の距離は515.4km。
最速列車が複数本数存在する場合は新大阪を早い時刻に発つ列車を掲載

表12　東海道新幹線・新大阪～東京間の特急用車両の運転記録（2023年7月1日現在）

形式	編成両数	運転開始年月日	運転終了年月日	実働年月	記事
0系	12・16両	1964.10. 1	1999. 9.19	34年11ヵ月	製造は1964.7～1986.4
100系	16両	1985.10. 1	2003. 9. 1	17年11ヵ月	山陽新幹線(6両)では2012.3.17に運転終了
300系	16両	1992. 3.14	2012. 3.17	20年0ヵ月	
500系	16両	1997.10. 1	2010. 3. 1	12年5ヵ月	山陽新幹線(8両)では現役
700系	16両	1999. 3.13	2020.3.14	21年0ヵ月	山陽新幹線(レールスター8両)では現役
N700系	16両	2007. 7. 1	(現役)	(16年0ヵ月)	

新大阪～東京間での定期列車としての運転開始・終了年月日を示す

利用での東京行きは700系かN700系かの二択となる。両形式とも乗り心地は改良されているのが分かるが、独立した供食設備はなく車内販売だけなので、もはや長距離の〝通勤特急〟である。

なお、東海道新幹線における最速到達時分の変遷を**表11**、特急用車両の運転記録を**表12**に掲げることで、本項のまとめに代えさせていただく。

コラム1

団塊世代がお世話になった修学旅行専用列車「きぼう」

東海道在来線が電車特急「こだま」を中心に全盛を誇っていた1960年代、東海道本線を東上する名列車として忘れてはならないメンバーの一つに修学旅行専用列車「きぼう」がある。この「きぼう」は関西から関東方面へ修学旅行に出かける中学生向けの列車で、1959（昭和34）年4月から神戸〜品川間で運転を開始する。当初の時刻は往路が神戸発8時50分↓品川着18時15分、帰路が品川発20時11分↓神戸着6時05分で、生徒たちは昼間の東海道本線を電車急行並みの速度で走る「きぼう」で東上し、日光（または富士箱根）と東京方面を見学しながら現地の宿舎で2泊。3日目には夜行列車として走る「きぼう」で車中泊し、関西に戻った。「きぼう」の上りが昼行、下りが夜行のダイヤは車両運用の効率化と、修学旅行を制限時間内に収めるための措置でもあった。

この「きぼう」はスタイル的には153系をベースにした電車で、窓周りを黄色、その上下に朱色を配した大胆な塗装を施したので、沿線ではひと際目立つ存在だった。また車内のボックスシートは定員を多く確保する必要上、2人掛け＋3人掛けとし、座席間に学習用（実際にはトランプゲーム用）のテーブルが置かれたほか、網棚も座席上部に枕木方向に配置された。そのほか、2人が同時に使用できる洗面所や、飲料水タンク、時計、スピードメーターも取り付けられるなど、万事中学生目線に立った工夫がなされていた。

この155系「きぼう」が登場するまでの修学旅行は、速度の遅い機関車牽引列車で実施されていたが、旅行シーズンが行楽期と重なるため客車は慢性的に不足状態で、生徒たちは座席に3人掛けを強いられるなど、旅先に着くまでに疲れてしまい、せっかくの旅行も楽しい思い出にならなかったという生徒も多くいたといわれる。

関西で育った団塊世代なら「きぼう」。東京への修学旅行の思い出とともにある列車だ。1971.10.16 大阪駅（運転最終日）

そうした修学旅行の改善を目的に製造された車両が155系で、筆者も中学3年の1964（昭和39）年10月下旬に「きぼう」を利用した。新幹線開業で電車特急は姿を消していたが、進行方向右側の席に座れたため、車窓からいろいろな情報を得られ、後の鉄道趣味に役立った。こうした「きぼう」も、東海道新幹線列車の大衆化で修学旅行も新幹線利用が進んだことで、1971（昭和46）年10月に運転を終了する。

「きぼう」での修学旅行は今も、人生での楽しい思い出の一つとして鮮明に残っている。

第2章

山陽本線を西下した名列車たち

概説

筆者は数年前までは小学校を職場としていたので、パソコンが普及していない時代の休み時間に鉄道好きの高学年児童から、「先生、何で東海道線は神戸が終点やねん。東京や北陸の方からやって来る列車はたいてい大阪が終点やから、大阪から西が山陽線とちゃうのん?」という質問を受けたことがある。どのように返答したかはさておき、実は筆者も小・中学校時代に社会科の授業で、「東海道本線は東京～神戸間、山陽本線は神戸～門司間」と頭ごなしに教えこまれただけなので、なぜ神戸が境界駅なのか、高校生になって鉄道関係の雑誌や図書を購入して、じっくり読むようになるまで理由が分からなかった。

要するに創設期の日本の鉄道は、国家により当時から人口の多い東京(新橋)～横浜間と、京都～神戸間が1877(明治10)年までに開通。その後横浜～京都間をほぼ東海道沿いに線路をつなぎ、1889(明治22)年の全通で官設鉄道東海道線が出来上がる。一方、神戸から西は私鉄の山陽鉄道の手で、東海道線全通1年前の1888(明治21)年に兵庫～明石間が開業し、翌年に兵庫～神戸間を延長して東海道線に接続。明石から西は幾度かの部分開業を繰り返し、本州最西端の下関(当時馬関)に達するのは、1901(明治34)

年のことである。つまり、東海道本線と山陽本線とは、神戸を境に生い立ちが官鉄と私鉄という決定的な違いがあるのだ。

山陽本線の前身である明治期の山陽鉄道は、広島開業の1894（明治27）年に官鉄に先がけ、神戸～広島間に長距離急行列車（料金不要）を運転するほか、1等寝台車や食堂車も一足先に導入するなど、先進性が強くサービス精神に溢れた会社だった。これは、同鉄道が瀬戸内海を行く汽船に対抗するための策で、長距離列車は神戸以東を官鉄に乗入れ、京都始終着として運転することで京阪方面からの旅客拡大に努めた。明治期におけるわが国の鉄道は官鉄と私鉄とが並立しており、1903（明治36）年当時の関西圏内鉄道地図を見ると、官鉄線は東海道線と北陸線だけで、私鉄には山陽鉄道や関西鉄道といった〝メガ私鉄〟のほか阪鶴鉄道や京都鉄道、南海鉄道などが存在し、圧倒的に私鉄が上位だった。

しかし、日露戦争での軍事輸送に鉄道が果たす役割の重要性を痛感した政府は、幹線系鉄道が多くの私鉄に分割経営されていることは、有事の際に障害になるとして、1906（明治39）年に鉄道国有法を公布する。そして、関西圏では前述のうち南海鉄道を除く各社が、翌年までに買収されて国有鉄道への仲間入りを果たす。1909（明治42）年10月の線路名称制定で神戸～下関間は山陽本線となり、東海道本線ともども太平洋ベルト地帯を行く最重要幹線に位置づけられ、一体化した運転が実施される。

1912(明治45)年6月には1章で触れたように、わが国初の特急が新橋〜下関間で運転を開始。上下とも東海道本線内が昼行、山陽本線内が夜行で運転されたため、京阪神から下関方面への利用が可能だった。だが、国際列車的使命をも有することで、展望車や寝台車を含め1・2等だけの編成であり、利用できる客層となると、皇族や華族、政府や軍部、財閥系企業の要人などに限られ、一般庶民には近づきがたい列車だった。

それから10年以上が経った1923(大正12)年7月、1・2等特急に続行する形で3等だけの特急が東京〜下関間に設定される。ここに特急が庶民層にも〝開放〟されたわけだが、そこは「特急」で、利用客は大陸往来を含むエリートサラリーマンなどに限られ、やはり選ばれた人たちの列車だった。しかし、努力してそうした身分や地位に就ければ特急に乗車できるわけで、若者たちに夢や希望、勇気を与えた点で、存在意義は大きかった。

1929(昭和4)年9月には、この両特急に列車名が公募され、1・2等特急は「富士」、3等特急は「櫻」を命名される。山陽本線内では、このほかに急行も運転されていたが、昼行・夜行ともすべて東京が始終着だった。東京〜下関間の通し運転では、京阪神三都駅で利用客の過半数が入れ替わるため、国鉄もそれでよしと踏んだのだろう。関西人待望の大阪～下関間完結急行が運転されるには、1939（昭和14）年11月まで待たなければならなかった。もっとも、当時の京都／大阪～下関間には昼行・夜行とも快速や普通が多く運転されており、特に長距離旅客の多い夜行列車では2・3等の寝台車や食堂車を連結していた。

1942（昭和17）年6月、本州～九州間を陸続きとする関門海底トンネルが開通し、山陽本線は神戸～門司間になる。だが、日本は前年12月から太平洋戦争に突入しているため、せっかくの海底トンネルも、当初は石炭を主体とする貨物など軍事輸送が主体で、旅客を含めた正式開業は半年後の11月15日からだった。この改正で特急「富士」が長崎に延長されるほか、急行が東京～鹿児島間の直通運転を開始するが、優等列車の運転は必要最小限に抑えられた。そして、その後の戦争激化で「富士」は1944（昭和19）年4月に廃止され、終戦当日に残った優等列車は東京～下関間急行1往復だけだった。

終戦により、鉄道は空襲に晒されることはなくなったものの、車両や線路、鉄道施設が荒廃した中での再出発だった。連合国軍による車両接収で、満足に走れる列車が少ない中で買い出しなどの生活列車はもちろんのこと、戦地からの復員者や海外からの引揚者の輸送も行わなければならなかった。主要幹線の優等列車はいち早く復活させる必要性があったが、車両の状態不良や石炭不足もあって思うにまかせることができなかった。

そうした世の中が落ち着き復興への道を歩み始めるのは、戦後第一回目の白紙改正が実施された1950（昭和25）年10月のことだった。関西から山陽本線を西下する列車は、戦前同様東京～九州間急行が主体だが、準急では京都～博多・都城間と大阪～広島・宇野間の2往復が運転されていた。何れも戦後新設の夜行列車で、両列車とも関西始発ということで人気があった。そして1951（昭和26）年4月には、戦後初の関西発夜行急行として大阪～博多間に「げんかい」、1953（昭和28）年8月には、同様に山陽特急「かもめ」が京都～博多間に昼行ダイヤで登場する。「げんかい」はこの改正で東京始発になる。

ところで、日本が連合国軍の間接支配から独立を果たすのは1952（昭和27）年4月のことで、それにより終戦後に接収されていた車両群もすべて国鉄に返還される。そして、戦後に新製された43系や特ロ車など戦後の新製客車も加わって、優等列車用客車の質は戦前とは比較にならない水準にまでに向上する。こうなると復活が待たれるのは3等寝台車で、1956（昭和31）年に斬新な軽量車体のナハネ10として落成。3月の導入開始に合わせるように京都～熊本間に夜行急行「天草」が登場する。

そして同年11月改正では、京都～博多間で頑張ってきた夜行準急も急行に格上げされ、

「玄海」を名乗る。この改正から関西〜九州間優等列車は急行での設定となり、準急としては京都〜広島・宇野間に昼行で１往復が設定され、後に「鷲羽」「宮島」と命名される。山陽本線内を走行する特急では「あさかぜ」が新設され、平時としては初の京阪神深夜通過ダイヤで東京〜博多間を結ぶ。東京を夕方に発てば翌日午前中に九州入りするビジネスダイヤは好評で、「さくら」「はやぶさ」の後継列車が続くが、関西地方に恩恵をもたらすことはほとんどなかった。山陽本線の電化区間は、戦前では電車区間の神戸〜西明石間と、海底トンネルを挟む幡生〜門司間だけだったが、東海道全線電化後は上下方向から延伸され、１９６１（昭和36）年６月までに西明石〜倉敷間と小郡（現新山口）〜幡生間が完成。宇野線も１９６０（昭和35）年10月に電化されているため、準急「鷲羽」が１５３系電車での運転を開始した。

第１章でも記したように、１９５８（昭和33）年以後の特急車両グレードアップの進捗は凄まじく、新機軸を満載した20系客車や１５１系電車が登場。やや遅れて上野〜青森間特急「はつかり」もキハ80系気動車に置き換えられる。そうした中にあって「かもめ」だけは、一般形客車のままで運転されていたが、１９６１（昭和36）年10月改正では全国特急列車網の一環として、関西〜山陽／九州間では新設の「みどり」「へいわ」ともどもキハ

表13　1961（昭和36）年10月1日改正における大阪駅発山陽方面行き優等列車一覧

時	分	種別	列車番号	列車名	始発	行き先	動力	形式・編成両数	連結車種等	備考
1	39	特急	1003	みずほ	東京	熊本	客車	一般形12両	寝 Bロネ・ハネ・シ	不定期
	49	特急	3	あさかぜ	東京	博多	客車	20系14両	寝・ABロネ・ハネ・シ	
2	16	特急	5	はやぶさ	東京	西鹿児島	客車	20系14両	寝・ABロネ・ハネ・シ	
7	00	特急	2009M	うずしお	（大阪）	宇野	電車	151系11両	展・シ・ビ	
	05	急行	23	安芸	東京	広島	客車	一般形15両	Bロネ・ハネ・シ	
	33	急行	25	瀬戸	東京	宇野	客車	一般形14両	Bロネ・ハネ・シ	
8	15	急行	37	筑紫・ぶんご	東京	博多・大分	客車	一般形15両	ハネ・シ	
	35	特急	1D	かもめ	京都	長崎・宮崎	気動車	キハ80系12両	シ	
9	25	準急	301M	鷲羽1号	（大阪）	宇野	電車	153系10両		
11	10	急行	601	さつま	名古屋	鹿児島	客車	一般形10両	ハネ	
	50	準急	303M	鷲羽2号	（大阪）	宇野	電車	153系10両		
13	40	特急	3D	みどり	（大阪）	博多	気動車	キハ80系6両	シ	12月15日から運転
14	33	特急	2001M	第1富士	東京	宇野	電車	151系11両	展・シ・ビ	
15	34	準急	305M	鷲羽3号	京都	宇野	電車	153系10両		
16	10	急行	301D	宮島	（大阪）	広島	気動車	キハ58系6両		
17	30	準急	307M	鷲羽4号	（大阪）	宇野	電車	153系10両		
18	00	特急	5D	へいわ	（大阪）	広島	気動車	キハ80系6両	シ	
	15	急行	1031	桜島	東京	西鹿児島	客車	一般形15両		不定期
19	00	準急	2301M	びんご	（大阪）	三原	電車	153系10両	ビ	
	05	急行	31	霧島	東京	鹿児島	客車	一般形15両	Cロネ・ハネ・シ	
20	00	急行	201	日向	京都	都城	客車	一般形11両	Cロネ・ハネ	
	15	急行	203	ひのくに	（大阪）	熊本	客車	一般形8両	寝・Bロネ・ハネ	
	26	急行	33	雲仙・西海	東京	長崎・佐世保	客車	一般形14両	ハネ・シ	
	45	急行	205	玄海	京都	長崎	客車	一般形14両	Cロネ・ハネ・シ	
	50	急行	1207	はやとも	（大阪）	博多	客車	一般形13両		不定期
21	25	急行	207	天草	京都	熊本	客車	一般形14両	Cロネ・ハネ	
	50	急行	209	平戸	（大阪）	佐世保	客車	一般形12両	ハネ	
22	15	急行	1201	第2日向	（大阪）	南延岡	客車	一般形12両		不定期
	31	急行	603	阿蘇	名古屋	熊本	客車	一般形14両	Cロネ・ハネ・シ	
	45	急行	1205	第2玄海	（大阪）	長崎	客車	一般形12両		不定期
23	00	急行	35	高千穂	東京	西鹿児島	客車	一般形15両	Cロネ・ハネ・シ	
	30	急行	303	音戸	（大阪）	広島	客車	一般形7両	寝・Bロネ・ハネ	
	50	特急	1	さくら	東京	長崎	客車	20系14両	寝・ABロネ・ハネ・シ	
	53	準急	2305	ななうら	京都	広島	客車	一般形		

大阪駅から神戸を経て山陽本線岡山以遠に直通する定期列車と不定期列車を記載

連結車種欄；展＝展望車(パーラーカー)　シ＝食堂車　寝＝寝台専用列車(東京～九州間特急も組成内容から寝台列車と見做す)　Aロネ＝1等寝台A室　Bロネ＝1等寝台B室　Cロネ＝1等寝台C室　ハネ＝2等寝台

客車形式のうち一般形とは、どの車両と連結しても運転が可能な10・43系客車などを示す

編成両数は大阪駅発車時点のものを示す。「ななうら」は12両前後の両数と思われるが詳細不詳

連結車種等欄に特記事項なしは、1・2等座席車だけで組成される列車を示す

80系化される。この改正で山陽本線では初の電車特急「富士」「うずしお」が登場し、四国連絡を担うほか、山陽電化が三原に達したことで準急「びんご」が新設される。その一方で、戦後の山陽優等列車の核を担ってきた東京～九州間急行は、東京～大阪間電車急行や関西～九州間急行の増発により本数を減らす。急行ではこのほか、

寝台列車の「ひのくに」と「音戸」、キハ58系気動車の「宮島」設定も目を引いた。この１９６１（昭和36）年10月改正における大阪駅発山陽方面行き優等列車一覧を**表13**に示す。

山陽本線の電化は１９６２（昭和37）年６月の広島を経て、１９６４（昭和39）年７月に全線の工事が竣工。鹿児島本線北部地方の交流電化も完成しているため、電化方式の違いがあっても関西～博多間での電気運転が可能になる。この山陽本線全線電化に伴うダイヤ改正は、東海道新幹線開業に合わせ同年10月に実施される。目玉商品は新大阪～博多間電車特急「つばめ」「はと」だが、車両需給との関係で東海道特急から転用の１５１系での運転となり、交流電化区間を含む下関～博多間では客車扱いとならざるを得ず、機関車＋電源車＋１５１系の編成で運転された。１５１系電車特急では、このほか山陽区間に「しおじ」が登場。気動車特急は「みどり」が別時間帯の列車となり、運転区間も新大阪～熊本・大分間に変更される。山陽本線にとっては大プロジェクト完成による改正のはずだが、新形式の投入はなく、その点で不満の残る改正だった。

その翌年の１９６５（昭和40）年10月改正では、東海道新幹線のスピードアップ（11月に実施）や鹿児島本線熊本電化に合わせ、関西～九州間電車特急は４８１系に置き換えられ、「つばめ」は名古屋～熊本間に延長。九州直通の昼行急行も新車の４７５系による運転になる。新幹線では「こだま」の自由席が定着したことで、山陽本線昼行特急は原則として自由席車連結で運転され、以後は大衆化が進む。この改正では、夜行列車にも関西始発では初の20系特急「あかつき」が運転を開始し、関西人を喜ばせた。このほか夜行急行も寝台列車の「海星」と「夕月」が設定されたので、前年とは打って変わり充実した改正となる。山陽本線神戸口の優等列車数は、1961（昭和36）年10月当時の東海道本線には及ばなかったが、高度成長が続く中、数年後には飽和状態になることが予想されたため、新幹線の山陽区間延伸が決定。1967（昭和42）年3月に新大阪〜岡山間の工事が開始される。

そうした中、優等列車の利用客増が続く関西〜九州間に、昼間は座席車、夜は寝台車として運用できる交直流の昼夜行兼用寝台電車581系が開発され、日豊本線幸崎電化完成に合わせ1967（昭和42）年10月から昼行は新大阪〜大分間特急「みどり」、夜行は同〜博多間特急「月光」で運転を開始する。夜行運用でのベッド幅の広さが好評で、増備車は東日本の上野〜青森間でも使用可能な50・60ヘルツ両用の583系とされる。そして、翌1968（昭和43）年10月改正から、関西〜九州間特急のうち電化区間を完結する列車は、昼夜行にかかわらず原則として583系（581系を含む）電車で運転する方針がとられ、

583系は鹿児島本線全線電化の1970（昭和45）年10月改正では西鹿児島にも進出する。一方未電化で残る幹線区間の特急には、昼行はキハ80系気動車、夜行は20系客車が引き続き使用された。

表14は、山陽新幹線新大阪～岡山間開業を半年後に控えた1971（昭和46）年10月時

表14　1971（昭和46）年10月1日改正における大阪駅発山陽方面行き優等列車一覧

時	分	種別	列車番号	列車名	始発	行き先	動力	形式・編成両数	連結車種等	備考
0	08	特急	1	さくら	東京	長崎・佐世保	客車	20系15両	寝・個ネ・ロネ・ハネ・シ	
	29	特急	3	みずほ	東京	熊本	客車	20系15両	寝・ロネ・ハネ・シ	
1	14	特急	17M	金星	東京	博多	電車	583系12両	寝・ハネ	
	29	特急	5	はやぶさ	東京	西鹿児島・長崎	客車	20系15両	寝・ロネ・ハネ・シ	
	59	特急	7	富士	東京	西鹿児島	客車	20系15両	寝・ロネ・ハネ・シ	
2	19	特急	9	あさかぜ1号	東京	博多	客車	20系15両	寝・個ネ・ロネ・ハネ・シ	
	39	特急	11	あさかぜ2号	東京	博多	客車	20系15両	寝・個ネ・ロネ・ハネ・シ	
	47	特急	13	あさかぜ3号	東京	下関	客車	20系15両	寝・ロネ・ハネ・シ	
5	34	急行	35	瀬戸1号	東京	宇野	客車	一般形13両	寝・ロネ・ハネ・ビ	
6	23	急行	39	瀬戸2号	東京	宇野	客車	一般形14両	ロネ・ハネ・シ	
	31	急行	6031M	長州	東京	下関	電車	167系10両	(ハのみ)	季節列車
7	15	急行	1601M	鷲羽1号	(大阪)	宇野	電車	153系12両		
	20	急行	1311M	とも1号	(大阪)	三原	電車	153系12両		
	40	特急	1D	なは・日向	(大阪)	西鹿児島・宮崎	気動車	キハ80系13両	シ	
8	03	急行	1313M	安芸	(大阪)	呉	電車	153系12両		
	40	特急	3D	かもめ	京都	長崎・佐世保	気動車	キハ80系13両	シ	全指
	50	特急	1011M	うずしお1号	(大阪)	宇野	電車	181系11両	シ	
9	15	特急	8011M	しおじ71号	(大阪)	広島	電車	485系11両	シ	臨時(毎日運転)
	18	急行	201M	つくし1号	(大阪)	博多	電車	475系10両	ビ	
	32	特急	1M	みどり	新大阪	大分	電車	485系11両	シ	
	34	急行	6601M	鷲羽2号	(大阪)	宇野	電車	153系12両		季節列車
	41	急行	603M	鷲羽3号	新大阪	宇野	電車	153系12両		
10	17	急行	6203M	つくし2号・べっぷ1号	新大阪	博多・大分	電車	475系10両	ビ	季節列車
	35	特急	1001M	しおじ1号	新大阪	広島	電車	181系11両	シ	
	42	特急	3M	はと1号	新大阪	博多	電車	583系12両	シ	
	55	急行	605M	鷲羽4号	新大阪	宇野	電車	153系12両		
11	12	急行	301M	ながと1号	新大阪	下関	電車	153系10両	ビ	
	37	特急	5M	つばめ	名古屋	熊本	電車	583系12両	シ	
	41	特急	11D	おき	新大阪	出雲市	気動車	キハ181系10両	シ	全指
	55	急行	607M	鷲羽5号	新大阪	宇野	電車	153系12両		
12	32	特急	1003M	しおじ2号	新大阪	下関	電車	583系12両	シ	
	39	急行	1205M	玄海	名古屋	博多	電車	475系10両	ビ	
	50	急行	6603M	鷲羽6号	新大阪	宇野	電車	153系10両	ビ	季節列車
13	35	特急	7M	はと2号	新大阪	博多	電車	583系12両	シ	
	42	特急	1013M	うずしお2号	新大阪	宇野	電車	181系11両	シ	全指
14	15	急行	303M	ながと2号	新大阪	下関	電車	153系10両	ビ	
	32	特急	8013M	しおじ72号	新大阪	下関	電車	583系12両	シ	臨時(毎日運転)
	35	急行	609M	鷲羽7号	新大阪	宇野	電車	153系12両		
	44	急行	315M	とも2号	新大阪	三原	電車	153系12両		
15	00	急行	201	しろやま	(大阪)	西鹿児島	客車	一般形客車13両	ロネ・ハネ	
	35	特急	1005M	しおじ3号	新大阪	下関	電車	181系11両	シ	
	59	急行	6213	雲仙1号	新大阪	長崎	客車	一般形客車12両	寝・ハネ	
16	06	急行	611M	鷲羽8号	京都	宇野	電車	153系12両		
	35	特急	1007M	しおじ4号	新大阪	広島	電車	181系11両	シ	
	55	急行	305M	宮島	新大阪	広島	電車	153系12両		
17	32	特急	1015M	うずしお3号	新大阪	宇野	電車	485系11両	シ	
	38	特急	9M	きりしま	京都	西鹿児島	電車	583系12両	寝・ハネ・シ	
18	05	急行	317M	とも3号	新大阪	三原	電車	153系12両		
	12	急行	613M	鷲羽9号	新大阪	宇野	電車	153系12両		
	19	急行	6215	西海1号・べっぷ2号	(大阪)	佐世保・大分	客車	一般形客車10両	寝・ハネ	季節列車
	33	特急	1009M	しおじ5号	新大阪	広島	電車	181系11両	シ	
	40	特急	21	あかつき1号	新大阪	西鹿児島・長崎	客車	20系15両	寝・ロネ・ハネ・シ	
	55	急行	6203	雲仙2号	(大阪)	長崎	客車	一般形客車	ハネ	季節列車
19	07	急行	6217	べっぷ3号	新大阪	大分	客車	一般形客車12両	寝・ハネ	季節列車
	19	急行	31	桜島・高千穂	東京	西鹿児島	客車	一般形客車14両	シ	
	36	特急	23	彗星	新大阪	都城	客車	20系15両	寝・ロネ・ハネ・シ	
	45	特急	6009M	月光1号	新大阪	博多	電車	583系12両	寝・ハネ	季節列車
	48	急行	203	西海2号	(大阪)	佐世保	客車	一般形客車15両	ハネ	
	56	急行	615M	鷲羽10号	新大阪	宇野	電車	153系12両		
20	06	急行	205	日南1号	(大阪)	宮崎	客車	一般形客車12両	寝・ロネ・ハネ	
	20	急行	6205	日南2号	(大阪)	宮崎	客車	12系	(ハのみ)	全指・季節列車
	35	特急	11M	明星1号	新大阪	熊本	電車	583系12両	寝・ハネ	
	55	急行	207	天草	京都	熊本	客車	一般形客車13両	ロネ・ハネ	
21	07	急行	209	日南3号	京都	都城	客車	一般形客車13両	ロネ・ハネ	
	36	特急	25	あかつき2号	新大阪	西鹿児島・佐世保	客車	20系15両	寝・ロネ・ハネ・シ	
22	07	急行	211	雲仙3号	京都	長崎	客車	一般形客車13両	ロネ・ハネ・シ	
	20	急行	1213	阿蘇	名古屋	熊本	客車	一般形客車13両	ロネ・ハネ	
	32	特急	13M	月光2号	新大阪	博多	電車	583系12両	寝・ハネ	
	35	特急	15M	明星2号	新大阪	熊本	電車	583系12両	寝・ハネ	
23	08	急行	215	つくし3号	(大阪)	博多	客車	一般形客車14両	寝・ロネ・ハネ	
	17	急行	301	音戸1号	新大阪	下関	客車	一般形客車13両	寝 Bロネ・ハネ	
	33	急行	617M	鷲羽11号	新大阪	宇野	電車	153系12両		
	49	急行	303	音戸2号	京都	広島	客車	一般形客車15両	ハネ	

大阪駅から神戸を経て山陽本線岡山以遠に直通する定期列車と不定期列車を記載

連結車種欄；シ＝食堂車　寝＝寝台専用列車　個ネ＝A寝台個室　ロネ＝A寝台　ハネ＝B寝台　(ハのみ)＝普通車だけで組成される列車　記入なしはグリーン車と普通車で組成される列車

客車形式のうち一般形とは、どの車両と連結しても運転が可能な10・43系客車などを示す
編成両数は大阪駅発車時点のものを示す。編成両数の記入のない列車は連結両数不詳
連結車種等欄に記入なしは、グリーン車と普通車だけで組成される列車を示す
備考欄の全指は、座席車だけで組成される全車座席指定列車

点における大阪駅発下り優等列車一覧である。1961（昭和36）年10月当時に比べ本数だけでも2倍以上増え、全列車となると普通列車や貨物列車も加わるため、新大阪～岡山間はもちろんのこと、岡山以西へも新幹線建設が必要とされることは一目瞭然である。1965（昭和40）年10月以後は、特急の躍進が著しいが、まだ急行の本数を抜くまでには至っておらず、急行はまだまだ元気だった。なお、準急については車両面で急行と差がなくなったことで、1968（昭和43）年10月改正で種別が完全廃止され、急行に統合された。

山陽新幹線岡山開業に伴う1972（昭和47）年3月15日改正では、在来線の昼行優等列車は岡山始発が原則とされるが、車両配置基地との関係で一部は関西始発のままで残る。一方、利用客の乗車時間が長い夜行は、新幹線が新大阪～岡山間では短縮時間が短い関係で、大半が従来通り関西始発で存続する。人気絶頂だった583系は、東京以北を含め必要両数がほぼ出揃ったことで、この改正での増備車を最後に製造が打ち切られる。また、急行用車両は国鉄の方針により、以後は波動用客車以外の製造を見合わせたことで、優等列車は特急中心の増発となり、関西／岡山発昼行特急用には485系が増備。夜行は寝台客車特急での増発となるが、20系が陳腐化しているため、B寝台のベッド幅を52㎝から70㎝に拡大し、寝台のセットを自動化した分散電源方式の14系が製造される。しかし、国鉄部内の事情や利用客のニーズの変化もあり、14系は決定版形式とはならず、1974（昭和49）年3月までには14系を集中電源方式に戻した24系や、24系のベッドを二段式とした24系25形が製造された。

そうしたことで、関西～宮崎間での電気運転が可能となった1974（昭和49）年4月には関西～九州間の寝台客車特急は「あかつき」が7往復、「彗星」は「あかつき」との併結を含め5往復にまで膨れ上がる。特に「あかつき」には当時在籍する寝台客車形式4種すべてが使用されていた。一方寝台電車特急は、名古屋始発を含め「金星」「明星」「きりしま」で計5往復である。ちなみに昼行特急は「つばめ」「はと」の全列車と「みどり」の一部が岡山始発とされたため、関西～下関／九州間での本数は計9往復で、485系の「なは」は大阪～西鹿児島間をロングランし、長崎方面直通の「かもめ」はキハ80系気動車のままで残されていた。急行は昼行こそ「つくし」1往復を除き岡山始発になるが、夜行は**表14**に掲載の列車が組成内容の変更こそあれ、ほぼ当時の形で活躍を続けた。

そして迎えた山陽新幹線博多開業（全通）では、関西から山陽在来線を西下する昼行優等列車は姫路から播但・姫新線に入る列車を除き全廃。夜行は新幹線博多開業後も一定数の需要が期待されるため、新大阪～下関間を含め定期だけでも寝台客車特急が6往復、同電車特急が7往復、客車急行が3往復存続する。寝台客車特急には東京〜九州間運用となった24系を除く3形式が、客車急行には14系座席車が全車指定で使用された。

だが、国鉄が1976（昭和51）年11月に50％強の運賃値上げを実施して以後は、関西〜九州間では夜行列車の国鉄離れが一気に進む。そこで、国鉄は1978（昭和53）年10月から特に利用率が低い列車の削減を実施し、1980（昭和55）年10月に急行が、1984（昭和59）年2月には583系電車特急が全廃される。そして客車特急も、国鉄最後の1986（昭和61）年11月改正では関西〜九州主要区間を結ぶ「なは」「彗星」「あかつき」の3往復だけとなってしまった。これらの列車はJR化後も存続し、活性化対策がなされるものの、2008（平成20）年3月までに廃止される。

なお、山陽新幹線列車については132頁で触れることにする。

最後まで伝統の全車座席指定を貫いた特急「かもめ」

戦前に4往復運転されていた特急のうち、2往復は1950（昭和25）年5月までに「つばめ」「はと」の列車名で東京〜大阪間に復活する。そうなると、過去に運転実績のある関西～九州間でも特急運転の再開を望む声が起こるのは、必然的な話だった。国鉄としては第3特急を〝山陽特急〟として1950年度中に運転したい意向だったが、運転区間や設定時刻、組成内容が決定するまでには2年以上を要した。この間、1950（昭和25）年に山陽特急用として、密閉式の1等展望車の新製が検討されるほか、1951（昭和26）年8月から10月にかけて「つばめ」「はと」など特急専用の3等車スハ44系が49両製造される。そのうち山陽特急用にはスハ44・2両とスハニ35・1両の3両3組を割り当てた記録が残されているように、当初は東京～博多間での運転を視野に入れていたものと思われる。

そうなれば、戦前の「富士」のように東海道を昼行、山陽区間を夜行で通すか、あるいはその逆に山陽区間を昼行とするか、2通りのダイヤ設定があるが、どちらにしてもビジネス客から好評だった3等寝台車を何両か連結する必要性があった。だから、夜行区間を走る山陽特急には、1941（昭和16）年に連結が廃止

蒸気機関車時代の「かもめ」。スハ44系の編成なので、1957年6月以前の撮影。大阪駅　写真：篠原丞

客車特急時代の「かもめ」。最後尾のテールサインに貫禄があるが、当時は急行並みと評された10系客車だった。1960.5.2　塚本～尼崎　写真：篠原丞

された3等寝台車の早急な復活が望まれたが、輸送力増強に3等座席車の増強が急務だった当時、そこまで手が回らなかった。そこで、山陽特急は京都発8時30分、博多着19時10分の昼行列車で設定し、列車名は戦前の実績があり、瀬戸内海沿いを行く列車にふさわしい「かもめ」を命名。1953（昭和28）年3月から運転を開始する。編成は**表15**のように2等車の比重が高いが、1等展望車は関西始発だと一定の利用客数が見込めないせいか連結されず、結果、密閉式展望車は図面だけのものになってしまった。

最後尾が展望車でなく、3等車スハフ43の貫通路部分に行燈式のテールサインを付けた格好で何とかスタートを切った「かもめ」だが、9両中2等車が4両を占める編成は、特急にふさわしい豪華さはあっても実際には利用客が少なく、運転開始半年後には1両が、3等車に置き換えられてしまう。また、「かもめ」は展望車が不連結の編成でも、3等車が一方向き座席のスハ44系であるため、東海道特急同

様に終点では方向転換を要した。この場合は「三角線」が必要だが、「かもめ」では博多駅付近にそうした設備がなく、香椎線や勝田線（現廃止）などを使うといった大がかりなも

表15　関西始発時代の特急「かもめ」 編成の変遷

1953.3.15
←5・6レ 博多行き・京都行き

①	②	③	④	⑤	⑥	⑦	⑧	⑨
3・荷	3等	3等	2等	2等	食堂	2等	2等	3等
スハニ	スハ	スハ	スロ	スロ	スシ	スロ	スロ	スハフ
35	44	44	54	54	48	54	54	43

1953.11.11
←5・6レ 博多行き・京都行き

①	②	③	④	⑤	⑥	⑦	⑧	⑨
3・荷	3等	3等	3等	食堂	2等	2等	2等	3等
スハニ	スハ	スハ	スハ	マシ	スロ	スロ	スロ	スハフ
35	44	44	44	29	54	54	54	43

1957.6.5
←5レ 博多行き　6レ 京都行き→

①	②	③	④	⑤	⑥	⑦	⑧	⑨	下り
⑨	⑧	⑦	⑥	⑤	④	③	②	①	上り
3・荷	2等	2等	2等	食堂	3等	3等	3等	3等	
オハニ	スロ	スロ	スロ	マシ	ナハ	ナハ	ナハ	ナハフ	
36	54	54	54	29	11	11	11	11	

1960.7
←201レ 博多行き　202レ 京都行き→

①	②	③	④	⑤	⑥	⑦	⑧	⑨
2・荷	1等	1等	1等	食堂	2等	2等	2等	2等
オハニ	ナロ	ナロ	ナロ	オシ	ナハ	ナハ	ナハ	ナハフ
36	10	10	10	17	11	11	11	11

1961.10.1
←1D 長崎行き・1D～2001D宮崎行き　2D・2002D～2D京都行き→

①	②	③	④	⑤	⑥	⑦	⑧	⑨	⑩	⑪	⑫
2等	1等	食堂	2等	2等	2等	2等	1等	食堂	2等	2等	2等
キハ	キロ	キシ	キハ	キハ	キハ	キハ	キロ	キシ	キハ	キハ	キハ
82	80	80	80	80	82	82	80	80	80	80	82
京都～長崎						京都～宮崎					

1963.10.1
←1D 長崎行き・1D～2001D宮崎行き　2D・2002D～2D京都行き→

①	②	③	④	⑤	⑥	⑦	⑧	⑨	⑩	⑪	⑫	⑬	⑭
2等	1等	食堂	2等	2等	2等	2等	2等	1等	食堂	2等	2等	2等	2等
キハ	キロ	キシ	キハ	キハ	キハ	キハ	キハ	キロ	キシ	キハ	キハ	キハ	キハ
82	80	80	80	80	80	82	82	80	80	80	80	80	82
京都～長崎							京都～宮崎						

1965.10.1
←3D 西鹿児島行き・3D～2003D長崎行き　4D・2004D～4D京都行き→

①	②	③	④	⑤	⑥	⑦	⑧	⑨	⑩	⑪	⑫	⑬
2等	1等	2等	2等	2等	2等	2等	1等	食堂	2等	2等	2等	2等
キハ	キロ	キハ	キハ	キハ	キハ	キハ	キロ	キシ	キハ	キハ	キハ	キハ
82	80	80	80	80	82	82	80	80	80	80	80	82
京都～長崎						京都～西鹿児島						

1968.10.1
←3D 長崎行き・3D～2003D佐世保行き　4D・2004D～4D京都行き→

①	②	③	④	⑤	⑥	⑦	⑧	⑨	⑩	⑪	⑫	⑬
2等	1等	2等	2等	2等	2等	2等	1等	食堂	2等	2等	2等	2等
キハ	キロ	キハ	キハ	キハ	キハ	キハ	キロ	キシ	キハ	キハ	キハ	キハ
82	80	80	80	80	82	82	80	80	80	80	80	82
京都～佐世保						京都～長崎						

京都発長崎・佐世保行き特急「かもめ」。キハ80系13両編成による。1972.2.20　西ノ宮～芦屋

のだった。この作業は現場から嫌われ、１９５６（昭和31）年に登場した東京～博多間特急「あさかぜ」は、３等車座席車に軽量構造のボックスシート車ナハ10系を使用し転換作業を省略した。「あさかぜ」用のナハ10系で利用客からの苦情がなかったせいか、「かもめ」の３等車も翌年にはナハ10系とオハニ36に置き換えられるが、当時は東京～九州間急行の３等車にもナハ10系が連結されていたため、設備面では差がなく、〝急行並みの特急〟と評判は芳しくなかった。

こうした「かもめ」も１９６１（昭和36）年10月改正で気動車列車化され、同時に九州では下り方向が延長され京都～長崎・宮崎間運転になる。同改正でのキハ80系特急は１等車・食堂車各１両込みの６両が基本編成だが、小倉から先が２方向に分かれる「かもめ」は基本編成を２組連結する関係で、京都～小倉間では食堂車も２両連結になる。長旅の旅客には２両利用での食べ比べも可能で、特に長崎編成が都ホテル、宮崎編成が日本食堂と担当業者が異なっていたため、他の列車に比べ料理の味はよかったと言われる。筆者は、「かもめ」の食堂車を列車廃止前になって利用した。その頃は1両だけの連結で都ホテルの経営だったが、献立に焼鳥と串カツのメニューがあるのには驚いた。昼間での乗車だったが、早速ビールと一緒に注文し、老舗山陽特急との別れを惜しんだ。

大阪発西鹿児島・宮崎行き特急「なは・日向」（正面が「日向」）。後方に「なは」を併結して山陽本線を西下。1973.1.5　由宇～神代

ところで、気動車特急に生まれ変わった「かもめ」は、車内設備が客車時代に比べ格段に優れているほか、キハ80系の優美な車両スタイルはレイルファンならずとも人気があり、年間を通して高い利用率を誇った。そのため九州各地からも特急運転の要望があり、1965（昭和40）年に宮崎編成が「いそかぜ」として独立。以後、西鹿児島編成や佐世保編成が「かもめ」の仲間に加わるなど仲間を増やした。このうち、西鹿児島編成は1968（昭和43）年からは沖縄の本土復帰を願う列車名として「なは」に改称、同時に相方となった「いそかぜ」は「日向」

に愛称変更されるなど、暖簾分けをした列車は複雑な変遷をみたが、こと「かもめ」本体に関しては、京都発と九州内での長崎行きは、新幹線博多開業の1975（昭和50）年3月改正で引退するまで変わることがなかった。また、関西～山陽／九州間では、1965（昭和40）年以後自由席連結特急が増える中にあって、「かもめ」は最後まで全車座席指定を守り通した。20年以上も運転を続けた山陽老舗特急のプライドだろう。

地味だったが、関西～九州間輸送に貢献した東京・名古屋始発を含む九州直通急行

終戦から11年余りを経過し、わが国も急速に復興を遂げた1956（昭和31）年11月改正では、関西

表16　1956年11月19日改正における関西～九州間急行列車（下り）の時刻

列車番号 列車名 連結車種	41 筑紫 ACロネ・ハネ・シ	43 さつま ABCロネ・ハネ・シ	特5 かもめ シ	31 阿蘇 Cロネ・ハネ・シ	33 西海 ABCロネ・ハネ・シ	35 高千穂 Cロネ・ハネ・シ	201 天草 ハネ	37 霧島 Cロネ・ハネ・シ	39 雲仙 ABCロネ・ハネ・シ	203 玄海 ハネ	特7 あさかぜ ABCロネ・ハネ・シ
始発	東京 20 30	東京 21 45		東京 10 00	東京 10 30	東京 11 00		東京 13 00	東京 13 30		東京 18 30
京都 発	6 19	7 48	8 30	18 30	19 11	19 50	20 10	21 11	21 52	22 10	1 24
大阪 〃	7 10	8 40	9 10	19 20	20 05	20 40	21 00	22 00	22 40	23 00	2 01
三ノ宮 〃	7 44	9 15	9 37	19 56	20 37	21 15	21 35	22 35	23 10	23 34	↓
神戸 〃	7 50	9 23	↓	20 03	20 43	21 23	21 42	22 42	23 18	23 41	2 30
岡山 〃	10 27	12 20	11 46	22 45	23 13	23 51	0 15	1 23	1 52	2 26	4 34
広島 〃	13 38	15 48	14 22	2 03	2 22	3 00	3 22	4 30	5 04	5 48	7 08
下関 着	18 01	20 12	17 46	6 01	6 25	7 10	7 38	8 31	9 21	10 06	10 31
博多 〃	19 45	22 23	19 10	//	8 11	//	9 23	10 13	10 59	11 50	11 55
終着		鹿児島 5 46		熊本 10 35	佐世保 11 06	西鹿児島 18 28	熊本 12 03	鹿児島 17 10	長崎 14 38	長崎 16 02	
記事			（参考）	筑豊本線経由		日豊本線経由				佐世保・大村線経由	（参考）

大阪～九州間を結ぶ定期急行列車を掲載。列車番号の特は特急。全列車とも特ロ・並ロを連結(特急は並ロの連結なし)
連結車種欄　Aロネ＝2等寝台A室、Bロネ＝2等寝台B室、Cロネ＝2等寝台C室、ハネ＝3等寝台、シ＝食堂

〜九州間の優等列車は、**表16**に示すように特急「かもめ」「あさかぜ」のほか、急行が9往復設定されていた。列車名を大阪駅発車順に記すと「筑紫」「さつま」「阿蘇」「西海」「高千穂」「天草」「霧島」「雲仙」「玄海」といった、年輩のレイルファンにはお馴染みの錚々たるメンバーである。

東京〜九州間の長距離客車急行は、関西人にとっても、馴染み深い列車たちである。EF58牽引の急行「霧島」が、東京へ向けて走り去る。　1962.2.6　近江長岡〜柏原　写真：篠原丞

関西〜九州間の急行中、山陽本線区間を昼行で駆け抜けるのは「筑紫」と「さつま」だけで、それ以外は京都始発の「天草」「玄海」を含め、夜行運転だった。東海道本線の全線電化がやっと完成した当時、関西〜九州間優等列車の京都（一部大阪）以西は関門区間を除けば蒸気機関車の牽引なので、大阪〜博多間は特急で10時間、急行となると12時間以上もかかった。そのため、昼行の「筑紫」「さつま」で九州まで乗り通す旅客は少なく、途中睡眠をとることで見かけの移動時間を短縮できるばかりか、博多以南では熊本・鹿児島・佐

賀・長崎の各県都駅に良好な時間帯に到着できる夜行急行が好まれたのである。このうち東京始発の「阿蘇」「西海」「高千穂」「霧島」「雲仙」の5列車は、東海道と九州内が昼行となるため、全区間を走り通すには丸一昼夜以上かかった。しかし、帰省シーズンの年末年始や旧盆以外でも、通し客の利用は少なくなかった。当時航空路線のある東京〜博多間を移動する場合、航空運賃は1万2600円だが、鉄道では最も高いとされる特急「あさかぜ」のマロネ40の2等A室下段利用でも8260円だった。要は国内の移動は本数や値段との関係もあり、鉄道が実権を握っている時代だったのである。

こうしたことで超長距離の東京〜九州間急行は、富裕層から庶民派まで、長距離から比較的短距離の旅客まで、多種多様な目的を持った人々が利用するため、2・3等の寝台と座席、それに食堂車を連結する〝完全セット〟編成で、各種の旅客ニーズに応えていた。列車によっては郵便車や荷物車も連結するため、大阪発車時も**表17**のように15両に近い編成だった。京都始発の「玄海」は改正前の準急からの格上げ、「天草」は生まれながらの急行だが、設定が半年ほど前の1956（昭和31）年3月だったため、両列車とも優等車両部分は2等座席車2両（特ロと並ロ）と3等寝台車1両だけで、東京始発急行よりは貧相な編成だった。「天草」と「玄海」は東京〜九州間急行と同じ時間帯を走るので、2等寝台の利用を希望する場合は前後の東京発列車を利用すればよかったし、食堂車は営業時間が限られるせいか連結が見送られた。だが、編成面はともかく両列車は貴重な関西仕立て列車

表17　1956年11月19日改正における関西～九州間急行の編成

←31レ　熊本行き　「阿蘇」　32レ　東京行き→

		①	②	③	④	⑤	⑥	⑦	⑧	⑨	⑩	⑪	⑫
郵便	荷物	2寝・C	特2等	2等	3寝	食堂	3等	3等	3等	3等	3等	3等	3等
マユ	マニ	マロネ	スロ	オロ	ナハネ	スシ	スハ	スハ	スハ	スハ	スハフ	スハ	スハフ
		29	51	35	10	28	43	43	43	43	42	43	42
												東京～門司	

←33レ　佐世保行き　「西海」　34レ　東京行き→

		①	②	③	④	⑤	⑥	⑦	⑧	⑨	⑩	⑪	⑫
荷物	荷物	2寝・AB	2寝・C	特2等	2等	3寝	食堂	3等	3等	3等	3等	3等	3等
マユ	マニ	マロネ	マロネ	スロ	オロ	ナハネ	マシ	オハ	オハ	スハフ	スハ	スハ	スハフ
		40	29	54	35	10	29	46	46	42	43	43	42
		東京～博多										東京～博多	

←35レ　西鹿児島行き　「高千穂」　36レ　東京行き→

		①	②	③	④	⑤	⑥	⑦	⑧	⑨	⑩	⑪	⑫
荷物	荷物	2等	特2等	2寝・C	3寝	食堂	3等	3等	3等	3等	3等	3等	3等
マニ	スニ	オロ	スロ	マロネ	ナハネ	スシ	ナハ	ナハ	ナハフ	ナハ	ナハフ	ナハフ	スハフ
		35	51	29	10	28	10	10	10	10	10	10	42
					東京～大分					東京～宮崎		東京～大分	東京～門司

←37レ　鹿児島行き　「霧島」　38レ　東京行き→

	①	②	③	④	⑤	⑥	⑦	⑧	⑨	⑩	⑪	⑫	⑬
荷物	2寝・C	特2等	3寝	特2等	2等	食堂	3等	3等	3等	3等	3等	3等	3等
スニ	マロネ	スロ	ナハネ	スロ	オロ	スシ	ナハ	ナハ	ナハ	ナハフ	スハフ	スハ	スハフ
	38	53	10	53	35	48	10	10	10	10	42	43	42
	東京～博多										東京～熊本	東京～下関	

←39レ　長崎行き　「雲仙」　40レ　東京行き→

		①	②	③	④	⑤	⑥	⑦	⑧	⑨	⑩	⑪	⑫
郵便	荷物	2寝・AB	2寝C・ロ	特2等	特2等	2等	食堂	3寝	3等	3等	3等	3等	3等
スユ	マニ	マロネ	マロネロ	スロ	スロ	オロ	マシ	ナハネ	ナハ	ナハ	ナハフ	ナハ	ナハフ
		40	38	51	60		29	10	10	10	10	10	10
		東京～博多			東京～博多								

←41レ　博多行き　「筑紫」　42レ　東京行き→

	①	②	③	④	⑤	⑥	⑦	⑧	⑨	⑩	⑪	⑫
郵便	2寝・A	2寝・C	特2等	2等	3寝	食堂	3等	3等	3等	3等	3等	3等
マニ	マロネ	マロネ	スロ	オロ	ナハネ	マシ	オハ	オハ	オハ	スハフ	スハ	スハフ
	48	29	60		10	29	46	46	46	42	43	42
											東京～岡山	

←43レ　鹿児島行き　「さつま」　44レ　東京行き→

		①	②	③	④	⑤	⑥	⑦	⑧	⑨	⑩	⑪	⑫
荷物	郵便	2寝・AB	2寝C・ロ	特2等	特2等	2等	食堂	3寝	3等	3等	3等	3等	3等
マニ	オユ	マロネ	マロネロ	スロ	スロ	オロ	マシ	ナハネ	ナハ	ナハ	ナハフ	ナハ	ナハフ
		40	38	51	60		29	10	10	10	10	10	10
		東京～博多				東京～博多						東京～博多	

←201レ　熊本行き　「天草」　202レ　京都行き→

						①	②	③	④	⑤	⑥	⑦	⑧
荷物	荷物	荷物	荷物	荷物	荷物	2等	特2等	3寝	3等	3等	3等	3等	3等
マニ	マニ	マニ	マニ	マニ	マニ	オロ	スロ	ナハネ	オハ	オハ	オハ	オハ	スハフ
						36	50	10	46	46	46	46	52

←203レ　長崎行き　「玄海」　204レ　京都行き→

		①	②	③	④	⑤	⑥	⑦	⑧	⑨
荷物	荷物	3寝	特2等	2等	3等	3等	3等	3等	3等	3等
マニ	マニ	ナハネ	スロ	オロ	オハ	オハ	オハ	オハ	スハフ	スハフ
		10	50	36	46	46	46	46	42	42
		京都～博多								京都～博多

大阪駅発車時の編成を示す。3等座席車で複数の形式が入る場合は代表形式で示す。

京都発長崎行き急行「雲仙3号」。A寝台、B寝台、グリーン車、普通車、食堂車というラインナップで雄大な編成だった。1973.3.2　喜々津〜浦上

のため、特に3等座席車は京阪神三都での人気が高く、好調な乗車率を記録した。これは昼夜行の別はあるが、東京本面へは唯一の大阪始発列車だった「なにわ」と同じである。

関西を深夜に通過することで、関西人からは癪にさわる存在だった東京〜博多間特急「あさかぜ」は、そのダイヤ故に東京と山陽西部・九州を結ぶビジネス客を中心に人気があり、以後東京〜九州間特急として、長崎行き「さくら」と鹿児島行き「はやぶさ」が増発。1960（昭和35）年7月までに3列車とも20系化される。またこれとは別に、1961（昭和36）年3月に東海道急行「なにわ」「せっつ」が153系急行編成に置き換えられると、足が遅く戦前製の車両も編成に入る東京〜九州間急行は〝時代遅れの列車〟になる。しかし、関西〜九州間での寝台需要増で、京都始発を含め各列車とも3等改め2等寝台車の連結は、2または3両に増強されていた。

１９６１（昭和36）年10月改正では東海道電車急行の増発により、九州直通急行は東京発が「筑紫・ぶんご」「霧島」「高千穂」「雲仙・西海」の４往復に整理され、逆に関西発は「日向」「ひのくに」「玄海」「天草」「平戸」の５往復に増強。このうち「ひのくに」は寝台列車で設定される。また、新顔として名古屋始発の「阿蘇」「さつま」が登場。「阿蘇」は東京発列車の区間短縮。「さつま」となるとややこしく、１９５８（昭和33）年10月の特急「はやぶさ」新設で、九州島内の門司港〜鹿児島間運転に追いやられたものの、これでは東海・関西から昼行の九州行きが少なくて不便とばかり、名古屋までカムバックしたわけである。この改正の時刻や編成については、86頁の**表13**を参照されたい。

DD51ディーゼル機関車が牽引する急行「天草」。九州ゆかりの地名を冠した急行列車たちは、関西人にとって思い入れが深い。　1970.7.19　田原坂付近

　本数が増強され、座席確保がしやすくなった関西〜九州間急行は好評のため、１９６３（昭和38）年10月には大阪〜西鹿児島間に「しろやま」が増発される。関西・中国地方から南九州への旅客を対象としたた

め、北九州を深夜通過するダイヤが特徴だった。またこの頃には、2等寝台のうち非冷房で、昼間の座席利用時にはロングシートになるC室のマロネ29は、時代遅れも甚だしいことで定期急行から引退し、20系ナロネ21と同様の設備を持つB室のオロネ10に交替する。東海道新幹線開業の1964（昭和39）年10月改正は、在来線は挿入式の改正のため大きな動きがなく、東京始発の「筑紫・ぶんご」のうち「ぶんご」が廃止。「筑紫」は大阪〜博多間運転となり、列車名が平仮名の「つくし」に変更されるにとどまる。しかし、名古屋／関西〜九州間急行の大部分に2等座席指定車が設けられ、一部を除けば回転クロスシートに改造された元特急用のスハ44系が入るなど、サービス向上が図られた。

1965（昭和40）年10月改正は、関西〜九州間急行にとっても有意義な改正で、電化の設備を活かすべく2往復体制になった「つくし」と、名古屋〜博多間に短縮され「はやとも」と名を変えた旧「さつま」が、バラ色とクリーム色のツートンカラーも美しい475系12両編成になる。

東海道急行同様に2両ずつの1等車とビュフェ車が連結され、ビュフェ車ではこの系統だけとなるうどんコーナーが設けられた。夜行では寝台列車の「海星」と「夕月」が加わる。両列車とも新幹線に接続し、「海星」はビジネス客、「夕月」は当時新婚旅行の行き先

名古屋発博多行きの急行「はやとも」。475系の編成で特急「つばめ」の補佐的な使命も担っていた。1966.1.9　新大阪駅

地として脚光を浴びてきた別府・宮崎方面への観光客で賑わった。関西〜九州間夜行急行は、「しろやま」と名古屋発の「阿蘇」を含め、定期だけで9往復になり全盛を築く。しかし、1967（昭和42）年10月改正で、581系寝台電車特急「月光」が新大阪〜博多間で運転を開始したため、同区間の「海星」はわずか2年で姿を消した。

1968（昭和43）年10月には、全国の在来線を中心としたダイヤ改正が実施される。この改正で、東海道新幹線と在来線関西〜九州間で特急が増発されたことで、東京〜九州間急行は、門司から熊本経由と大分経由の2方向に分かれて西鹿児島をめざす「霧島・高千穂」併結列車1往復を残し廃止される。名古屋／関西〜九州間夜行は、寝台電車特急「明星」設定で「ひのくに」が廃止されるが、大阪〜博多間に「つくし3号」が先年の「海星」に類似したダイヤで復活したため、8往復のままで残る。しかし、昼行は「つくし」1往復が不定期列車改め季節列車

表18　1968年10月1日改正における関西～九州間急行列車（下り）の時刻

列車番号 列車名 号数番号 連結車種	201M つくし 1号 ロ・ビ	1205M 玄海 ロ・ビ	201 しろやま Bロネ・ハネ・ロ	31 霧島 高千穂 ロ・シ	203 西海 2号 ハネ・ロ	205 日南 1号 Bロネ・ハネ・ロ	207 天草 Bロネ・ハネ・ロ	209 日南 3号 Bロネ・ハネ・ロ	211 雲仙 2号 Bロネ・ハネ・ロ・シ	1213 阿蘇 Bロネ・ハネ・ロ	215 つくし 3号 Bロネ・ハネ
始発		名古屋 9 55		東京 11 10						名古屋 19 15	
京都 発		12 00		18 34			20 10	20 25	21 15	21 36	
新大阪 〃		12 30		↓			20 43	20 58	21 50	22 09	
大阪 〃	9 15	12 38	15 00	19 19	19 48	20 06	20 55	21 07	22 07	22 20	23 08
三ノ宮 〃	9 40	13 04	15 26	19 51	20 13	20 35	21 28	21 38	22 34	22 48	23 35
神戸 〃	9 43	13 07	15 31	19 56	20 18	20 40	21 33	21 42	22 39	22 53	23 40
岡山 〃	11 40	15 07	17 45	22 28	22 45	23 08	23 55	0 08	1 08	1 20	1 59
広島 〃	14 20	17 39	20 34	1 15	1 28	2 03	2 53	3 03	4 02	4 15	4 54
下関 着	17 46	21 10	0 40	5 15	5 28	6 05	6 42	7 05	8 19	8 26	8 48
博多 〃	18 57	22 19	2 12	6 39	6 58	//	//	//	9 48	9 56	10 27
終着			西鹿児島 8 30	西鹿児島 12 25	佐世保 9 53	宮崎 13 12	熊本 10 31	都城 16 02	長崎 13 19	熊本 11 51	
記事				※		寝台列車	筑豊本線経由				寝台列車

大阪～九州間を結ぶ定期急行列車を掲載。　※「高千穂」は大分経由西鹿児島着15 25
連結車種欄　Bロネ＝1等寝台B室、ハネ＝3等寝台、ロ＝1等座席、シ＝食堂、ビ＝ビュフェ

に格下げされたため、定期は2往復運転に戻る。

この改正では、特急券や寝台券、座席指定券はコンピューター発売が原則になるが、当時のコンピューターの能力では全国で350種を超える列車名に対し、寸時に発券ができないため、100種ほど減らす必要性が生じる。それにより、列車本数の多い急行は、昼行と夜行の運転時間帯や、電車・気動車・客車といった動力に関係なく、同一系統の列車は発車順に号数を付けることで対処がなされる。そのため、名古屋／関西～九州間では、「はやとも」が「玄海」、以下「夕月」→「日南1号」（号数番号は下りを表記。以下同じ）、「玄海」→「雲仙2号」、「平戸」→「西海2号」、「日向」→「日南3号」と改称された。当初は改正前後で列車のイメージが合わなかったり、「日南」

のように１号は宮崎行き寝台列車、３号は都城行き自由席連結列車、「つくし」にいたっては１号が電車列車、３号は寝台客車と似ても似つかぬ列車だったりして、利用客が慣れるまで多少の時間がかかった。この改正での関西〜九州間急行の時刻を**表18**、編成を**表19**に示す。なお、「霧島」は１９７０年（昭和45）年10月の寝台電車特急登場で、名を譲り「桜島」に改称された。

山陽本線筋の急行電車としては珍しかった併結列車。手前が急行「べっぷ１号」、後方が「つくし１号」　瀬野〜八本松　1972.2.24

山陽新幹線岡山開業の１９７２（昭和47）年３月改正では、昼行のうち「つくし」は大分行きの「べっぷ」と併結のうえ相生〜東岡山間は赤穂線経由で存続。「玄海」は新幹線接続の岡山始発急行となり名簿から消える。夜行は「しろやま」が「屋久島」に改称されるほか、石炭レンジを使用する旧システムのオシ17の老朽化により食堂車が姿を消すものの、東京始発の「桜島・高千穂」を含め、全列車がほぼ改正前の姿で存続する。

同改正以後、関西〜九州間旅客は増加が著しく、夜

表19　1968年10月1日改正における関西～九州間急行の編成

←31レ・31～2031レ 西鹿児島行き　「霧島・高千穂」　32レ・2032～32レ 東京行き→

		①	②	③	④	⑤	⑥	⑦	⑧	⑨	⑩	⑪	⑫	⑬
荷物 ニ	郵便 ユ	2等 ナハフ 10	1等 オロ 11	食堂 オシ 17	2等 ナハ 10	2等 ナハ 10	2等 ナハ 10	2等 ナハフ 10	2等 ナハフ 10	1等 オロ 11	2等 ナハ 10	2等 ナハ 10	2等 ナハ 10	2等 ナハフ 10

「霧島」東京～西鹿児島(熊本経由)（荷物～⑦）　「高千穂」東京～西鹿児島(大分経由)（⑧～⑬）

←1205M 博多行き　「玄海」(旧「はやとも」)　1206M名古屋行き→
←201M 博多行き　「つくし1-2号」　202M大阪行き→

①	②	③	④	⑤	⑥	⑦	⑧	⑨	⑩
指2等 クハ 455	指2等 モハ 454	2等 クモハ 455	指自1等 サロ 455	2等・ビ サハシ 455	2等 モハ 454	2等 クモハ 455	2等 クハ 455	2等 モハ 454	2等 クモハ 455

←201レ 西鹿児島行き　「しろやま」　202レ大阪行き→

①	②	③	④	⑤	⑥	⑦	⑧	⑨	⑩	⑪	⑫	⑬
2寝 オハネフ 12	1寝・B オロネ 10	指自1等 スロ 54	2寝 スハネ 16	2寝 スハネ 16	指2等 ナハ 10	2等 ナハ 10	2等 オハ 46	2等 オハ 46	2等 オハフ 45	2等 スハ 43	2等 スハ 43	2等 スハフ 42

大阪～八代（⑪～⑬）

←203レ 佐世保行き　「西海2-1号」(旧「平戸」)　204レ 大阪行き→

	①	②	③	④	⑤	⑥	⑦	⑧	⑨	⑩	⑪	⑫	⑬	⑭
荷物 ニ	指2等 スハフ 43	2寝 スハネ 16	2寝 スハネ 16	2寝 オハネ 12	2寝 オハネフ 12	指1等 スロ 54	自1等 スロ 54	2寝 スハネ 16	2寝 スハネ 16	2等 ナハ 11	2等 ナハ 11	2等 ナハ 11	2等 ナハ 11	2等 オハフ 45

大阪～博多（①～④）

←205レ 宮崎行き　「日南1-3号」(旧「夕月」)　206レ 新大阪行き→

①	②	③	④	⑤	⑥	⑦	⑧	⑨	⑩	⑪
2寝 オハネフ 12	1寝・B オロネ 10	指1等 スロ 54	2寝 スハネ 16	2寝 スハネ 16	指2等 スハ 44	指2等 スハフ 43	1寝・B マロネ 41	2寝 スハネ 16	2寝 スハネ 16	2寝 オハネフ 12

大阪～大分（⑧～⑪）

←207レ 熊本行き　「天草」　208レ 京都行き→

①	②	③	④	⑤	⑥	⑦	⑧	⑨	⑩	⑪	⑫	⑬
指2等 スハフ 43	指自1等 スロ 54	1寝・B オロネ 10	2寝 スハネ 16	2寝 スハネ 16	2寝 スハネ 16	2等 ナハ 11	2等 オハ 36	2等 オハ 46	2等 スハフ 42	2等 スハ 43	2等 スハ 43	2等 スハフ 42

京都～門司（⑪～⑬）

←209レ 都城行き　「日南3-1号」(旧日向」)　210レ 京都行き→

①	②	③	④	⑤	⑥	⑦	⑧	⑨	⑩	⑪	⑫	⑬
指2・荷 オハニ 36	1寝・B マロネ 41	2寝 スハネ 16	2寝 スハネ 16	2寝 オハネ 12	指1等 オロ 11	自1等 オロ 11	2等 ナハ 10	2等 ナハ 10	2等 ナハフ 10	2等 ナハ 10	2等 ナハ 10	2等 ナハフ 11

京都～大分（②～④）　京都～宮崎（⑪～⑬）

←211レ 長崎行き　「雲仙2-2号」(旧玄海」)　212レ 京都行き→

①	②	③	④	⑤	⑥	⑦	⑧	⑨	⑩	⑪	⑫	⑬
指2等 スハフ 43	1寝・B オロネ 10	指自1等 オロ 11	食堂 オシ 17	2寝 スハネ 16	2寝 スハネ 16	2寝 スハネ 16	2寝 スハネ 16	2等 ナハ 10	2等 ナハ 11	2等 オハフ 45	2等 スハ 43	2等 スハフ 42

京都～博多（⑫～⑬）

←1213レ 熊本行き　「阿蘇」　1214レ 名古屋行き→

	増①	①	②	③	④	⑤	⑥	⑦	⑧	⑨	⑩	⑪	⑫
郵便 ニ	指2・荷 オハニ 36	指2等 スハフ 43	指自1等 スロ 54	1寝・B オロネ 10	2寝 スハネ 16	2寝 スハネ 16	2寝 スハネ 16	2等 ナハ 11	2等 オハ 36	2等 オハ 46	2等 スハフ 42	2等 スハ 43	2等 スハフ 42

名古屋～門司（⑪～⑫）

←215レ 博多行き　「つくし3-3号」　216レ 新大阪行き→

				①	②	③	④	⑤	⑥	⑦	⑧	⑨	⑩
荷物 マニ	荷物 マニ	荷物 スニ 40	郵便 オユ 10	1寝・B マロネ 41	2寝 オハネ 12	2寝 オハネ 12	2寝 オハネ 12	指2等 スハ 44	指2等 スハ 44	指2等 スハフ 43	2寝 オハネ 12	2寝 スハネ 16	2寝 オハネフ 12

大阪～下関（⑧～⑩）

大阪駅発車時の編成を示す。2等座席車で複数の形式が入る場合は代表形式で示す。

行列車は新形式の客車特急が大増発される。一般形客車で組成される夜行急行は最終落成車でも、法定耐用年数の13年以上を経過するなど老朽化が目立つほか、冷房のない普通車（スハ43など旧2等座席車）の設備は、優等列車として問題視されていた。しかし、家庭にもエアコンがさほど普及していない当時、夜行急行利用客には、鉄道創業期以来の手動扉とともに〝ごく当たり前の環境〟として、受け止めていたようだ。筆者は山陽新幹線が岡山止まりだった3年の間に大学生活を終えるが、就職も比較的スムーズにいったおかげで、周遊券を使って九州や山陽・山陰へ何度も撮影旅行に出かけた。道中何かと便利なのは移動宿泊所にもなる夜行急行で、夏場も窓を少し開ければ風が入ってくるので、苦痛を感じたことは一度もなかった。また、写真撮影時には気動車特急や寝台特急のように編成全体が整った美しさとは異なり、各種の形式の車両が混成されている編成も、何とも言えない味があった。現在の若い模型ファンの中にも、一般形客車が好きな人が少なからず存在するというのも分かるような気がする。筆者としては青色車体に薄緑色の帯を巻いた車両が3両入る「日南」2往復が、華もあり撮影していても一番楽しかった。

そうした客車急行も、山陽新幹線博多開業の1975（昭和50）年3月では一般形客車が一掃され、14系座席車使用で新大阪または大阪から熊本・長崎（佐世保行き併結）・大分に向かう「阿蘇」「雲仙・西海」「くにさき」の3往復に整理される。オール普通車の11・12両編成ながら、冷房付きで簡易リクライニングシート装備の車両にグレードアップされたわけだが、国鉄が「急行だが特急型の車両を使うのだから、それに見合う料金をいただこう」とばかり、全車座席指定を採用したのが潮目だった。それまで実質的に料金なしで乗車できた関西〜九州間の周遊券利用客にとっては、急行券400円プラス指定席券300円がかかるため、〝お得意さん〟を失ってしまい、繁忙期を除いてはガラガラの状態で大阪駅を旅立って行った。国鉄も失敗に気付いたのか、同年12月から自由席を復活させるが、「覆水盆に返らず」というか新幹線博多開業前の利用客数を取り戻すことなど、到底できなかった。それどころか、1976（昭和51）年からは国鉄運賃・料金値上げも重なって3往復とも不振が続き、最終的には1980（昭和55）年10月改正で全廃される。

山陽新幹線開業前は「鷲羽」が主体だった関西〜四国間連絡列車

わが国の主要四島は1942（昭和17）年に関門トンネルが開通するまで、四島とも線路が島内だけにあり、青函・宇高・関門の各航路が本州と北海道・四国・九州を連絡していた。１９４０（昭和15）年10月『時間表』では、青函航路は連絡船が発着する青森と函館で、それぞれ本州・北海道の急行同士が接続。関門航路も本州特急または急行対九州急行の接続が実施されていたが、宇高航路に関しては、宇野線・四国各線とも優等列車の設定がないので、普通列車同士での接続だった。そればかりか、山陽本線から宇野線に入る列車も、京都以西が夜行となる鳥羽～宇野間普通（上りは快速）の１往復のみだった。この列車は連絡船に接続するので、京阪神三都から四国各地へはスムーズに旅行できたが、運転区間でお分かりのように、四国から伊勢神宮への参拝客輸送を主目的とした。

このように、戦前は扱いが軽視されていた関西～四国間も、戦後になると、山陽本線に大陸連絡の重責がなくなったせいか、本州対四国連絡にも力が注がれるようになり、京都／大阪～宇野間の列車が増発される。そして１９５０（昭和25）年４月からは、東京～門司間急行の編成の一部が岡山以遠を普通で宇野に直通し、東京からの直通ルートが構築された。この東京～宇野間列車は、同年10月改正で併結の相方が広島行き急行に変更され、同時に全区間が急行運転になり、四国島内での新設準急「せと・南風」に接続する。宇野行き急行は東海道本線内が夜行で、大阪発も８時30分と良好な時刻だった。だが、編成が４両だけで座席確保が至難なほか、この改正で後述の夜行準急が登場したことで、無理をしてまで利用する客はいなかったようだ。この東京～宇野間急行は1951（昭和26）年9月からは広島行きと分離され、四国同様の「せと」の列車名が命名される。東京から四国へは「せと」同士の乗り継ぎをすればいいので、旅客にも分かりやすく、そのうえ起終点での時刻も良好なため、同区間のステータス列車として定着する。

1950（昭和25）年10月改正では、東京～宇野間急行とは別に大阪～広島・宇野間に夜行準急が設定される。この列車の宇野行き編成は6両だが、宇野で宇高連絡船に航送され、高松到着後は普通列車となって予讃本線を多度津まで走り、同駅で3両ずつに分割され宇和島と須崎に向かった。下りの時刻は大阪発21時15分→宇野着1時45分→高松発4時10分→多度津着4時54分→松山着9時45分→宇和島着14時03分（高知着9時18分→須崎着10時45分）である。大阪はもちろん、愛媛・高知県内各駅の時刻も良好で、〝海を行く列車〟は大好評だった。こうした客車航送はリクライニングシートの導入と同様に、連合国軍の司令で実現したものである。筆者の義父（故人）は香川県の出身なので、年に一度は琴平町への墓参りに出かけていたが、1950年代には四国行き夜行準急をよく利用しており、「とても便利な列車だったよ」とだけ言っていた。この列車の記事を書くことが分かっておれば、生前にもっと詳しく聞いておけばよかったと思う。

東海道新幹線開業により、四国連絡準急「鷲羽」が新大阪で接続。関西人にとって、四国接続列車として身近な列車だった。1965.12.26　大阪駅

こうして関西・四国の双方で人気の高かった〝海を行く列車〟も、１９５５（昭和30）年５月に発生した連絡船紫雲丸の衝突沈没事故のあおりで、車両航送が中止されてしまう。そして、夜行準急も宇野行きだけでは、優等列車で運転する意味合いがなくなったのか、１９５６（昭和31）年11月改正で普通列車に格下げされ、代わりに昼行ダイヤで京都〜宇野間準急が、これまた広島行きと併結で新設される。下り時刻は京都発11時30分→宇野着16時34分で、四国内での優等列車接続はなかったが、関西では座席確保が容易で、高松付近での時間帯が良好なため人気が高かった。そのため１９５８（昭和33）年10月には編成増強で単独運転となり、その後「わしう」を経て「鷲羽」の列車名が授けられる。

この「鷲羽」が力を発揮するようになるのは、１９６０（昭和35）年10月改正からである。同改正で関西から山陽方面は倉敷と宇野までの電気運転が可能となったため、「鷲羽」

は東海道準急「比叡」「伊吹」で好評の153系電車10両による運転となり、大阪〜宇野間を客車時代よりも1時間近く短縮し、最速3時間10分で結ぶ。しかも、本数も需要増を見込んで3往復とされたため、大好評で迎えられた。

続く1961（昭和36）年10月改正では、東京〜宇野間に特急「富士」、大阪〜宇野間に「うずしお」の両電車特急が設定される。大阪〜宇野間の所要は停車駅の少ない「富士」が3分速く2時間47分だった。両列車とも東海道特急同様の151系11両編成で、四国島内では気動車急行に接続するなど、東京・関西からの四国連絡輸送はわずか10年余の間に華やかさを増す。特急「うずしお」は、当時の特急としては異例と思える走行距離200キロ強の列車であるため、「富士」の大阪〜宇野間ともども、特急券は2等に限り300円の特定料金で発売されたが、それでも利用客数は多くなく、関西〜宇野間は、この改正で4往復に増強された準急券100円の「鷲羽」に人気

大阪駅に入線する宇野行きの特急「うずしお」。181系に改造後の編成。1966.10.23　大阪駅

が集まっていた。

　東海道新幹線開業の1964（昭和39）年10月で、特急「富士」の東海道区間が廃止され、新大阪〜宇野間の特急「ゆうなぎ」として残存する。この改正では関西〜宇野間に純粋な新設列車はなかったが、四国への旅客は増加の一途をたどっており、1965（昭和40）年10月改正で「鷲羽」は新大阪〜宇野間を中心に下り7本、上り8本に増発。宇野が深夜時間帯になる夜行列車も復活し、編成も全区間での12両化が実現する。そして翌年3月の運賃改訂にともなう列車種別変更で「鷲羽」は全列車が急行に格上げとなり、さらに10月には1往復が増発される。

　好調の「鷲羽」に対し、特急は2等こそ大衆化の追い風もあり、まずまずの利用率を稼いでいたが、パーラーカーを含む1等車4両の編成は山陽区間では豪華過ぎるのか、閑古鳥が鳴いていた。そこで、1966（昭和41）年度中に151系の181系改

向日町運転所で待機する山陽特急群。連結器回りのジャンパ栓は九州乗り入れ時代の名残。1966.6.5　向日町運転所

造と並行して、1等車のうち4号車のサロ151を編成から抜き取り、さらに1号車クロ151の開放室部分を2等車の座席に取替え、クロハ181に改造する計画が立てられる。そして、1966（昭和41）年10月までに1等車1両を減車した11両編成になるが、「うずしお」「ゆうなぎ」の1号車はクロハ改造を免れたクロ181がそのまま残された。これは、クロ181をVIP乗車時に使用するため、当面は予備車を含め両特急で限定運用するのが理由だった。

「ヨンサントオ」こと1968（昭和43）年10月改正では、全国主要幹線特急増発の波に乗るかのように、「うずしお」は「ゆうなぎ」からの改称を含め3往復に増発。1号車は他の山陽特急同様にクロハ181に交替する。そして、「うずしお」のうち旧「富士」〜「ゆうなぎ」の系譜を持つ上下とも2号を除く2往復に自由席が設けられる。「鷲羽」は定期列車が上下とも9往復で揃うほか、季節列車の2往復が加わって全盛を迎える。この改正は白紙改正で完成度が高いため、このまま山陽新幹線開業まで推移するかと思われたが、1969（昭和44）年10月に「うずしお」のうち下り3号・上り1号が、交直流電車の485系電車に運用変更される。北陸本線全線電化に伴い北陸特急と共通運用するための策で、1971（昭和46）年には489系が入ることもあった。また、181系「うずしお」

2往復はモハシ180のビュフェ利用客が少なく、開店休業の状態になっているため、1970（昭和45）年10月までに2等車改め普通車に改造される。この間の関西～宇野間列車の編成の変遷については**表20**に示す。

表20　四国連絡優等列車・編成の変遷（1964.10.1以後）

1964.10. 1
←宇野行き　「ゆうなぎ」「うずしお」　新大阪行き・大阪行き→

①	②	③	④	⑤	⑥	⑦	⑧	⑨	⑩	⑪	⑫
1・展 クロ 151	1等 モロ 151	1等 モロ 150	1等 サロ 151	食堂 サシ 151	2・ビ モハシ 150	2等 モハ 151	2等 サハ 150	2等 サハ 150	2等 モハ 150	2等 モハ 151	2等 クハ 151

←宇野行き　「鷲羽」　新大阪行き・大阪行き→

①	②	③	④	⑤	⑥	⑦	⑧	⑨	⑩	⑪	⑫
2等 クモハ 165	2等 モハ 164	2等 クハ 153	2等 モハ 152	2等 モハ 153	1等 サロ 152	2等 サハ 153	2等 サハ 153	2等 サハ 153	2等 モハ 152	2等 モハ 153	2等 クハ 153

新大阪/大阪～岡山

1965.10. 1
←宇野行き　「鷲羽」　新大阪行き・大阪行き→

①	②	③	④	⑤	⑥	⑦	⑧	⑨	⑩	⑪	⑫
2等 クハ 153	2等 モハ 152	2等 モハ 153	2等 サハ 153	1等 サロ 165	2等 モハ 152	2等 モハ 153	2等 サハ 153	2等 サハ 153	2等 モハ 152	2等 モハ 153	2等 クハ 153

1966.10. 1
←宇野行き　「ゆうなぎ」「うずしお」　新大阪行き・大阪行き→

①	②	③	④	⑤	⑥	⑦	⑧	⑨	⑩	⑪
1・展 クロ 181	1等 モロ 181	1等 モロ 180	食堂 サシ 181	2・ビ モハシ 180	2等 モハ 181	2等 サハ 180	2等 サハ 180	2等 モハ 180	2等 モハ 181	2等 クハ 181

1968.10. 1
←宇野行き　「うずしお」(3往復)　新大阪行き・大阪行き→

①	②	③	④	⑤	⑥	⑦	⑧	⑨	⑩	⑪
1・2等 クロハ 181	1等 モロ 181	自1等 モロ 180	食堂 サシ 181	2・ビ モハシ 180	2等 モハ 181	2等 サハ 180	自2等 サハ 180	自2等 モハ 180	自2等 モハ 181	自2等 クハ 181

「うずしお2号」(上下とも)は全車座席指定

1969.10. 1
←宇野行き　「うずしお」(下り3号・上り1号)　新大阪行き→

①	②	③	④	⑤	⑥	⑦	⑧	⑨	⑩	⑪
指 クハ 481	指 モハ 484	指 モハ 485	G サロ 481	G サロ 481	食堂 サシ 481	指 モハ 484	自 モハ 485	自 モハ 484	自 モハ 485	自 クハ 481

1970.10. 1
←宇野行き　「うずしお」(下り1・2号・上り2・3号)　新大阪行き・大阪行き→

①	②	③	④	⑤	⑥	⑦	⑧	⑨	⑩	⑪
G・指 クロハ 181	G モロ 181	G モロ 180	指 サハ 180	食堂 サシ 181	指 モハ 180	指 モハ 181	指 サハ 180	自 モハ 180	自 モハ 181	自 クハ 181

「うずしお2号」(上下とも)は全車座席指定

1961.10.1～1963.10.1の「うずしお」の編成は、表3の「富士」と同一。
1960.10.1～1963.10.1の「鷲羽」の編成は、表10の「比叡」と同一のため省略。

そして迎えた山陽新幹線岡山開業では、関西～宇野間優等列車は新幹線と大部分の区間が被るため、岡山～宇野間に新幹線接続の快速電車を運転することで、「うずしお」は3往復とも廃止。「鷲羽」も夜行の定期・季節列車各1往復を除き、姿を消す。夜行には季節列車に475系が入り話題を撒くが、深夜での宇高連絡船乗換えが嫌われるようになったのか、利用客が低迷し、季節列車は1973（昭和48）年10月改正で臨時列車に格下げ。残る定期列車も1980（昭和55）年10月改正で力尽きる。

ＪＲ化後は瀬戸大橋線が開業し、臨時列車では大阪～松山・高知間直通の夜行快速などが運転されたことがあるが、京阪神三都駅で利用できる四国直通列車は30年以上が経過した現在も復活の話は聞かれない。

昼は座席、夜は寝台の〝二刀流〟で大活躍の583系電車と、関西発ブルートレイン

東京～九州間の20系「九州特急」は、京阪神三都を23時台から4時台にかけて通過するため、乗車するのはもちろん、生で見るのも難しい列車だった。中学生の頃、鉄道好きの

先生が「6月頃だったら、京都駅で上り『さくら』を写せるよ」と言っていたが、関西のファンにとって九州特急は〃近いけれど遠い存在〃で、写真を撮るのにも苦心していたのである。

だが、九州特急専用の20系寝台客車列車も1964（昭和39）年10月に上野〜青森間に進出し、車体色に因む「ブルートレイン」の名称で親しまれるようになると、新幹線開業による特急大衆化も手伝い、翌1965（昭和40）年10月改正では新大阪〜西鹿児島・長崎間寝台特急「あかつき」として京阪神にお目見えする。20系が「あさかぜ」で運転を開始してから7年が経過していたが、関西人にとっては待望久しい〃憧れの列車〃で、同年末になって写真を撮るようになった筆者も、1965（昭和40）年正月に大阪駅へ出向きEF65の牽く上り「あかつき」を撮影している。

西鹿児島・長崎発新大阪行きの20系寝台特急「あかつき2号」。朝の六甲山麓をラストスパート。1972.1.6　西ノ宮〜芦屋

さて、関西初のブルートレインである「あかつき」

は、当然のことながら待ちわびていた関西人から絶賛で迎えられ、翌日朝に南九州入りするダイヤも好評だったが、当時の国鉄部内では、関西〜九州間での寝台特急増発用に、ブルートレインと並行して昼間は座席車、夜間は寝台車として使用できる特急型電車を投入する計画が立てられていた。というのは、幹線電化の進展で優等列車の電車化によるスピードアップは、利用客の増加と電車列車の増発という好循環をもたらすが、その反面、車両の増備にともない留置や検査を行う車両基地の拡張や新設が必要となる。しかも、地価の高い大都市周辺ではその設備投資額は大変なものだったからである。そこで、車両を昼間も夜間も走らせて輸送力増強を狙う一方で、基地での滞留を極力減らし、投資額を抑制する方針がとられる。

特急「みどり」は、「月光」とともに初めて581系による列車だった。1968.9.16　倉敷　写真：篠原丞

これは、新幹線開業前の東海道電車急行でも実施されていたが、利用客のニーズや快適性を考慮し、一歩進めて昼間は座席車、夜間は寝台車として運用する計画に発展する。当初はナハネ10形寝台車を基に、昼間は寝台を

解体したあとの３人または４人掛けの向かい合い座席になる電車急行での運転案が有力だったが、もっとも実用的とされる大阪～博多間では昼行でも10時間以上を要するため、基地での寝台セットや解体に要する時間を考慮すれば、折返し運用が不可能なことが分かった。そこで、昼夜兼用電車は特急型とし２等寝台車として使用するため、ナロネ21形の設備を基本に寝台を三段化し、座席は同形の昼間使用時と同様にシートピッチの広い固定クロスシートになる。ここに世界でも類のない寝台電車５８１系が登場するが、在来の１８１系や４８１系のように特急型電車独特の高い運転台を維持しながら、２方向への併結運転などを考慮し、正面は貫通型の独特なスタイルになる。塗装については寝台電車をアピールするため、薄クリーム地に窓周りは20系同様のブルーとされた。

この５８１系は１９６７（昭和42）年10月改正から、昼行は「みどり」として１Ｍ新大阪発９時30分→大分着19時35分、２Ｍ大分発９時30分→新大阪着19時47分、夜行は「月光」で７Ｍ新大阪発23時30分→博多着９時20分、８Ｍ博多発19時45分→新大阪着５時45分の時刻で運転を開始する。「月光」の新大阪始終着時刻は深夜・早朝となるが、これは東京からの新幹線乗り継ぎ利用客に配慮したのが理由だった。また、車両は博多をベースに８Ｍ→１Ｍ→２Ｍ→７Ｍの順で運用し、新大阪に近い向日町運転所では車内清掃や寝台のセット・

解体作業のため3時間ほど留置されるだけで、滞泊は避けられていた。581系は昼夜兼用だけでも特異だが、「月光」での寝台車は2等でありながら、1等寝台B室並みに進行方向に寝る形で、ベッド幅は下段が101センチで乳幼児連れでの利用も楽々可能、上・中段もそれまでの2等寝台より約20センチ広い70センチとあって居住性が良く、運転開始以来連日満員の盛況だった。一方、座席車（2等車）は固定クロスシートのため、「特急らしくない」という意見もあったが、筆者が利用した感じでは、座席の下のヒーターが邪魔をする181系や481系に比べ、足を伸ばせるので長時間利用では楽だった。

熊本発名古屋行き特急「つばめ」。583系12両編成という風格である。1972.2.24　八本松～瀬野

581系は国鉄の思惑通り好評で迎えられたことで、1968（昭和43）年度の増備車からは、全国の交流電化区間に入線が可能な583系として製造される。そして同年10月改正で関西～九州間では583系列車の運用本数が拡大され、昼行は「はと」2往復と「つばめ」、夜行は「月光」2往復に加え、「金星」（名

古屋〜博多）、「明星」（新大阪〜熊本）にも使用され、「つばめ」の運転区間である名古屋〜熊本間全体に勢力を広げる。しかし、効率的な運用を組めなくなった「みどり」は481系に変更されてしまった。

581系では２等の寝台・座席以外は食堂車だけだったが、新婚旅行客や一部の出張族からの要望に応え、583系製造を機に編成中に１等座席車サロ581が連結される。しかし、１等寝台車については座席車との転換が実行計画にまで至らず、保留されたままで立ち消えとなってしまう。そのため、サロ581は夜行使用時も昼間状態のままで走らなければならなかった。なお、同改正では寝台特急として「あかつき」増発分に加え、日豊本線直通の「彗星」が新設されるが、何れも九州内の未電化区間を走行するため、20系での増発だった。

20系15両編成という長大列車だった特急「彗星」。
1972.2.20　西ノ宮〜芦屋

「ヨンサントオ」で関西〜九州間の覇権を握った583系は、当時の鉄道雑誌の「鉄道車両人気投票」

では堂々1位を獲得するほどのモテぶりで、日本万国博開催の1970（昭和45）年3月には「明星」の増発。そして鹿児島本線全線電化の同年10月改正では、京都～西鹿児島間寝台特急「きりしま」のほか、新大阪～下関間「しおじ」や九州内特急「有明」の運用を担当する。関西～九州間電車特急は「みどり」1往復を除けば、全列車が583系といった独占状態だった。だが、夜行特急では食事時間が限られるせいか、「きりしま」を除き食堂車の営業が休止されてしまったのは致し方なかった。

熊本発新大阪行き特急「明星1号」。このホームは現在の北陸特急が発車する11番線である。1970.6.29 大阪駅

こうして我が世の春を謳歌していた583系も、山陽新幹線岡山開業の1972（昭和47）年3月改正で転換期を迎える。同改正で山陽本線昼行特急の大多数と夜行の「月光」が岡山始発となったことで、583系は岡山～九州間の運用が増えたほか、名古屋～北陸間にも入ったため、関西始発の583系は夜行では「きりしま」「金星」と、関西～博多／熊本間運転に統合された「明星」の計6往復、昼

行は「しおじ」1往復だけに勢力を縮小する。そして、昼夜兼用という特異性を考えると、将来的に特性を活かせる区間が限定されるため、増備はこの改正での増発用をもって終了する。

一方、寝台特急用客車は1970年度まで20系の増備が続くが、2等寝台改めB寝台のベッド幅が52センチのため、583系に比べ見劣りを隠すことができなくなり、1971（昭和46）年度からはベッド幅を70センチに拡大し、同時に寝台の昇降装置を取り付け、セット・解体を省力化した14系寝台客車が製造される。さらに、14系では12系同様の分散電源方式を採用したため、「あかつき」のように行き先が2つある〝二階建て列車〟では、付属編成用の電源車を用意する必要性がない、運用面での長所もあった。

この14系は1972（昭和47）年3月改正で東京〜九州間特急に使用され、利用客から「寝返りを打てる」と好評で迎えられた。そして、同年10月からは関西〜九州間にも投入され、「あかつき」3往復に使用。九州内での分割・併合作業が20系当時より簡素化されたことで、鉄道現場からも喜ばれた。当時の関西〜九州間寝台特急は年々利用客数が増加していることで、以後の増発は電化・未電化にかかわらず寝台客車特急で行う方針が出されたため、14系寝台客車の長期政権が続くことは誰もが疑わなかった。だが、同年11月に発生した北陸トンネル列車事故の反省として、火災の原因となりかねない電源装置を持つスハネフ14が、東海道・山陽本線内では4両連結される14系のシステムを見直すことになり、増備車は14系の車体を有しながらも、集中電源方式に戻したような24系が製造され、1973（昭和48）年10月から「彗星」と「あかつき」のうち二階建てを除く列車で使用される。これにより「あかつき」は6往復（うち1往復は「彗星」併結）、「彗星」は4往復になる。その24系が登場したのも束の間、今度は天地寸法が窮屈な三段寝台は時代にそぐわないといった意見が利用客や国鉄部内からも出され、日豊本線南宮崎電化の1974（昭和49）年4月改正からは24系B寝台を二段式とした24系25形が登場する。二段式B寝台は開放式A寝台のオロネ24などと寝る方向が異なるだけで、定員がさほど違わないため24系25形では、開放式A寝台はラインナップになかった。この改正で24系25形は「あかつき」2往復と「彗星」1往復に投入され、関西～九州間寝台特急は名古屋発の「金星」を含めると、電車5、客車11の16往復にまで膨れ上がる。夜行列車には山陽・九州方面への急行も設定されているため、18時台から21時台の大阪駅では1時間当たり4～5本が西方向に発車していき、これだけでも通勤列車並みダイヤだった。改正半年後の1974（昭和49）年10月における関西～九州間寝台特急の時刻を**表21**、編成を**表22**に示す。

表21　1974年10月1日における関西〜九州間寝台特急列車の時刻（下り18〜21時台）

列車番号	1005M	21	41	23	25	43	7M	13M	29
列車名	月光1号	あかつき1号	彗星1号	あかつき2号	あかつき3号	彗星2号	きりしま	明星2号	あかつき4号
連結車種	ハネ・ロ	ロネ・ハネ・シ	ロネ・ハネ	ロネ・ハネ・シ	ハネ(2段)	ロネ・ハネ・シ	ハネ・ロ	ハネ・ロ	ロネ・ハネ・シ
形式・両数	583系⑫	20系⑮	24系⑫	14系⑭	25形⑫	24系⑭	583系⑫	583系⑫	24系⑭
始発									
京都　発							19 14		
新大阪　〃		18 28	18 32	18 43	19 02	19 28	19 44	19 58	20 28
大阪　〃		18 36	18 40	18 51	19 10	19 36	19 52	20 06	20 36
三ノ宮　〃		19 02	19 06	19 16	↓	20 01	20 18	20 29	↓
神戸　〃		↓	↓	↓	19 38	↓	↓	↓	21 09
岡山　〃	20 43	21 09	21 13	21 26	21 47	22 13	22 26	22 42	23 11
広島　〃	23 03	23 35	22 39	23 55	0 14	0 40	0 57	↓	↓
下関　着	↓	↓	↓	↓	↓	↓	4 09	4 25	4 51
博多　〃	↓	4 12	//	4 28	4 48	//	5 15	5 35	6 10
終着	西鹿児島 7 52	西鹿児島 9 13	宮崎 9 36	西鹿児島 9 38	長崎 7 30	都城 11 20	西鹿児島 9 58	熊本 7 09	西鹿児島 11 14
記事	(参考)	一部長崎 6 53							
列車番号	31	1029M	33	45	35	21M	15M	47	2021M
列車名	あかつき5号 彗星3号	月光2号	あかつき6号	彗星4号	あかつき7号	明星3号	明星4号	彗星5号	金星
連結車種	ロネ・ハネ	ハネ・ロ	ハネ(2段)	ロネ・ハネ	ロネ・ハネ・シ	ハネ・ロ	ハネ・ロ	ハネ(2段)	ハネ・ロ
形式・両数	14系⑭	583系⑫	25形⑬	24系⑫	14系⑭	583系⑫	583系⑫	25形⑬	583系⑫
始発									名古屋 22 50
京都　発						21 55			0 43
新大阪　〃	20 45		21 28	2143	21 58	22 28	22 42	22 57	↓
大阪　〃	20 54		21 36	21 51	22 06	22 36	22 50	23 06	1 21
三ノ宮　〃	21 21		22 02	22 17	22 31	23 00	23 12	↓	↓
神戸　〃	↓		↓	↓	↓	↓	↓	23 31	↓
岡山　〃	23 24	23 43	0 13	0 28	0 41	1 13	↓	↓	↓
広島　〃	↓	↓	↓	↓	↓	↓	↓	↓	5 53
下関　着	5 09	5 19	5 54	6 09	6 23	6 52	7 06	7 18	9 05
博多　〃	6 28	6 36	7 13	//	7 41	8 02	8 22	//	10 11
終着	佐世保 8 47		熊本 9 04	宮崎 12 57	長崎 10 27		熊本 10 02	大分 9 58	
記事	一部大分 7 52	(参考)			一部佐世保 10 10				

関西〜九州間を結ぶ定期寝台特急列車を掲載。 形式欄の25形は正式には24系25形
連結車種欄　ロネ＝A寝台、ハネ＝B寝台、ハネ(2段)＝二段式B寝台、ロ＝グリーン車、シ＝食堂

新大阪発下関行き特急「安芸」。呉線経由で、関西～山陽各都市間の連絡を担っていた。1977.8.2　本由良～厚東

こうして全盛を迎えた関西～山陽～九州間特急は、山陽新幹線博多開業の１９７５（昭和50）年３月改正で、夜行だけが残存する。列車名も電車・客車にかかわらず行き先の路線別に変更され、定期列車では鹿児島本線行きの「明星」が電車３往復、客車２往復、「金星」と「なは」が電車各１往復、長崎・佐世保行きの「あかつき」が客車２往復、日豊本線行きの「彗星」が電車２往復、客車１往復、呉線経由下関行きの「安芸」が客車１往復の計13往復（「あかつき・彗星」の併結列車は列車番号が２桁の〝親列車〟で計上）の体制になる。電車はもちろん５８３系で運転、客車は24系が東京～九州／山陰間特急用に転出したため、関西～九州用には14系と24系25形、それと20系の「安芸」が残る。この改正を機に、関西始発の全寝台特急から食堂車が外されてしまった。また、５８３系の昼行運用は本項関連では九州内特急に限定されたため、昼夜兼用の意義はやや薄れた。

新幹線が九州に上陸しても、まずまずの乗客数を集めていたこれらの列車も、当時累積化する赤字解消の起死回生策として、国鉄が１９７６（昭和51）年11月に50％強の運賃値

表22　1974年10月1日における関西～九州間寝台特急の編成（代表例）

【583系電車】

←西鹿児島/熊本/博多方　「明星」「月光」「きりしま」「金星」　岡山/新大阪/名古屋方→

①	②	③	④	⑤	⑥	⑦	⑧	⑨	⑩	⑪	⑫
B寝	B寝	G	B寝	B寝	食堂	B寝	B寝	B寝	B寝	B寝	B寝
クハネ	サハネ	サロ	モハネ	モハネ	サシ	モハネ	モハネ	サハネ	モハネ	モハネ	クハネ
581	581	581	582	583	581	582	583	581	582	583	581
					（休止）						

【20系客車】

← 21レ西鹿児島行き・21～4021レ長崎行き　「あかつき1―7号」　22レ・4022～22レ　新大阪行き→

	①	②	③	④	⑤	⑥	⑦	⑧	⑨	⑩	⑪	⑫	⑬	⑭
荷物	A寝	B寝	B寝	B寝	食堂	B寝	B寝	A寝	B寝	B寝	B寝	B寝	B寝	B寝
ニ	ナロネ	ナハネ	ナハネ	ナハネ	ナシ	ナハネ	ナハネフ	ナロネ	ナハネ	ナハネ	ナハネ	ナハネ	ナハネ	ナハネフ
	21	20	20	20	20	20	23	21	20	20	20	20	20	22

新大阪～西鹿児島（荷物～⑦）　新大阪～長崎（⑧～⑭）

【14系客車】

← 31レ佐世保行き・31～4031レ大分行き　「あかつき3号・彗星2号」　「あかつき5号・彗星3号」　32レ・4032～32レ　新大阪行き→

①	②	③	④	⑤	⑥(休止)	⑦	⑧	⑨	⑩	⑪	⑫	⑬	⑭
B寝	A寝	B寝	B寝	B寝	食堂	B寝	B寝	B寝	B寝	B寝	B寝	B寝	B寝
スハネフ	オロネ	オハネ	オハネ	オハネ	オシ	オハネ	スハネフ	スハネフ	オハネ	オハネ	オハネ	オハネ	スハネフ
14	14	14	14	14	14	14	14	14	14	14	14	14	14

「あかつき」新大阪～佐世保（①～⑧）　「彗星」新大阪～大分（⑨～⑭）

←西鹿児島/長崎方　「あかつき2―5号」「あかつき7―6号」　新大阪方→

①	②	③	④	⑤	⑥	⑦	⑧	⑨	⑩	⑪	⑫	⑬	⑭
B寝	A寝	B寝	B寝	B寝	食堂	B寝	B寝	B寝	B寝	B寝	B寝	B寝	B寝
スハネフ	オロネ	オハネ	オハネ	オハネ	オシ	オハネ	スハネフ	スハネフ	オハネ	オハネ	オハネ	オハネ	スハネフ
14	14	14	14	14	14	14	14	14	14	14	14	14	14

新大阪～西鹿児島/長崎（①～⑧）　新大阪～熊本/佐世保（⑨～⑭）

「あかつき7―6号」の食堂車は休止

【24系客車】

←西鹿児島/都城方　「あかつき4―4号」「彗星2―3号」　新大阪方→

	①	②	③	④	⑤	⑥	⑦	⑧	⑨	⑩	⑪	⑫	⑬
電源車	A寝	B寝	B寝	B寝	食堂	B寝	B寝	B寝	B寝	B寝	B寝	B寝	B寝
マヤ	オロネ	オハネ	オハネ	オハネ	オシ	オハネ	オハネフ	オハネフ	オハネ	オハネ	オハネ	オハネ	オハネフ
24	24	24	24	24	24	24	24	24	24	24	24	24	24

新大阪～西鹿児島/都城（電源車～⑦）　新大阪～熊本/大分（⑧～⑬）

← 宮崎方　「彗星1-5号」「彗星4-4号」　新大阪方→

	①	②	③	④	⑤	⑥	⑦	⑧	⑨	⑩	⑪
電源車	A寝	B寝	B寝	B寝	B寝	B寝	B寝	B寝	B寝	B寝	B寝
マヤ	オロネ	オハネ	オハネ	オハネ	オハネ	オハネ	オハネフ	オハネフ	オハネ	オハネ	オハネフ
24	24	24	24	24	24	24	24	24	24	24	24

新大阪～宮崎（電源車～⑦）　新大阪～大分（⑧～⑪）

【24系25形客車】

← 熊本/大分方　「あかつき6-2号」「彗星5-1号」　新大阪方→

	①	②	③	④	⑤	⑥	⑦	⑧	⑨	⑩	⑪	⑫
荷物	B寝	B寝	B寝	B寝	B寝	B寝	B寝	B寝	B寝	B寝	B寝	B寝
カニ	オハネフ	オハネ	オハネ	オハネ	オハネ	オハネフ	オハネフ	オハネ	オハネ	オハネ	オハネ	オハネフ
24	25	25	25	25	25	25	25	25	25	25	25	25

「彗星5―1号」の⑦～⑫号車は新大阪～下関間連結

← 25レ　長崎行き　「あかつき3-1号」　26レ　新大阪行き→

	①	②	③	④	⑤	⑥	⑦	⑧	⑨	⑩	⑪
荷物	B寝	B寝	B寝	B寝	B寝	B寝	B寝	B寝	B寝	B寝	B寝
カニ	オハネフ	オハネ	オハネ	オハネ	オハネフ	オハネフ	オハネ	オハネ	オハネ	オハネ	オハネフ
24	25	25	25	25	25	25	25	25	25	25	25

大阪駅発車時の編成を示す。各車両で複数の形式が入る場合は代表形式で示す。

上げを実施したため、関西からは特急B寝台（A寝台ではない）利用よりも航空機の方が安い区間が発生し、夜行列車の国鉄離れは一気に進んだ。そこで１９７８（昭和53）年10月改正では利用率の低い「安芸」の廃止と「明星」の削減が実施され、関西～九州間寝台特急は計10往復に減少する。この改正で「あかつき」２往復は14系から、二段寝台の新車である14系15形に置き換えられ、他の系統よりも一足早く寝台客車列車のオール二段化が完成するが、全列車ともB寝台だけの味気ない編成になってしまった。

関西～九州間での寝台特急の地滑り現象は、その後もダイヤ改正ごとに続き、１９８２（昭和57）年11月に「金星」が廃止。さらに１９８４（昭和59）年２月改正では５８３系電車の運用が昼・夜行とも山陽・九州線から消滅し、関西～九州間寝台特急は客車の「あかつき」２往復（うち１往復は「明星」併結）のほか「なは」「彗星」の計４往復を残すだけになる。５８３系のうち、余剰となった車両は、普通列車用の７１５系に格下げ改造され、特急時代とは打って変わった似つかぬスタイルとなり、九州内で引き続き使用される。国鉄としては最後になる１９８６（昭和61）年11月改正では「あかつき・明星」併結列車が廃止となる。山陽新幹線博多開業時点で季節列車を含め、７号までの号数番号が存在した「明星」の列車名が11年余りで消滅した事実は、関西～九州間夜行列車凋落の激しさを物語っていた。これにより、同区間特急は新大阪〜西鹿児島間「なは」（24系25形12両）、新大阪〜都城間「彗星」（14系15形9両）、新大阪〜長崎・佐世保間「あかつき」（14系15形12両）の3往復に整理される。

これらの列車はJR化後も存続し、「なは」と「あかつき」には1992（平成4）年7月までにB寝台個室や3列座席のレガートシートが導入される。プライバシーが保護されるB個室車は一般のB寝台と同額、高速バスに対抗するためグリーン車並みの居住性を持つレガートシートは、特急券だけで乗車できるので、まさに〝乗り得車両〟といえ、筆者も九州への撮影や家族旅行ではこれらの設備を何度か利用した。だが、連結両数が少ないこともあり、期待したほどに利用客数は伸びなかった。その後、関西〜九州間特急は車両の老朽化もあって「彗星」は2005（平成17）年10月に、「なは」と「あかつき」は2008（平成20）年3月に廃止される。

山陽新幹線博多開業前の時代に、寝台特急をはじめとする山陽・九州方面への夜行優等列車が次々と発車していった同時間帯の大阪駅下り列車ホームは、現在では姫路方面行き新快速や福知山線快速のほか、山陰方面への気動車特急などが使用しているが、特急を含め利用客の大半が帰宅客である。583系寝台電車特急が関西から姿を消した1984（昭和59）年も40年も前のことなので、現在の大阪駅利用客の大半はその時代のことを知らないし、夜行列車の活躍は伝説となる日も近い。まさに、〝兵どもが夢のあと〟である。

ＪＲ化後は多種多様な列車が行き交う山陽新幹線

山陽新幹線は東海道新幹線同様に、在来線の複々線化の形でまず新大阪～岡山間が１９７２（昭和47）年3月15日に、次いで１９７５（昭和50）年3月10日の岡山～博多間開通により全線が開業する。新大阪～博多間が一気にとはいかなかったのは、工事認可との関係である。しかし、突貫的な印象のある東海道新幹線に対し、山陽新幹線はその反省をも踏まえ建設に時間をかけた分、**表23**のようにトンネルを多く掘ることにより直線区間を長くし、曲線半径や勾配を抑えるなど、将来のスピードアップにも対処できる構造としたのが特色である。駅間の平均距離は東海道に比べやや短めだが、これは当時の山陽沿線には人口１００万人以上の政令指定都市が神戸・北九州・福岡の3市だけで、あとは岡山・広島県都を除けば中規模の都市が多く、そのほとんどに駅を設けたことや、夜行新幹線列車の運転計画があり、線路保守との関係で真夜中が単線運転になるため、東京～博多間の

表23　新幹線建設基準等比較
（1975.3.10現在）

	東海道	山陽
営業キロ(km)	552.6	645.6
実キロ(km)	515.4	553.7
短縮率(%)	93.3	85.8
駅数	13	16
駅間平均距離	43.0	36.9
最高速度(km/h)	210	210
最小曲線半径(m)	2500	4000
最急勾配(‰)	20	15
レール重量(kg/m)	60	60
基本軌道構造	バラスト	バラスト・スラブ
トンネル区間(%)	13	50.8

中間になる兵庫県内では列車交換を兼ね、駅が必要とされたからである。

また、山陽新幹線では利用者数見込みから運転本数は東海道の約60％で済むことや、利用客の利便や車両運用の効率化を図るため、列車は原則として東京から「ひかり」が直通する方式が採られる。そのため、山陽区間の「ひかり」は速達型と主要駅停車型、それに各駅停車型に分かれるため、岡山開業時から列車種別は特急に統一され、この運転形態は博多開業後も引き継がれた。しかも、山陽新幹線は西へ行くほど旅客数が減る〝片道型輸送路線〟でもあるため、新大阪からの列車本数は岡山と広島でそれぞれ減便された。そのため、広島～博多間では1時間あたり速達「ひかり」と各停「ひかり」が、それぞれ1往復ずつだけの運転が長らく続いた。両方とも東京からの列車なので、グリーン車2両に食堂車付きの0系16両だが、速達型は満員、各停型はガラガラで食堂車は開店休業の状態だった。

こうした山陽西部区間のうち小倉～博多間相互間だけは、新幹線1駅間の特定特急券で乗車できる魅力もあって利用客が多く、特に朝晩の通勤・帰宅時は混雑が激しいので、1983（昭和58）年7月に同区間だけの「こだま」1往復が設定される。0系「ひかり」用16両編成のうち、普通車が連なる1～7号車を全車自由席として設定された。そして、

東海道・山陽新幹線の顔だった0系。晩年は山陽区間で6両編成となり最後の使命を果たした。写真は博多発新大阪行き「ひかり154号」。1993.4.5　姫路駅

1985（昭和60）年6月には小倉～博多間専用車として、それまでの東海道・山陽新幹線の常識を覆すような0系普通車だけの6両編成が登場、同区間で5往復の運転を開始する。この0系6両編成は、各停「ひかり」や山陽新幹線内「こだま」の輸送量と合致していたこともあり、以後大量に組成変更がなされ、1986（昭和61）年11月改正では、新大阪～博多間を含め山陽区間完結の「こだま」はすべてこの編成になる。それまで、東海道・山陽新幹線で一体化した統一編成で運用されてきた0系電車も、翌1987（昭和62）年4月の分割民営化を控え、

ようやく実態に即した姿になった感じだった。

国鉄の分割民営化で山陽新幹線の全区間を管轄するＪＲ西日本は、ＪＲ東海が管轄する東海道新幹線との直通運転を継続する一方で、独自の力を発揮できる新大阪～博多間の活性化に重点を注ぐ。そして、ＪＲグループとしては最初の１９８８（昭和63）年３月改正で、０系リニューアル車６両による同区間速達の〝ウエストひかり〟を運転。東海道に比べ利用客数の少ないハンディを逆手にとるように、普通車は座り心地のよい２人掛け座席とする一方、ビュフェもテーブルに座って食事ができる形態に改造し、セットメニューも用意するなど独自のサービスを展開する。その一方で、広島～博多間といった区間「こだま」を設定し、山陽新幹線内の各駅で１時間当たり２本以上の乗車チャンスを確保するきめ細かな配慮もなされた。

博多発東京行き「ひかり14」号は、いわゆるグランドひかり編成。中間に食堂車を含むダブルデッカー４両が組み込まれていた。1992.4.7　姫路駅

翌１９８９（平成元）年３月改正では、〝グラン

ドひかり〟と呼ばれるＪＲ西日本持ちの１００系Ｖ編成が登場する。

16両中7～10号車の４両を二階建て車両とし、食堂車以外の３両は階上がグリーン室、眺めの良くない階下部分は２人掛け座席の普通室とされた。この１００系Ｖ編成では山陽新幹線内に限り最高速度２３０キロ運転が認可されたため、最速列車は新大阪～博多間を2時間49分で結んだ。一方、好評の〟ウエストひかり〟も一部が12両化され、グリーン車のほか、トンネルの多い山陽区間向けにシネマカーも一部連結された。山陽新幹線では、このほか１９９１（平成３）年3月から新大阪～広島間に〟シャトルひかり〟が新設される。「こだま」用0系6両を使用した地味な列車だが、速達「ひかり」の間隔が空いた時間帯に入り、座席確保が容易いため、利用客から喜ばれた。

ＪＲ西日本のオリジナル列車が活躍を続ける中、新幹線もさらなる高速化の時代に入り、１９９２（平成４）年に東京～新大阪間で運転を開始した最高速度２７０キロの３００系「のぞみ」が、１９９３（平成５）年3月改正から山陽新幹線に進出。新大阪～博多間を１時間ヘッドの2時間31分で結んだ。「のぞみ」は全車座席指定制のほか、売店（サービスコーナー）が設置されているだけで、趣味的には味気のない平屋列車だが、スピードの魅力で直通旅客を奪い、〟グランドひかり〟をはじめとするＪＲ西日本自慢の車両群も陰りの色を

山陽新幹線オリジナルの700系「ひかりレールスター」。現在は「こだま」主体で運用されていて、さながら“こだまレールスター”。2015.7.15　相生～岡山

隠すことができなかった。

そうしたＪＲ西日本にも「のぞみ」用新車として、独自設計の５００系が登場。スピード感が溢れるスマートで強烈な流線形は、『日本の鉄道１５０選』（交通新聞社）の読者&ユーザーが選ぶ国鉄・ＪＲ車両のベスト10に、ＪＲ化後の形式としては唯一ランクインされているほどの人気車両である。この５００系「のぞみ」は、１９９７（平成９）年３月改正で新大阪～博多間に登場。最高速度３００キロの性能を駆使し、岡山・広島・小倉の３駅停車で２時間17分で結んだ。以後、山陽新幹線内では「のぞみ」途中停車駅が増やされたほか、２００５（平成17）年の福知山線脱線事故を教訓に、余裕を持った運転時分に改められたことなどで、この到達時分は20年以上を経た現在まで更新されていない。その５００系「のぞみ」は、１９９７（平成９）年11月からは東京～博多間列車にも使用されるが、１９９９（平成11）年３月改正後は、

ＪＲ東海とＪＲ西日本との共同設計の７００系が増備されるようになったため、少数勢力の車両で終わった。

ところで、ＪＲ発足後も引き続き山陽新幹線で使用されてきた0系は、最終増備車も落成後法定耐用年数を過ぎ、２０００（平成12）年3月改正を機に〝ウエストひかり〟から引退。新大阪～博多間用としては、最高速度２８５キロの７００系8両編成の〝ひかりレールスター〟が運転を開始する。

ＪＲ西日本区間だけの車両のため塗装もオリジナルのものが使用され、普通車だけの編成にもかかわらず、座席指定車は2人掛けとされるほか、8号車の一部には4人用個室も設けられ、〝ウエストひかり〟のコンセプトが受け継がれた。この改正では「のぞみ」登場後、利用客の落ち込みが目立つ「ひかり」の食堂車が全廃され、〝グランドひかり〟運用から離脱した１００系は、山陽「こだま」用への転出または廃車への道をたどった。

２００３（平成15）年10月、東海道新幹線品川駅開業に伴うダイヤ改正が実施され、〝「のぞみ」の時代へ〟のコピー通り、東海道・山陽新幹線は「のぞみ」主体の高速ダイヤになり、東海道内での最高時速が２７０キロに引き上げられる。結果、0系と１００系は完全に山陽新幹線内の封じ込み運転になり、6両または4両の「こだま」専用車として薄グレー地に若草色の帯を入れた新塗装で最後の仕業に励む。一方、５００系「のぞみ」は東京始発で残るものの列車本数が少ないことと、不慮の車両交替時に各号車の定員が３００系や７００系と合わないことで、現場から次第に疎まれる存在になる。そして、Ｎ７００系登場後の２００８（平成20）年12月からは一部の編成を８両に短縮し、山陽「こだま」に転出する。これと同時に０系は引退し、山陽区間だけでも36年に近い車両人生にピリオドを打つ。そして、５００系も２０１０（平成22）年２月末には「のぞみ」運用から撤退し、以後は山陽「こだま」での運用に専念する。

九州新幹線から直通のN700系「さくら558号」。現在の山陽新幹線主力車両である。　2011.3.27　姫路駅

新線開業のセオリーとは逆に下り方から先に開通した九州新幹線は、２０１１（平成23）年３月に博多～鹿児島中央間が全通。新大阪からは速達タイプの「のぞみ」形として「みずほ」、主要駅停車タイプ「ひかり」形の「さくら」が運転を開始する。

両列車ともＪＲ西日本並びにＪＲ九州のＮ７００系

8両編成車が使用され、旅客需要見込みからグリーン車は6号車の半室だけとされるものの、座席指定普通車の4・5・7・8号車と6号車普通室部分は、山陽区間伝統となった2人掛け座席になる。「さくら」は山陽区間では改正前の〝ひかりレールスター〟の代替列車の性格を持つため、「ひかり」の列車本数が減少し、捻出された700系8両編成は「こだま」の運用に加わり、その分100系が廃車に追い込まれた。そして、翌2012（平成24）年3月改正で、「みずほ」と「さくら」、東京発「のぞみ」の増発が実施された結果、山陽区間完結の定期「ひかり」は2往復にまで後退。定期「のぞみ」は、すべてN700系での運転になる。この結果、100系と300系は引退する。

それから10年以上を経て現在にいたるが、山陽〜九州直通のN700系がすべて新車で登場し、山陽新幹線車両の新旧交代がスムーズに進行したことや、新幹線では数少ない20世紀生まれの車両である500系と700系は、500系の一部に廃車を出したものの、JR西日本が大切に扱ってくれているためか、当時の車両は大部分が健在である。カメラを構えていても、JR東海車を含めバラエティーに富んだ車両で組成される列車に出会うことができるのが、山陽新幹線の魅力といえよう。山陽新幹線特急車の運転記録を**表24**、同新大阪〜博多間最速列車の変遷を**表25**に示す。

表24　山陽新幹線・新大阪～博多間の特急用車両の運転記録（2023年6月1日現在）

形式	編成両数	運転開始年月日	運転終了年月日	実働年月	記事
0系	4・6・12・16両	1972. 3.15	2008.12. 1	35年9ヵ月	16両での運転は1998.10.3に終了
100系	4・6・16両	1985.10. 1	2012. 3.17	27年6ヵ月	
300系	16両	1993. 3.18	2012. 3.17	19年 0ヵ月	
500系	8・16両	1997. 3.22	(現役)	(26年 3ヵ月)	「こだま」用8両での運転は2008.12.1から
700系	16両	1999. 3.13	2020. 3.14	21年 0ヵ月	「のぞみ」からの離脱は2012.3.17
700系(RS)	8両	2000. 3.11	(現役)	(23年 3ヵ月)	
N700系	16両	2007. 7. 1	(現役)	(15年 11ヵ月)	
N700系(九州直通)	8両	2011. 3.12	(現役)	(12年 3ヵ月)	

新大阪～博多間での定期列車としての運転開始・同終了年月日を示す

表25　山陽新幹線・新大阪～博多間・最速到達時分の変遷

年月日	列車名	形式・両数	最高速度	到達時分	表定速度	記　事
			km/h	時間—分	km/h	
1975. 3.10	ひかり41号	0系16両	210	3-44	148.3	地盤軟弱区間あり
1980.10. 1	ひかり１号	0系16両	210	3-28	159.7	同上解除
1985. 3.14	ひかり１号	0系16両	210	3-16	169.5	余裕時分の見直し
1986.11. 1	ひかり１号	100系16両	220	2-59	185.6	X編成
1989. 3.11	ひかり11号	100系16両	230	2-49	196.7	V編成(230km/h運転許容)
1993..3.18	のぞみ27号	300系16両	270	2-31	220.0	
1997. 3.22	のぞみ503号	500系16両	300	2-17	242.5	現在も継続中

新大阪～博多間の距離は553.7km
最速列車が複数本数存在する場合は、新大阪を早い時刻に発つ列車名を掲載

コラム2

速くて便利なうえに特別料金不要の新快速

ＪＲ旅客6社では、どの会社も目玉商品となる看板列車を運転しているが、筆者がＪＲ西日本在来線で1列車だけ選ぶとなると、特急ではなく広義には普通列車の一員である「新快速」を迷わずに推す。

国鉄時代の１９７０（昭和45）年10月に京都〜西明石間で運転を開始して以来、半世紀以上を走り続ける伝統列車で、現在では東海道・山陽本線の米原〜姫路間を軸に、東は米原からそのまま北陸本線を直進するか、山科から湖西線経由で近江塩津を経て敦賀。西は山陽本線をそのまま進み上郡、相生で分岐して赤穂線播州赤穂にまで活躍範囲を広げている。

しかし、何といってもすごいのは京阪神三都駅を含む京都〜姫路間１３０・７キロでほぼ終日にわたって運転され、中でも9時台から20時台にかけて15分ヘッドのダイヤ設定が構築されていることである。しかも、新快速では同区間で１３０キロ運転が実施されているため、途中10駅に停車しながらも日中の列車は1時間33分で結ぶ。表定速度となると84・３キロに達し、全国の主要在来線でも特急として十分に通用する俊足だ。

車両も、通勤・通学時の混雑に対処できるよう客用扉は３ヵ所ながらも扉付近を除き、転換クロスシート装備の２２３系と２２５系を使用しているので、優等列車として走らせても遜色がない。さらに、列車は同区間ではすべて12両編成で、一部の列車に1両だけ連結されている「Aシート」と呼ばれる座席指定車以外は、特別料金が不要なので、大阪駅では日中時間帯でも通路に立つ旅客の姿が見られる。在来線で特急が1時間あたり4往復以上というのは過去に例があるが、新幹線網が全国に広がった現在では、高速列車が質・量ともに、これほどまでに充実した運転をしている区間は、京都〜姫路間を置いてほかにない。その意味で新快速は、高速列車の理想像ともいえる存在である。

関西が誇る快速電車と言えば「新快速」。国鉄時代は内側の電車線を縫うように走っていた。
1972.4.28　西ノ宮〜芦屋

今日では隆盛を極めている新快速だが、登場時は本数が少なく、車両も万国博輸送の助っ人として横須賀線からやってきた１１３系を使用するなど、評判は芳しくなかった。その新快速が本来の力を発揮できるようになったのは、草津〜西明石間の複々線区間の列車線を使用できるようになった国鉄末期の１９８６（昭和61）年11月改正からである。つまり、新快速はＪＲ化があったからこそ成功した列車といえよう。

第3章

日本海縦貫線をゆく名列車たち

概説

「日本海縦貫線」といった路線名はもちろん通称だが、本州西側の日本海岸に沿って走る北陸・信越・羽越・奥羽各本線の米原〜青森間を総称して指す場合と、列車の流れから東海道本線大阪〜米原間と湖西線、それに信越本線・白新線の新津〜新潟〜新発田間を加える場合もある。しかし、北陸新幹線が開業し、大阪から北上する優等列車の運転が実質的に金沢で打ち切られた現在では、日本海縦貫線はJR貨物の物流ルートとして辛うじて機能を維持しているに過ぎない。

その縦貫線の起点部分にあたる長浜〜金ヶ崎（後の敦賀港、現廃止）は、日本では4番目の官設鉄道線として1884（明治17）年4月16日に開業する。途中滋賀・福井県境には25‰勾配が連続し、当時としては日本最長（1352m）の柳ヶ瀬トンネルを掘削するほどの難工事だった。長浜では東海道線が東側の関ヶ原まで通じていたが、京阪神からの鉄道は未開業だった。そこで、大津（後の浜大津港、京阪の駅が現存）〜長浜間は汽船連絡となる。金ヶ崎でも日本海の水運があるので、京阪神と日本海側を結ぶ人流や物流を改善するうえで、鉄道開業の意義は大きかった。

金ヶ崎開業以後の北陸本線は、１８９６（明治29）年７月に福井、１８９８（明治31）年４月に金沢、１８９９（明治32）年３月に富山の各県都開業を経て、１９１３（大正２）年４月に米原～直江津間の全通を迎える。敦賀～福井間と富山～直江津間の開業ペースが遅いのは、前者には敦賀～今庄間の木ノ芽峠、後者には北アルプスの北端が日本海に迫り線路敷設が困難な親不知・子不知と、地層が複雑に入り込み、地滑りを繰り返す糸魚川～直江津間といった難所が存在するのが理由だった。そのため、北陸本線全通時点で直江津以北では、信越本線直江津～新潟間と村上線（現羽越本線）新津～新発田間、それに奥羽本線秋田～青森間が開通していた。そして、１９２４（大正13）年７月31日の羽越線新津～秋田間全通により、大阪（米原）～青森間の日本海縦貫線が形成された。

北陸地方待望の急行（有料）は、その少し前の１９２２（大正11）年３月に神戸～富山間で運転が開始される。この日のダイヤ改正は、それまで東海道・山陽・東北・九州・北海道の重要幹線だけで設定されていた急行を、地方主要幹線にも運転するといった画期的なもので、信越・奥羽本線とともに北陸本線もそのうちの一つとして選ばれたわけである。

この北陸本線急行は日本海縦貫線全通に伴い、運転区間が神戸～青森間に延長されるが、富山以北が普通で、青函連絡船との接続が良好でなかったため、１９２６（大正15）年８

月にはこれに代わり、全区間を急行とする列車が新設される。しかし、１０００㎞以上に及ぶ運転区間では、何れかの区間が夜行運転にならざるを得ず、沿線都市間での利害関係や北海道連絡との絡みもあって、１９３４（昭和9）年12月改正で東海道・北陸本線内が昼行運転に落ち着くまで、幾度か運転時間帯が変更されるなど、時刻設定は大変だったようだ。

この日本海縦貫急行とは別に、当時上野～金沢間（信越本線経由）で運転されていた夜行急行が１９３９（昭和14）年11月改正で大阪にまで延長され、大阪から富山までは2往復とも昼行運転のパターンになる。しかし、以後は戦争の激化もあって両列車とも１９４４（昭和19）年4月までに廃止されてしまった。

戦後、この両急行はまず１９４７（昭和22）年6月29日に上野～金沢間夜行が上越線経由で運転を開始、一週間後の7月5日には日本海縦貫列車が復活する。そして、１９５０（昭和25）年10月改正で、上野～金沢間夜行は富山以西が昼行ダイヤで大阪に復帰。大阪から北陸方面へは急行2往復運転に戻るとともに、列車配列調整で日本海縦貫列車は大阪～金沢間が夜行運転に戻される。そして、同年11月には上野行きは「北陸」、日本海縦貫の青森行きは「日本海」と命名され、運転区間の変更があるものの、以後60年近くにわたり北陸本線で活躍を続ける。

１９５６（昭和31）年11月改正で、「北陸」は昼行区間と夜行区間とで運転系統を分割し、大阪〜富山間昼行急行が「立山」を襲名、「北陸」は上野〜福井間夜行となって関西地区から姿を消す。この間、１９５５（昭和30）年7月から大阪〜金沢間準急「ゆのくに」が定期列車に格上げされたことで、大阪から北陸方面への優等列車は3往復体制になる。

また、ここまで北陸本線というより日本海縦貫線はほぼ全線が未電化だったが、１９５７（昭和32）年10月に田村〜敦賀間に幹線路線としては初の交流電化方式が導入され、赤い交流電機色のＥＤ70が柳ヶ瀬経由の旧線に代わる木ノ本〜敦賀間の新線区間に入り、鉄道近代化の息吹を伝えた。そして、１９６１（昭和36）年10月改正では日本海縦貫線初の特急として「白鳥」が登場し、沿線にキハ80系の艶姿を披露する。大阪〜直江津間では信越本線経由上野行きの編成を併結したことで、同区間では1等車と食堂車を各2両連結した12両編成になる。上野行きは北陸本線内では増結車両的な性格を持っていた。この改正で「日本海」の時刻が変更されたことにより、改正前の「日本海」のスジを走る列車として、夜行準急「つるぎ」が大阪〜高岡（〜富山）間に設定される。高岡〜富山間が普通とされたのは、同区間が通勤・帰宅時間帯に被るためで、線路容量が逼迫している単線区間の窮状を象徴していた。

北陸本線敦賀～今庄間は途中14㎞にわたり25‰勾配が続き、その間11ヵ所のトンネルが存在し、重い貨物列車は前後に蒸気またはディーゼル機関車を連結し、3・4両がかりで喘ぎ登る難所だったが、当時日本最長の北陸トンネル（13870m）を掘削することで重武装運転を解消。電化も福井まで延び、1962（昭和37）年6月からは、複線のトンネル内をEF70が駆け抜けた。この日の改正で大阪～金沢間に気動車急行「越前」が新設され、〝平坦路線〟と化した同区間を4時間25分で結んだ。

翌1963（昭和38）年4月に北陸本線電化は金沢に達し、いよいよ電車急行の出番となる。田村を境に電化方式が異なるため、車両は交直流で60Hz対応の471系が使用され、準急から格上げの「ゆのくに」を含む電車急行4往復が運転を開

北陸本線電車急行全盛時代を支えた急行「越前」は、大阪～金沢間を結んだ。1965.9.12　山崎～高槻　写真：篠原丞

始し、北陸本線にも新時代が訪れた感じだった。そして、１９６４（昭和39）年10月には東海道新幹線開業と同時に北陸本線富山電化が完成。大阪～富山間に電車急行「越山」が登場。大阪～金沢間には「越前」が電車急行で復活する。同日の改正で新設されるはずだった大阪～富山間電車特急「雷鳥」は、初の交直流特急型電車４８１系の落成との関係で年末の12月25日からのデビューとなる。スタイル的には１５１系と瓜二つのため、沿線からは「北陸にも『こだま型』がやってきた」と喜ばれた。

北陸本線の電化が糸魚川に達した１９６５（昭和40）年10月改正は、日本海縦貫線にとっては前年の仕上げの改正といえ、特急「白鳥」の運転区間を大阪～青森間に一本化するとともに、新津～新発田間は信越・白新線経由に変更して新潟にも立ち寄る。これに伴い分離の運命となった信越編成は、上野～金沢間特急「はくたか」として再出発を果たす。また、大阪～富山間急行「立山」の電車化と同時に、電車急行の列車名変更も実施された。

北陸本線ではその後１９６８（昭和43）年10月改正で、日本海縦貫寝台特急「日本海」の新設と、従前の急行「日本海」の「きたぐに」への改称のほか、急行列車名の統合が実施される。そして、１９６９（昭和44）年10月には糸魚川～直江津間直流電化で、北陸本線全線複線電化が完成し、新潟への電気運転も可能になる。１９７２（昭和47）年10月には、気動車特急「白鳥」登場時ですら考えられなかったような日本海縦貫線全線電化で、近代化が完成。その2年半後の1975（昭和50）年3月改正では、山科～近江塩津間を短絡する湖西線の全面開通で、大阪から北上する優等列車は一部を除き同区間が湖西線経由に変更され、基本的にJR化を経て2015（平成27）年3月の北陸新幹線金沢開業まで続く、日本海縦貫線の運転形態が出来上がる。

1968（昭和43）年10月改正以後は電車特急主体の運転となることもあり、以後の詳細については154頁以降で記述する。なお、大阪駅を発車する日本海縦貫線行き列車は本数との関係で、1956（昭和31）年11月から1968（昭和43）年10月までを**表26**の一覧に示す。

大阪～青森間の日本海縦貫線を忠実にたどった急行「日本海」の後身列車「きたぐに」。1970.7.22　陣場～津軽湯の沢

表26　大阪駅発北陸方面行き優等列車一覧

年月日	時	分	種別	列車番号	列車名	行き先	動力	形式・編成両数	連結車種等	備考
1956 11.19	10	30	準急	505	ゆのくに	金沢	客車	一般形8両		
	12	05	急行	503	立山	富山	客車	一般形10両		
	23	00	急行	501	日本海	青森	客車	一般形13両	Cロネ・ハネ・シ	
1961 10.1	8	05	特急	2001D	白鳥	青森・上野	気動車	キハ80系12両	シ	
	10	00	準急	505	ゆのくに	金沢	客車	一般形12両		
	11	10	準急	507	加賀	金沢	客車	一般形9両		全車座席指定・土日運転
	12	35	急行	503	立山	富山	客車	一般形13両		
	19	10	急行	501	日本海	青森	客車	一般形13両	Bロネ・ハネ・シ	
	23	15	準急	509	つるぎ	富山	客車	一般形11両	Cロネ・ハネ	高岡から普通
1963 4.20	8	15	特急	2001D	白鳥	青森・上野	気動車	キハ80系13両	シ	
	9	33	急行	501M	第1ゆのくに	金沢	電車	471系10両	ビ	全車座席指定
	11	05	急行	501D	きたぐに・奥能登	新潟・和倉	気動車	キハ58系12両		
	12	35	急行	503	立山	富山	客車	一般形12両		
	14	05	急行	503M	第2ゆのくに	金沢	電車	471系10両	ビ	全車座席指定
	16	40	急行	505M	第1加賀	金沢	電車	471系10両	ビ	
	19	10	急行	501	日本海	青森	客車	一般形13両	Bロネ・ハネ・シ	
	22	40	急行	507M	第2加賀	金沢	電車	471系10両	ビ	
	23	15	急行	509	つるぎ	富山	客車	一般形11両	Bロネ・ハネ・指定ハ	金沢から普通
1964 12.25	8	15	特急	2001D	白鳥	青森・上野	気動車	キハ80系14両	シ	
	9	00	急行	501M	越山	富山	電車	471系12両	ビ	全車座席指定
	11	05	急行	501D	きたぐに・奥能登	新潟・和倉	気動車	キハ58系12両		
	12	30	特急	2001M	雷鳥	富山	電車	481系11両	シ	
		35	急行	503	立山	富山	客車	一般形12両		
	14	05	急行	503M	ゆのくに	金沢	電車	471系12両	ビ	全車座席指定
	16	40	急行	505M	越前	金沢	電車	471系12両	ビ・指定ハ	
	19	10	急行	501	日本海	青森	客車	一般形13両	Bロネ・ハネ・シ	
	22	40	急行	507M	加賀	金沢	電車	471系12両	指定ハ	
	23	15	急行	509	つるぎ	富山	客車	一般形11両	寝 Bロネ・ハネ	金沢から普通
1965 10.1	8	00	特急	2001D	白鳥	青森	気動車	キハ80系14両	シ	
	9	00	急行	501M	第1立山	富山	電車	471系12両	ビ・指定ハ	
	11	00	急行	501D	きたぐに・奥能登	新潟・和倉	気動車	キハ58系12両		
	12	40	特急	2001M	雷鳥	富山	電車	481系11両	シ	
	13	30	急行	503M	第2立山	富山	電車	471系12両	ビ・指定ハ	
	15	00	急行	1503M	第1加賀	金沢	電車	471系12両	ビ・指定ハ	
	17	00	急行	1505M	第2加賀	金沢	電車	471系12両	ビ・指定ハ	
	20	40	急行	501	日本海	青森	客車	一般形13両	Bロネ・ハネ・シ	
	22	45	急行	505M	つるぎ	富山	電車	471系12両	指定ハ	
	23	20	急行	503	金星	富山	客車	一般形10両	寝 Bロネ・ハネ	
1968 10.1	7	30	急行	501M	立山1号	富山	電車	475系12両	ビ・指定ハ	
	8	30	特急	2001D	白鳥	青森	気動車	キハ80系14両	シ	
	9	45	特急	2001M	雷鳥1号	富山	電車	481系11両	シ	
		50	急行	1501M	ゆのくに1号	金沢	電車	475系12両	ビ・指定ハ	季節列車
	11	00	急行	501D	越後・ゆのくに2号	新潟・和倉	気動車	キハ58系12両	指定ハ	
	12	30	特急	2003M	雷鳥2号	富山	電車	481系11両	シ	
	13	30	急行	503M	立山2号	富山	電車	475系12両	ビ・指定ハ	
	14	00	急行	6503M	ゆのくに3号	金沢	電車	475系12両	ビ・指定ハ	季節列車
	15	30	急行	505M	立山3号	富山	電車	475系12両	ビ・指定ハ	
	16	50	急行	1505M	ゆのくに4号	金沢	電車	475系12両	ビ・指定ハ	
	18	00	特急	2005M	雷鳥3号	富山	電車	481系11両	シ ロ・ハの一部自由席	
	19	30	特急	2001	日本海	青森	客車	20系9両	寝 Bロネ・ハネ・シ	
	20	45	急行	501	きたぐに	青森	客車	一般形14両	Bロネ・ハネ・シ	
	23	05	急行	507M	立山4号	富山	電車	475系12両	指定ハ	
		30	急行	503	つるぎ	富山	客車	一般形**12**両	寝 Bロネ・ハネ	

大阪駅から米原を経て日本海縦貫線に直通する定期列車と不定期列車を記載
連結車種欄；シ＝食堂車　寝＝寝台専用列車(2等も全車座席指定の場合は組成内容から寝台列車と見做す)　Bロネ＝1(2)等寝台B室　Cロネ＝1(2)等寝台C室　ハネ＝2(3)等寝台　指定ハ＝座席指定2等車　カッコ内は1960年6月までの等級を示す
客車形式のうち一般形とは、どの車両と連結しても運転が可能な10・43系客車などを示す
編成両数は大阪駅発車時点のものを示す。
連結車種等欄に特記事項なしは、1・2等座席車だけで組成される列車を示す

関西～北海道連絡は「白鳥」と「日本海」の二枚看板

日本海縦貫線の南半分を占める北陸本線は、戦前から北海道連絡の重要な使命を有しているが、大阪～青森間だけでも１０００㎞以上の距離があり、１９５６（昭和31）年11月改正時点では、全線が単線未電化といっても過言でないほどの貧弱な鉄道だった。それに加え、スピード運転を阻止する難所区間も多く存在するので、同区間唯一の急行「日本海」とて22時間50分を要し、大阪から札幌までは車中と連絡船内での２晩がかりの旅だった。それでも「日本海」は北陸以北の本州各県都での時間帯が良好なため、ほぼ全区間を通じ乗車率の高い列車だった。

そうした中、１９６１（昭和36）年10月改正で特急「白鳥」が登場する。当時小学6年生だった筆者は、自宅最寄りの片町線駅に掲示された「白鳥」のポスターを見たが、すぐに目に映ったのはキハ80系の麗姿ではなく、「大阪～青森間7時間半」のコピーだった。大阪～青森間が東京より2倍ほど距離が長いことは知っていたので、「いくら何でも『こだま』と変わらない7時間半運転はないやろう」と思い、もう一度駅に行くと、赤で書かれた「7時間半」のすぐ下に黒で小さく「短縮」の文字が添えられていた。急行「日本海」

のスピードが遅いこともあるが、同一区間で7時間半のスピードアップは快挙であるばかりか、大阪を朝に発てば青森で連絡船深夜便に接続し、翌日の午前中に札幌に到着するダイヤ設定も画期的だった。当時は大阪～札幌間を直通する航空機の便がなく、関西～北海道間の旅も列車と連絡船に頼っていた時代だった。

関西発日本海縦貫線の初の特急列車だった80系気動車時代の「白鳥」。1970.6.29　大阪駅

特急「白鳥」が「日本海」に取って代わり、日本海縦貫のエース列車の座につくまで時間はかからなかった。だが、６・７両の青森行き「白鳥」には関西からは渡道客のほか、北東北への旅客、それに新津乗換えでの新潟県都への客なども利用するので、北海道行きの切符は秋田～青森間の乗車率とは関係なしに入手難を極めていた。特急は着席サービスのため全車座席指定で、台帳記入方式により発券していた時代ならではの話だった。そこで、１９６５（昭和40）年10月改正で「白鳥」は上野編成と分離し、大阪～青森間運転に一本化される。大阪発車時は改正前と同じ14両で、うち４

両が新たな立ち寄り先となった新潟で切り離されるものの、以北も10両となり輸送力は大幅に増強された。

この頃になると、〝ブルートレイン〟と呼ばれるようになった寝台客車特急も、上野〜青森間に登場する。そうなれば距離の長い大阪〜青森間にも、設定の話が持ち上がるのは当

首都圏を通らないブルートレインとして関西発名列車の矜持をも感じさせた特急「日本海」。1970.6.29 大阪駅

然の成り行きだった。そして、1968(昭和43)年10月改正で特急「日本海」が運転を開始する。列車名からは急行の格上げとみる向きもあるようだが、**表27**に示すように北海道連絡のほか、関西〜北東北の利用客の便宜を図った時刻からしても、れっきとした新設列車で、改正前の日本海縦貫急行は「きたぐに」に愛称を変更して存続した。

特急「日本海」は、翌日夜に札幌に着くという今までにないダイヤパターンで、利用客数が読めないため、ブルトレの起点駅としては例のない20系9両の〝短編成〟でスタートするが、思いのほか好調なのと大阪府

表27

関西～日本海縦貫線～北海道連絡・優等列車時刻（下り）の変遷（1）

	改正年月日	1956.11	1961.10.1		1965.10.1		1968.10.1			1972.10.2		
日本海縦貫線	列車番号	501	2001D	501	2001D	501	2001D	2001	501	4001M	4001	501
	種別	急行	特急	急行	特急	急行	特急	特急	急行	特急	特急	急行
	列車名	日本海	白鳥	日本海	白鳥	日本海	白鳥	日本海	きたぐに	白鳥	日本海	きたぐに
	車両形式	一般形	キハ80系	一般形	キハ80系	一般形	キハ80系	20系	一般形	485系	20系	一般形
	連結車種	Cロネ・ハネ・シ	シ	Bロネ・ハネ・シ	シ	Bロネ・ハネ・シ	シ	Bロネ・ハネ・シ	Bロネ・ハネ・シ	シ	ロネ・ハネ・シ	ロネ・ハネ・シ
	大阪　発	23 00	8 05	19 10	8 00	20 40	8 30	19 30	20 45	10 10	19 50	22 10
	京都　〃	23 50	8 38	19 50	8 33	21 19	9 04	20 05	21 28	10 41	20 28	22 56
	金沢　〃	6 08	12 19	1 10	11 56	2 18	12 11	23 30	2 14	13 32	0 10	3 17
	富山　〃	7 34	13 14	2 28	12 45	3 24	13 00	0 24	3 24	14 19	1 06	4 20
	新潟　〃	//	//	8 20	16 45	9 07	16 49	//	9 07	17 33	//	8 56
	秋田　〃	17 55	21 02	13 40	20 49	14 48	20 54	8 46	14 39	21 23	8 53	13 58
	青森　着	21 50	23 50	17 29	23 35	18 47	23 40	11 50	18 32	23 50	11 45	17 09
青函	青森　発	0 40	0 10	18 20	0 10	19 10	0 05	12 15	19 10	0 10	12 05	19 50
	函館　着	5 10	4 35	22 50	4 40	23 00	3 55	16 05	23 00	4 00	15 55	23 40
北海道内	函館　発	6 00	4 55	23 10	4 10	23 20	4 40	16 25	23 46	4 45	16 15	23 59
	札幌　〃	11 44	9 25	6 50	8 40	6 21	8 55	20 46	6 10	8 55	20 38	6 13
	終着	網走 *22 13*	旭川 11 25	旭川 9 58	旭川 10 45		釧路 14 51			釧路 14 55		
	列車番号	1	1D	109	1D	1217	1D	21D	1217	1D	21D	1217
	種別	急行	特急	準急	特急	準急	特急	特急	急行	特急	特急	急行
	列車名	大雪	おおぞら	たるまえ	おおぞら	たるまえ	おおぞら	北斗2号	すずらん6号	おおぞら1号	北斗2号	すずらん6号
	車種	一般形	キハ80系	一般形	キハ80系	一般形	キハ80系	キハ80系	一般形	キハ80系	キハ80系	一般形
	記事	旭川から普通			釧路着 1455							

大阪～青森間を結ぶ定期の北海道連絡優等列車を掲載。*斜数字*は普通列車での時刻
連結車種欄（1956）Cロネ＝2等寝台C室、ハネ＝3等寝台、シ＝食堂
（1960～68）Bロネ＝1等寝台B室、ハネ＝2等寝台、シ＝食堂
（1972）ロネ＝A寝台、ハネ＝B寝台、シ＝食堂

関西～日本海縦貫線～北海道連絡・優等列車時刻（下り）の変遷（2）

	改正年月日	1978.10.1				1985.3.14			1988.3	1990.3.10		2012.3
日本海縦貫線	列車番号	4001M	4001	4003	501	4001M	4001	4003	4001	8001	4001	8001
	種別	特急	特急	特急	急行	特急	特急	特急	特急	特急	特急	特急
	列車名	白鳥	日本海1号	日本海3号	きたぐに	白鳥	日本海1号	日本海3号	日本海1号	トワイライトEXP	日本海1号	トワイライトEXP
	車両形式	485系	25形	24系	一般形+12系	485系	25形	25形	25形	25形	25形	25形
	連結車種	シ	ハネ	ロネ・ハネ	ロネ・ハネ		ハネ	ハネ	ハネ	ロネ・ハネ・シ	ハネ	ロネ・ハネ・シ
	大阪　発	10 18	17 15	20 15	22 10	10 30	17 20	20 20	17 35	12 00	17 35	11 50
	京都　〃	10 52	17 55	20 57	22 56	11 03	17 56	20 57	18 11	12 34	18 12	12 25
	金沢　〃	13 32	20 50	0 01	3 20	13 34	20 55	0 04	21 06	15 37	21 11	15 40
	富山　〃	14 18	21 45	0 59	4 30	14 20	21 49	0 59	21 58	16 25	21 59	16 31
	新潟　〃	17 30	//	//	9 08	17 27	//	//	//	//	//	//
	秋田　〃	21 19	5 38	8 51	13 56	21 17	5 39	8 50	5 36	↓	5 36	↓
	青森　着	23 50	8 41	11 45	17 10	23 51	8 40	11 47	8 33	↓	8 33	↓
青函	青森　発	0 10	9 50	12 05	19 25	0 30		12 15	**8 50**	**↓**	**8 46**	**↓**
	函館　着	4 00	13 40	15 55	23 15	4 25		16 05	**11 08**	**//**	**11 16**	**//**
北海道内	函館　発	4 45	14 25	16 15	23 40	4 45		16 30		//		//
	札幌　〃	8 54	18 40	20 30	6 08	8 55		20 47		9 03		9 52
	終着	釧路 15 02										
	列車番号	1D	17D	21D	1217	1D		6007D	（直通）	（直通）	（直通）	（直通）
	種別	特急	特急	特急	急行	特急		特急				
	列車名	おおぞら1号	北斗3号	北斗5号	すずらん5号	北斗1号		北斗7号				
	車種	キハ80系	キハ80系	キハ80系	一般形	キハ183系		キハ80系				
	記事						通常期は北海道連絡なし	季節列車	津軽海峡線開業	月・水・金・土曜運転		月・水・金・土曜運転

大阪～青森間を結ぶ北海道連絡優等列車を掲載。**太字**は津軽海峡線での時刻
連結車種欄　ロネ＝A寝台、ハネ＝B寝台、シ＝食堂

千里丘陵での日本万国博需要も見込み、翌１９６９（昭和44）年10月からは13両編成になる。その万国博開催直前の１９７０（昭和45）年3月1日から大阪～新潟間に電車特急「北越」が登場し、特急「白鳥」は大阪～青森の全区間が13両運転となり、気動車時代での全盛を迎えた。勇壮なネームとは裏腹に単線また単線の未電化鉄道だった日本海縦貫線も、

長大編成が似合う485系時代の特急「白鳥」。孤高の列車名、首都圏を通らない貫禄など、関西発名列車の風格を持っていた。1975.4.5　青海川～鯨波

大阪～新潟間の電化が完成し、終点側の秋田～青森間も１９７１（昭和46）年秋の完成を目標に電化工事がたけなわだった。複線化も北陸本線は全区間で完成。信越・羽越・奥羽の各線は部分複線化されていた。

そして１９７２（昭和47）年10月、羽越本線と白新線の工事竣工で日本海縦貫線の全線電化が完成する。大阪～米原～田村間と新潟県内の糸魚川～村上間が直流、田村～糸魚川間が交流60Hz、村上～青森間が交流50Hzという複雑な電化方式だが、３方式対応で最高時速１２０キロの４８５系に置き換えられた「白鳥」にとっては、能力を最大限に発揮できる区間であり、大

阪〜青森間を13時間台、青函連絡船乗り継ぎでの大阪〜札幌間を初めて24時間以内で結んだ。編成もグリーン車2両に食堂車付きの気動車時代を踏襲し、485系では最長の13両とされた。

東海道本線と北陸本線を短絡する湖西線山科〜近江塩津間は1974（昭和49）年7月に開業。当初のローカル営業を経て1975（昭和50）年3月から全面営業を開始し、関西〜北陸間列車は急行「きたぐに」と「ゆのくに」が米原経由で残る以外は、湖西線経由とされる。この改正で「日本海」は季節列車1往復の増設を見越して「日本海2—1号」に改称され、車両はベッド幅の広い14系に置き換えられる。だが、車両基地が九州の早岐客貨車区となり「あかつき」などと共通運用された結果、長距離ブルトレに欠かせない食堂車が外されてしまったのは残念だった。

九州持ちの車両が青森まで走る「日本海2—1号」の広域運用は、レイルファンの間でも話題を撒くが、冬場には日本海縦貫線を1往復した車両が屋根や台車周りに〃土産〃の雪を積んだまま、大阪からは「あかつき」となって九州に戻る日もあるため、早岐区では慣れない雪下ろしの作業もしなければならず、保守が大変だった。そのため、「日本海3—2号」になった1978（昭和53）年10月からは、青森客貨車区の24系に置き換えられた。

同改正で定期格上げされた「日本海１―４号」は、大阪～新潟間特急に成長していた「つるぎ」同様、宮原客車区の二段寝台24系25形使用のため、Ｂ寝台だけでの編成だった。

この間、１９７６（昭和51）年11月に実施された国鉄運賃・料金の大幅値上げで、「白鳥」と「きたぐに」を含む日本海縦貫列車は、渡道客の多くが航空機利用に移行するが、「日本海」２往復は本州内輸送が中心となっても、沿線の空港整備が遅れているほか両列車がお互いを補完して、ほぼ全区間で夜行利用に便利なダイヤであるため、実績は比較的好調だった。だが、その一方で長距離客の減少が目立つ「きたぐに」は、１９８２（昭和57）年11月改正で運転区間を夜行の大阪～新潟間に変更。「白鳥」も１９８５（昭和60）年３月改正で食堂車が外され、長旅は味気ないものになる。

国鉄末期の時代には、特急といえど不要不急の列車は廃止や区間短縮を迫られるが、ＪＲ化に際し、大阪～青森間の３往復は「白鳥」がＪＲ東日本の４８５系９両、「日本海１―４号」はＪＲ西日本、「日本海３―２号」はＪＲ東日本のそれぞれ24系25形11両の編成で存続する。青函トンネルを含む津軽海峡線開通の１９８８（昭和63）年３月改正では、このうち「日本海１―４号」の編成の一部が函館に進出。その一方、青森行きのままで残る「日本海３―２号」は24系の編成になりＡ寝台が復活するが、居住性では二段Ｂ寝台と大差のない開放式構造のため、魅力には乏しかった。

当時はＪＲ各社に対する国民の期待や、〃バブル景気〃の追い風もあって、上野～札幌間ではＡ・Ｂの個室寝台や予約制のフルコースディナーを味わえる寝台特急「北斗星」が人気を博していたため、ＪＲ西日本も「北斗星」を一ランクグレードアップした「トワイライトエクスプレス」を、１９８９（平成元）年12月から大阪～札幌間で一般営業運転を開始する。大阪発12時の時刻が示すように観光輸送に特化したダイヤと、列車の最後尾を飾るＡ寝台２人用個室の「スイート」も、庶民にとっては背伸びすれば利用できる金額であるため、予約が困難なほどの盛況を呈した。昼行特急の「白鳥」には、ＪＲ東日本のグレードアップ編成が入るほか、「日本海１―４号」には電車化された「瀬戸」の発生品とはいえＡ寝台１人用個室が連結された。

こうして賑わいが戻ってきたような日本海縦貫特急も、景気の低迷や車両の老朽化が進むと、「トワイライトエクスプレス」を除く列車は利用客の落ち込みが目立つようになり、「白鳥」は２００１（平成13）年３月に廃止。「日本海」は２００６（平成18）年３月に１―４号」の函館直通を取り止め、大阪～青森間２往復の運転に戻るが、それも２年後には１往復に統合され、旧３―２号用のＪＲ東日本24系が残る。そして、１往復となった「日本海」も２０１２（平成24）年３月改正で姿を消す。

　これにより日本海縦貫線を走り抜く唯一の列車となった「トワイライトエクスプレス」は、相変わらずの好調な運転を続ける。だが、２０１６（平成28）年春に予定される北海道新幹線新函館北斗開業時には、新在共用となる青函トンネルを現状の車両で通行するには諸々の

表28　日本海縦貫優等列車編成の変遷（代表例）

1956.11.19 急行「日本海」
← 502レ　大阪行き　　501レ　青森行き→

		①	②	③	④	⑤	⑥	⑦	⑧	⑨	⑩	⑪
		2寝C・2等	3寝	特2等	2等	3等・食	3等	3等	3等	3等	3等	3等
マニ	スユ	マロネロ	ナハネ	スロ	オロ	スハシ	オハ	オハ	オハ	オハ	スハフ	スハフ
		38	10	50	35	38	46	46	46	46	42	42

大阪～富山
大阪～秋田

1961.10.1　特急「白鳥」
← 2002D ・ 2003D～2002D大阪行き　　2001D青森行き・2001D～2004D上野行き→

①	②	③	④	⑤	⑥	⑦	⑧	⑨	⑩	⑪	⑫
2等	1等	食堂	2等	2等	2等	2等	2等	2等	食堂	1等	2等
キハ	キロ	キシ	キハ	キハ	キハ	キハ	キハ	キハ	キシ	キロ	キハ
82	80	80	80	80	82	82	80	80	80	80	82

大阪～上野　　大阪～青森

1965.10.1　特急「白鳥」
← 2002D　大阪行き　　2001D　青森行き→

①	②	③	④	⑤	⑥	⑦	⑧	⑨	⑩	⑪	⑫	⑬	⑭
2等	2等	2等	2等	2等	2等	2等	2等	2等	2等	食堂	1等	1等	2等
キハ	キハ	キハ	キハ	キハ	キハ	キハ	キハ	キハ	キハ	キシ	キロ	キロ	キハ
82	80	80	80	82	80	80	80	82	80	80	80	80	82

大阪～新潟

1968.10.1　特急「日本海」
← 2002レ　大阪行き　　2001レ　青森行き→

	①	②	③	④	⑤	⑥	⑦	⑧
荷物	1寝B	2寝	2寝	食堂	2寝	2寝	2寝	2寝
マニ	ナロネ	ナハネ	ナハネ	ナシ	ナハネ	ナハネ	ナハネ	ナハネフ
20	21	20	20	20	20	20	20	20

1968.10.1　急行「きたぐに」
← 502レ　大阪行き　　501レ　青森行き→

	①	②	③	④	⑤	⑥	⑦	⑧	⑨	⑩	⑪	⑫	⑬
郵便	指自1等	2等	2等	食堂	2等	2等	2等	2等	2寝	2寝	2寝	1寝B	2寝
オユ	スロ	スハ	ナハ	オシ	ナハ	オハ	ナハフ	スハフ	スハネ	スハネ	スハネ	オロネ	オハネフ
10	62	43	10	17	10	46	11	42	16	16	16	10	12

大阪～新潟
大阪～秋田

1972.10.2　特急「白鳥」
← 4002M　大阪行き　　4001M　青森行き→

①	②	③	④	⑤	⑥	⑦	⑧	⑨	⑩	⑪	⑫	⑬
指	指	指	指	指	食堂	指	指	指	指	G	G	指
クハ	モハ	モハ	モハ	モハ	サシ	モハ	モハ	モハ	モハ	サロ	サロ	クハ
481	485	484	485	484	481	485	484	485	484	481	481	481

1991.3.16　特急「トワイライトエクスプレス」
← 8002レ　大阪行き　　8001レ　札幌行き→

①	②	③	④	⑤	⑥	⑦	⑧	⑨	
A・DX個	A・DX個	食堂	サロン	B個寝	B個寝	B個寝	B寝	B寝	電源
スロネフ	スロネ	スシ	オハ	オハネ	オハネ	オハネ	オハネ	オハネフ	カニ
25	25	24	25	25	25	25	25	25	24

1999.3.13　特急「日本海1—4号」
←4004レ　大阪行き　　4001レ　函館行き→

	①	②	③	④	⑤	⑥	⑦	⑧	⑨	⑩	⑪	⑫
荷物	A個寝	B寝	B寝	B寝	B寝	B寝	B寝	B寝	B寝	B寝	B寝	B寝
カニ	オロネ	オハネ	オハネ	オハネフ	オハネ	オハネ	オハネ	オハネフ	オハネ	オハネ	オハネ	オハネフ
24	25	25	25	25	25	25	25	25	25	25	25	25

大阪～函館　　大阪～青森

2寝C・2等＝2等寝台C室・2等座席合造車、3等・食＝3等座席・食堂合造車、A・DX個＝A寝台デラックス個室(スイート、ロイヤル)、サロン＝サロンカー(フリースペース)

問題が発生するため、それを前にした2015（平成27）年3月改正で廃止される。最後に日本海縦貫優等列車の編成を**表28**にピックアップすることで、本稿のまとめとする。

準急「ゆのくに」と急行「立山」の明暗

戦後の1950年代半ばにおける大阪〜北陸間の優等列車は、戦前からの流れを汲む「日本海」「北陸」の両長距離急行と、1952（昭和27）年10月に登場した大阪〜金沢間の週末準急が前身で、1955（昭和30）年7月に晴れて定期格上げされた「ゆのくに」の3往復だけだった。このうち大阪〜金沢間で人気が高かったのは後発の「ゆのくに」である。**表29**の1955（昭和30）年5月ダイヤが示すように、関西からは福井〜金沢間に位置する芦原温泉や加賀温泉郷へのアクセスに便利なほか、大阪〜金沢間では急行「北陸」より到達時分が短く、料金が安いのだから、当然すぎるほどだった。

1956（昭和31）年11月改正で、急行「北陸」が昼行区間と夜行区間とで列車が分離され、昼行は大阪〜富山間急行「立山」として再出発する。大阪〜金沢間では「急行」の〝顔〟を立てるためか、所要は「ゆのくに」より8分ながら速くなったが、「北陸」時代には直通できた糸魚川・直江津に日着ができなくなったばかりか、**表30**のように3等車は準急「ゆのくに」と同じ形式の車両なのに、大阪～金沢間の料金は2倍（準急100円、急行200円）も違うので、「立山」は何かにつけ評判が悪かった。特急「白鳥」が運転を開始した1961（昭和36）年10月改正では、急行「日本海」の

表29　関西～北陸間昼行準急・急行列車時刻（下り）の変遷

改正年月日	1955.5.1		1956.11.19		1961.10.1		1962.6.10			1963.4.20				
列車番号	3505	602	505	503	505	503	505	503	501D	501M	501D	503	503M	505M
種別	準急	急行	準急	急行	準急	急行	準急	急行	急行	急行	急行	急行	急行	急行
列車名	ゆのくに	北陸	ゆのくに	立山	ゆのくに	立山	ゆのくに	立山	越前	第1ゆのくに	きたぐに	立山	第2ゆのくに	第1加賀
車両形式	一般形	一般形	一般形	一般形	一般形	一般形	一般形	一般形	キハ58系	471系	キハ58系	一般形	471系	471系
大阪発	12 02	13 30	10 30	12 05	10 00	12 35	10 00	12 35	16 40	9 33	11 05	12 35	14 05	16 40
京都〃	12 **41**	14 17	11 14	12 44	10 43	13 11	10 43	13 13	17 17	10 08	11 39	13 14	14 39	17 17
米原〃	13 44	15 35	12 23	13 53	11 52	14 19	11 52	14 18	18 12	11 01	12 40	14 18	15 37	18 13
福井〃	16 13	18 13	15 00	16 30	14 24	16 32	13 57	16 19	19 46	12 31	14 14	16 11	17 11	19 46
金沢着	17 49	19 44	16 39	18 06	16 07	18 11	15 34	18 05	21 05	13 50	15 35	17 40	18 35	21 05
富山〃		21 21		19 26		19 37		19 37			16 40	19 06		
記事		上野着 7 20								全車座席指定	※①		全車座席指定	

改正年月日	1965.10.1					1968.10.1					
列車番号	501M	501D	503M	1503M	1505M	501M	1501M	501D	503M	505M	1505M
種別	急行	急行	急行	急行	急行	急行	急行	急行	急行	急行	急行
列車名	第1立山	きたぐに	第2立山	第1加賀	第2加賀	立山1号	ゆのくに1号	越後	立山2号	立山3号	ゆのくに4号
車両形式	475系	キハ58系	475系	475系	475系	475系	475系	キハ58系	475系	475系	475系
大阪発	9 00	11 00	13 30	15 00	17 00	7 30	9 50	11 00	13 30	15 30	16 50
京都〃	9 35	11 36	14 05	15 34	17 33	8 06	10 25	11 36	14 07	16 07	17 24
米原〃	10 32	12 42	15 04	16 32	18 28	9 08	11 25	12 38	15 05	17 04	18 28
福井〃	11 57	14 27	16 35	18 03	20 00	10 36	12 48	14 09	16 23	18 27	19 48
金沢着	13 11	15 45	17 46	19 26	21 20	11 43	13 56	15 21	17 31	19 31	20 53
富山〃	14 11	16 44	18 51			12 34		16 22	18 22	20 25	
記事		※②						※③			

改正年月日	1972.10.2					1975.3.10				1980.10.1		
列車番号	501M	1501M	501D	503M	1503M	501M	501D	503M	1501M	501M	503M	1501M
種別	急行	急行	急行	急行	急行	急行	急行	急行	急行	急行	急行	急行
列車名	立山1号	ゆのくに1号	越後	立山2号	ゆのくに3号	立山1号	越後	立山2号	ゆのくに2号	立山1号	立山2号	ゆのくに
車両形式	475系	475系	キハ58系	475系	475系	475系	キハ58系	475系	475系	475系	475系	475系
大阪発	7 50	9 25	11 00	13 37	15 45	7 25	10 06	13 26	15 23	7 25	13 25	15 20
京都〃	8 24	9 55	11 32	14 10	16 20	8 02	10 42	14 03	16 01	8 01	14 03	15 58
米原〃	9 27	11 01	12 39	15 07	17 22	‖	11 56	‖	16 56	‖	‖	16 56
福井〃	10 43	12 19	14 10	16 23	18 40	10 17	13 32	16 14	18 16	10 14	16 15	18 17
金沢着	11 43	13 37	15 14	17 34	19 41	11 29	14 43	17 29	19 29	11 12	17 30	19 31
富山〃	12 34		16 18	18 24		12 23	15 50	18 22		12 17	18 23	
記事			※④			糸魚川着 *13 48*	※⑤			糸魚川着 *13 48*		

定期列車のみを記載。斜数字は普通列車での時刻
※①七尾線直通の「奥能登」を併結。新潟着21 00、和倉着17 03　※②七尾線直通の「奥能登」を併結。新潟着21 05、和倉着17 05　※③七尾線直通の「ゆのくに2号」を併結。新潟着20 32、和倉着16 59　※④七尾線直通の「ゆのくに2号」を併結。新潟着20 05、宇出津着*18 12*、輪島着 *18 07*、※⑤七尾線直通の「ゆのくに1号」を併結。新潟着19 27、珠洲着18 47、輪島着 18 08

時間帯変更に伴い、大阪〜富山間を旧「日本海」のスジで走る夜行準急「つるぎ」が登場し、こちらは以前より安い料金で旅行できると好評だった。「日本海」の血を引く「つるぎ」

表30　関西〜北陸間急行列車編成の変遷（代表例）

1961.10.1

← 504レ　大阪行き　　急行「立山」　　503レ　富山行き→

	①	②	③	④	⑤	⑥	⑦	⑧	⑨	⑩	⑪	⑫
	2等	指1等	指1等	自1等	2等	2等	2等	2等	2等	2等	2等	2等
マニ	スハフ	オロ	オロ	オロ	スハ	スハ	スハ	スハ	スハ	スハ	スハ	スハフ
	42	61	61	61	43	43	43	43	43	43	43	42

← 506レ　大阪行き　　準急「ゆのくに」　　505レ　金沢行き→

①	②	③	④	⑤	⑥	⑦	⑧	⑨	⑩	⑪	⑫
2等	1等	1等	2等	2等	2等	2等	2等	2等	2等	2等	2等
スハフ	スロ	スロ	スハ	スハ	スハ	スハ	スハ	スハ	スハ	スハ	スハフ
42	43	43	43	43	43	43	43	43	43	43	42

1963.4.20

←　大阪行き　　急行「ゆのくに」「加賀」　　金沢行き→

①	②	③	④	⑤	⑥	⑦	⑧	⑨	⑩
2等	2等	2・ビ	自1等	指1等	2・ビ	2等	2等	2等	2等
クモハ	モハ	サハシ	サロ	サロ	サハシ	モハ	クモハ	モハ	クモハ
471	470	451	451	451	451	470	471	470	471

（「ゆのくに」は全車座席指定）

←　大阪行き　　急行「きたぐに・奥能登」　　新潟・和倉行き→

①	②	③	④	⑤	⑥	⑦	⑧	⑨	⑩	⑪	⑫
2等	指1等	2等	2等	2等	指1等	自1等	2等	2等	2等	2等	2等
キハ	キロ	キハ	キハ	キハ	キロ	キロ	キハ	キハ	キハ	キハ	キハ
58	28	28	58	58	28	28	58	58	28	58	58
大阪〜和倉				大阪〜新潟							

1964.10.1

←　大阪行き　　急行「越山」「ゆのくに」「越前」　　金沢／富山行き→

①	②	③	④	⑤	⑥	⑦	⑧	⑨	⑩	⑪	⑫
指2等	指2等	指2等	指2・ビ	指1等	自1等	2・ビ	2等	2等	2等	2等	2等
クハ	モハ	クモハ	サハシ	サロ	サロ	サハシ	モハ	クモハ	クハ	モハ	クモハ
451	470	471	451	451	451	451	470	471	451	470	471

（「ゆのくに」と「越山」は全車座席指定）

← 504レ　大阪行き　　急行「立山」　　503レ　富山行き→

①	②	③	④	⑤	⑥	⑦	⑧	⑨	⑩	⑪	⑫
2等	2等	2等	2等	2等	2等	指1等	自1等	2等	2等	2等	2等
スハフ	スロ	スロ	スハ	スハ	スハフ	オロ	オロ	スハ	スハ	スハ	スハフ
42	43	43	43	43	42	61	61	43	43	43	42
大阪〜金沢					大阪〜富山						

1965.10.1

←　大阪行き　　急行「立山」「加賀」　　金沢／富山行き→

①	②	③	④	⑤	⑥	⑦	⑧	⑨	⑩	⑪	⑫
指2等	指2等	指2等	指2等	指1等	自1等	2・ビ	2等	2等	2等	2等	2等
クハ	モハ	クモハ	クハ	サロ	サロ	サハシ	モハ	クモハ	クハ	モハ	クモハ
451	470	471	451	451	451	451	470	471	451	470	471

（編成に475系が加わることもある）

1978.10.2

←　大阪行き　　急行「立山」「ゆのくに」　金沢／富山行き→

①	②	③	④	⑤	⑥	⑦	⑧	⑨	⑩
指	指	指	指G	自	自	自	自	自	自
クハ	モハ	クモハ	サロ	サハ	モハ	クモハ	クハ	モハ	クモハ
455	474	475	455	455	474	475	455	474	475

（編成に471系が加わることもある）

を準急としたのは、「立山」設定時の反省とも受け取れるが、一度「急行」で運転を開始した「立山」を準急に格下げするには、国鉄にもメンツがあってできなかったようだ。

大阪～金沢間では「白鳥」は別として、客車優等列車が表定速度50キロ前後の遅いスピードで走る中、北陸トンネル開業の1962（昭和37）年6月に、同区間で運転を開始した気動車急行「越前」は、「立山」や「ゆのくに」より1時間以上も速い4時間25分で結び、表定速度も一気に65キロに引き上げられるなど、近代車両の威力を見せつけた。急行「立山」

大阪～新潟間を結んだ寝台特急「つるぎ」は、夜行準急にルーツを持つ。1977.3.26　大阪駅

電車急行全盛時代のあけぼのに活躍した気動車急行「越前」1962.6　高槻～摂津富田　(写真所蔵寺本光照)

もこの改正から、交直接続を原始的な蒸気機関車牽引方式で行う米原〜田村間を除き、福井を境に以南電気機関車、以北ディーゼル機関車牽引となり無煙化が完成していたが、「越前」と同格の列車としては肩身が狭かった。

こうした北陸本線も金沢電化が完成し、バラ色（正式には赤13号）とクリーム色の交直流急行型電車471系が落成。北陸路もいよいよ電車急行の時代に突入する。そして1963（昭和38）年4月改正では、大阪〜金沢間に夜行を含めれば4往復の電車急行が登場。列車名は全車座席指定列車が「ゆのくに」、自由席列車が「加賀」とされ、最速の「第1ゆのくに」は同区間を4時間17分で結んだ。471系の性能からはあと10分程度の短縮、すなわち表定速度70キロ台の運転も可能だったが、当時の北陸本線は最高速度95キロのうえ他線区の急行に比べ停車駅が多いことや、単線区間の延長距離が長かったこと、それに大阪〜金沢間所要3時間57分の気動車特急「白鳥」へ

電車化当初は全車座席指定だった急行「ゆのくに」。1974.7.21　余呉〜近江塩津

の配慮もあったものと思われる。電車急行の編成は1等車とビュフェ車各2両込みの10両編成で、料金面では3倍増になる「ゆのくに」の全車指定は国鉄の自信の表れと言えた。

この改正では大阪〜新潟・和倉（現和倉温泉）間に気動車急行「きたぐに・奥能登」も登場。車種との関係でビュフェ車の連結こそないが、大阪〜金沢間は1等車3両連結の12両という堂々たる編成だった。そうした華やかなダイヤ改正の陰に、「立山」は唯一客車急行のままで残る。金沢まではほぼ電気機関車の牽引とはいえ、5時間以上を要しておれば、〝時代遅れのオンボロ急行〟と言われても致し方なかった。

東海道新幹線開業の1964（昭和39）年10月には、北陸本線も富山電化のプロジェクト完成があるが、在来線は基本的に挿入式の改正であるため、電車急行は大阪〜金沢間の1往復が富山まで延長され「越山」に改称されただけで、大阪駅での時刻は従前と大差なく、列車配列も同様だった。そのため、**表29**への時刻掲載は省略するが、**表26**の大阪駅発車時刻（同年12月25日）をご覧になればお分かりのように、北陸方面行きの優等列車は列車ごとに愛称が異なり、ファンにとっては最も楽しい時代だった。現在も北陸本線上り列車に乗車すればお気付きになるかと思うが、トンネルが続く敦賀〜新疋田間で一瞬だが、車窓左手に小浜線の線路や敦賀湾が見えるループ線は、1963（昭和38）年9月の同区間複線化に際し上り線の勾配緩和用に建設されたもので、それにより北陸本線電車急行は1964（昭和39）年3月から12両編成での運転になる。

1965（昭和40）年10月には全国ダイヤ改正が実施される。北陸本線の交流電化は北限とされる糸魚川にまで達するが、旅客流動との関係で富山～糸魚川間での電車列車の設定はなかった。その代わり471系の出力増強形式の475系が増備され、ここに列車設定後10年近くも客車急行のままで残り、さんざん辛苦をなめてきた「立山」は電車化され、同時に「越山」を統合して2往復運転になる。逆に「ゆのくに」は、全車座席指定を解除された関係で「加賀」の一員となり、大阪駅から姿を消してしまった。

急行「越後」。時間帯が良いため、全区間での利用率が高かった。1974.7.22　倶利伽羅付近

1964（昭和39）年12月に大阪～富山間で運転を開始した北陸本線初の電車特急「雷鳥」は、「白鳥」を凌ぐスピードと居住性の良さで人気を集め、1966（昭和41）年10月には早くも2往復体制になっていた。

しかし、新幹線の影響をさほど受けない関西～北陸間では、両地域の人々の気質からまだまだ急行に人気があり、１９６８（昭和43）年10月改正で、昼行急行は定期だけで6往復に増発される。

　同時に全国的な列車名の見直しにより、「加賀」と「奥能登」は「ゆのくに」に、「きたぐに」は日本海縦貫急行に名を譲り、行き先の「越後」に改称される。「加賀」が消え、「ゆのくに」が復活したのは、能登地方へも行く列車群に「加賀」のネームは馴染まず、石川県の加賀・能登の両地方に共通項の「ゆのくに」が、総称愛称として選ばれたのである。この改正で電車急行は5往復となり、大阪～金沢間の最速は4時間01分になるなど全盛を迎えた。客車時代からライバル関係にあった「立山」と「ゆのくに」は、ここに北陸本線の看板電車急行の座に、仲良く収まったのである。

「ゆのくに」とともに北陸本線の看板電車急行として君臨した「立山」。1971.9.3　新疋田～敦賀

　その後の関西～北陸間は、１９７２（昭和47）年10月に日本海縦幹線全線電化、１９７５（昭和50）年３月に

湖西線全面開業によるダイヤ改正が実施される。しかし、1960年代とは異なり、特急の大衆化とともに優等列車の増発は「雷鳥」など電車特急が主体となったことで、急行は特急への格上げもあって本数を減らす。それとともに、ビュフェの連結廃止やグリーン車の減車による短編成化で、往年の雄姿は薄れてゆく。

そして迎えた1982（昭和57）年11月改正での関西～北陸間優等列車の特急一本化で、昼行急行は使命を終える。

エル特急の王者として君臨した電車特急「雷鳥」

かつて国鉄～JRの線路上には、「エル特急」の愛称を持つ列車が走っていた。1972（昭和47）年10月当時、主要在来線での特急頻発運転を目指していた国鉄は、昼行特急の中で①同一系統の列車が朝・昼・夜の3本以上設定されている。②主要駅での発車時刻がラウンド化されている。③自由席が連結されている。の三条件を満たしている列車を、便利で利用しやすい特急として「エル特急」と命名したのである。〝エル〟の接頭辞は、語感の良さを狙って付けられただけで、当時ノミネートされた9種には「つばめ」「しおじ」「ひたち」「さざなみ」などがあり、エル特急がその指定を受けていない他の特急より上位の列車というわけではなかった。

１９８０（昭和55）年前後の国鉄で、エル特急はその後の特急本数増加などで25種までに膨れ上がっていたが、その中でも本数はもとより、速さや車両編成の充実度から東の横綱といわれる上野〜仙台間「ひばり」、同〜新潟間の「とき」に対し、「雷鳥」は西の横綱とされ、特に16往復の本数は東横綱の２列車を凌いでいた。本項では40年以上にわたって活躍し、北陸本線特急隆盛を築いた「雷鳥」の活躍の跡を振り返る。

特急「雷鳥」は、需要見込みから１９６３（昭和38）年４月の金沢電化時に登場していても不思議でないが、同改正時に設定の話が話題にも上らなかったのは、当時の国鉄部内には〝特急の運転距離は３００キロ以上〟という不文律が存在したのが理由だった。例外としては大阪〜宇野間の「うずしお」があるが、これは東京〜宇野間特急「富士」の間合い運用で、穿った見方をすれば、１５１系電車の宮原電車区（大阪市内）への回送列車の客扱いでもあった。そうしたことで、特急「雷鳥」の新設は運転距離の関係をクリアした富山電化を待つことになり、交直流特急型電車４８１系の落成との関係で１９６４（昭和39）年12月から大阪〜富山間で運転を開始する。

“エル特急　西の横綱”と呼ばれた特急「雷鳥」。登場時に湖西線はまだなく、米原経由だった。1971.9.1　米原〜坂田

その後の特急「雷鳥」の運転本数やスピードアップについては、JR化後の「スーパー雷鳥」を含め**表31**に記すが、164頁の**表29**と比べていただければお分かりのように、8往復体制になった1972（昭和47）年6月まで急行からの格上げはほとんどなく、急行との共存共栄を図りながら純粋に増発がなされていた史実がうかがえる。そして、前述のエル特急の愛称が付けられた1972（昭和47）年10月には10往復にまで達しているが、「雷鳥」を含む当時の北陸本線特急は、一時期を除き全列車が特急本来の姿である全車座席指定制を守っていることで、エル特急指定の対象とはならなかった。

だが、そうした「雷鳥」も全列車が湖西線経由となり、本数も12往復に増発された1975（昭和50）年3月改正では、北陸本線米原口の特急「しらさぎ」「加越」各6往復とともにエル特急への仲間入りを果たす。「雷鳥」は11・12両編成中、普通車の3両が自由

表31

特急「雷鳥」運転本数の変遷

年月日	行先の運転本数(下り定期列車)					大阪～金沢間			使用車種			備考
	富山	金沢	新潟	魚津	計	距離	最速到達時分	表定速度	485	489	583	
1964(昭39).12.25	1	…	…	…	1	287.3	3-47	75.9	○			最高速度大阪～米原間110km/h
1966(昭41).10.1	2	…	…	…	2	〃	3-41	78.0	○			
1968(昭43).10.1	3	…	…	…	3	〃	3-27	83.3	○			最高速度米原～金沢間120km/h
1969(昭44).10.1	3	1	…	…	4	287.1	3-25	84.0	○			
1970(昭45).10.1	4	1	…	…	5	〃	3-25	84.0	○			
1972(昭47).3.15	6	1	…	…	7	〃	3-23	84.9	○	○		
1972(昭47).6.4	7	1	…	…	8	〃	3-23	84.9	○	○		
1972(昭47).10.2	8	2	…	…	10	〃	3-23	84.9	○	○		
1975(昭50).3.10	8	4	…	…	12	267.6	3-11	84.1	○	○		湖西線経由に変更
1978(昭53).10.2	8	5	3	…	16	〃	3-12	83.6	○	○	○	「北越」の一部編入
1982(昭57).11.15	9	5	3	…	17	〃	3-12	83.6	○	○	○	
1985(昭60).3.14	9	4	3	…	16	〃	2-59	89.7	○			食堂車の連結廃止
1986(昭61).11.1	10	4	3	…	17	〃	2-52	93.3	○			
1988(昭63).3.13	11	4	3	…	18	〃	2-49	95.0	○			
1989(平元).3.11	10	3	3	1	17	〃	2-51	93.9	○			一部区間で130km/h運転開始
1991(平3).3.16	8	5	3	1	17	〃	2-46	96.7	○			
1991(平3).9.1	5	5	4	1	15	〃	2-46	96.7	○			
1992(平4).3.14	6	5	4	1	16	〃	2-45	97.3	○			
1995(平7).4.20	2	5	4	…	11	〃	2-44	97.9	○			
1997(平9).3.22	6	3	2	…	11	〃	2-45	97.3	○			
1999(平11).12.4	…	5	2	…	7	〃	2-46	96.7	○			
2001(平13).3.3	…	8	…	…	8	〃	2-43	98.5	○			
2010(平22).3.13	…	1	…	…	1	〃	2-52	93.3	○			下り33号が残存。2011.3.12廃止

特急「スーパー雷鳥」運転本数の変遷

年月日	行先の運転本数(下り定期列車)					大阪～金沢間			備考
	富山	金沢	和倉	魚津	計	距離	最速到達時分	表定速度	
1989(平元).3.11	4	…	…	…	4	267.6	2-39	101.0	1往復は神戸始終着
1991(平3).3.16	5	…	…	…	5	〃	2-37	102.3	〃
1991(平3).9.1	7	…	(3)	…	7	〃	2-37	102.3	〃・七尾線直通運転開始、主要駅停車型列車設定
1995(平7).4.20	3	…	…	1	4	〃	2-40	100.3	〃・全列車主要駅停車型に変更
1997(平9).3.22	1	2	…	1	4	〃	2-40	100.3	神戸始終着列車廃止。一部の車両を「雷鳥」に使用
1999(平11).12.4	6	…	…	1	7	〃	2-40	100.3	再び全列車を「スーパー雷鳥」用車両で運転

カッコ内は富山行き列車との併結列車の本数。列車廃止は2001.3.3

席化されるが、急ぎのため乗車駅で特急券（指定席）を購入する時間のない客や、筆者のように進行方向右の窓側席にこだわりを持つ客、それに旅費を少しでも安く抑えようとする客からは歓迎された。

その「雷鳥」は1978（昭和53）年10月改正では、大阪～富山間1往復の増発のほか、大阪～新潟間急行「越後」1往復からの格上げ、それに同区間の特急「北越」2往復を編入して

16往復となり、それまでエル特急のうち本数面で上位にあった「ひばり」と「とき」を追い抜き〝エル特急のチャンピオン〟の座につく。これについては、地元ファンの間でも「ほかの区間の特急を名称変更までして、『雷鳥』の仲間に入れるのは反則や」との意見も出ていたが、それだけ特急が「エル特急」の名で大衆化したということかもしれない。

運転開始以来、原則として食堂車と2両のグリーン車を含む長大編成を守ってきた「雷鳥」は、国鉄運賃・料金の度重なる値上げや、並走する高速道路を行くクルマや団体観光バスの台頭などで利用客が減少。1985（昭和60）年3月改正では食堂車とグリーン車各1両が編成から外される。その代わりか食堂車の旧食堂部分を畳敷き和室に、旧厨房部分をビュフェに改造した「和風車・だんらん」が登場し、「雷鳥」の一部に連結される。だが、和室はグリーン車扱いで、切符は定員4名の1ボックス単位で発売されるため、3または4名での利用でないかぎりは割高感が否めず、また調理設備を持つビュフェも『時刻表』での記載がなかったせいか利用客が少なく、せっかくの和風車も4年だけの稼働に終わってしまった。このほか、和倉温泉への観光客の便宜を図るため、大阪から直通する臨時気動車特急「ゆぅトピア和倉」1往復が1986（昭和61）年末からキロ65形の2両で運転を開始。大阪〜金沢間は無動力扱いで、9両編成の「雷鳥」が牽引した。

国鉄の分割民営化後、新発足したＪＲ西日本は、看板列車の一つである「雷鳥」の体質改善を図るため、１９８９（平成元）年3月改正で大阪～富山間に「スーパー雷鳥」４往復を新設する。車両は４８５系ながらも、塗装を従前の国鉄特急色からアイボリーホワイトをベースに窓下に青とピンク色の帯を施したものに変更し、パノラマグリーン車と「和風車・だんらん」改造のラウンジ付きグリーン車を連結。普通車のシートピッチも拡大するなど、新製車両に遜色がないほどの出来栄えだった。この「スーパー雷鳥」のもう一つの特色は、全区間での途中停車駅を新大阪・京都・福井・金沢・高岡の5駅にとどめたことで、大阪～金沢間での表定速度は在来線列車としては、初めて１００キロを超えた。一方、「雷鳥」もＪＲ東日本持ちの「白鳥」と共通運用される編成は、同年11月頃から車両のグレードアップを機に、アイボリーホワイトをベースに窓下にブルーとグリーン系ライトブルーの帯を入れた新塗装

平成時代の幕開けとともに登場した「スーパー雷鳥」は、国鉄を代表する特急型車両485系の歩みをも体現した。1990.4.2　山崎付近

に変更されたため、北陸方面行きの４８５系はバラエティーに富んだ。

「スーパー雷鳥」は好評で、翌１９９０（平成2）年には編成を7両から9両に増強。１９９１（平成3）年9月改正からは編成の一部が、電化の完成した七尾線和倉温泉まで乗り入れる。これに伴い「ゆぅトピア和倉」は廃止。同改正からは、列車の増発に伴い一般の「雷鳥」のように敦賀、加賀温泉、小松などにも停車する主要駅停車の「スーパー雷鳥」も運転された。

当初は車両名でもあった「サンダーバード」。関西～北陸特急の伝統を「雷鳥」から受け継いだ。2004.8.7　新疋田～敦賀

　こうして好調な運転を続けてきた「スーパー雷鳥」だが、４８５系の後継車といえるＪＲ西日本オリジナルの６８１系特急「サンダーバード」が登場すると、車齢からも見劣りが隠せなくなる。そして、その改良増備車である６８３系が「サンダーバード」に加わった２００１（平成13）年3月改正で、関西～北陸間特急は「白鳥」と新潟行き「雷鳥」の廃止のほか、「スーパー雷鳥」も全列車が「サンダーバード」への統合で、あっけなく姿を消してしまった。これにより大阪始発

の北陸方面行き昼行電車特急の北限は青森から魚津に変更される。

この改正で、「雷鳥」は「サンダーバード」の補助列車的使命を持つ列車として8往復の大阪〜金沢間特急で生き延びる。2003（平成15）年6月には、旧「スーパー雷鳥」用

表32　特急「雷鳥」「スーパー雷鳥」編成の変遷（代表例）

1964.12.25
← 2002M 大阪行き　特急「雷鳥」　2001M 富山行き→

①	②	③	④	⑤	⑥	⑦	⑧	⑨	⑩	⑪
2等	2等	2等	1等	1等	食堂	2等	2等	2等	2等	2等
クハ	モハ	モハ	サロ	サロ	サシ	モハ	モハ	モハ	モハ	クハ
481	480	481	481	481	481	480	481	480	481	481

1972.3.15
← 大阪行き　特急「雷鳥」(489系使用列車)　富山行き→

①	②	③	④	⑤	⑥	⑦	⑧	⑨	⑩	⑪	⑫
指	指	指	G	G	食堂	指	指	指	指	指	指
クハ	モハ	モハ	サロ	サロ	サシ	モハ	モハ	サハ	モハ	モハ	クハ
489	488	489	489	489	489	488	489	489	488	489	489

1978.10.2
← 大阪行き　特急「雷鳥」(583系使用列車)　金沢／富山行き→

①	②	③	④	⑤	⑥	⑦	⑧	⑨	⑩	⑪	⑫
指	指	指	指	G	食堂	指	指	指	自	自	自
クハネ	モハネ	モハネ	サハネ	サロ	サシ	モハネ	モハネ	サハネ	モハネ	モハネ	クハネ
581	582	583	581	581	581	582	583	581	582	583	581

1985.3.14
← 大阪行き　特急「雷鳥」(だんらん連結列車)　金沢／富山行き→

①	②	③	④	⑤	⑥	⑦	⑧	⑨	⑩
指	指	指	G	G(和)	指	指	自	自	自
クハ	モハ	モハ	サロ	サロ	モハ	モハ	モハ	モハ	クハ
481	484	485	481	481	484	485	484	485	481

1989.3.11
← 大阪行き　特急「スーパー雷鳥」　富山行き→

①	②	③	④	⑤	⑥	⑦
自	自	指	指	指	G・ラウンジ	G
クハ	モハ	モハ	モハ	モハ	サロ	クロ
481	484	485	484	485	481	481

1991.9.1
← 大阪行き　特急「スーパー雷鳥」　富山・和倉温泉行き→

①	②	③	④	⑤	⑥	⑦	⑧	⑨	⑩
自	指	指	自	自	指	指	指	G・ラウンジ	G
クハ	モハ	クモハ	クハ	モハ	モハ	モハ	モハ	サロ	クロ
481	484	485	481	484	485	484	485	481	481
大阪〜富山			大阪〜和倉温泉						

2001.3.3
← 大阪行き　特急「雷鳥」　富山行き→

①	②	③	④	⑤	⑥	⑦	⑧	⑨
指	指	指	G	自	自	自	指	指
クハ	モハ	モハ	サロ	モハ	モハ	モハ	モハ	クハ
481	484	485	481	484	485	484	485	481

2010.3.13
← 大阪行き　特急「雷鳥」　金沢行き→

①	②	③	④	⑤	⑥
G	指	指	指	自	自
クロ	モハ	モハ	モハ	モハ	クハ
481	485	484	485	484	481

のパノラマグリーン車も一部の「雷鳥」の編成に入って気を吐くが、４８５系の中でも比較的後期車が揃う「雷鳥」用車両も、更新期を迎える車齢となったため、２０１０（平成22）年３月改正では一挙に８往復が「サンダーバード」に置き換えられ、「雷鳥」としては１往復を残すだけとなり、『時刻表』湖西・北陸本線本文ページの「雷鳥」欄からエルの記号が消滅した。そして、４８５系は翌２０１１（平成23）年３月改正を機に大阪～金沢間から引退。「雷鳥」も運命を共にする。

４８５系の前身である４８１系で生を受け、４８５系で列車生命を全うした「雷鳥」の46年にわたる列車史は、４８５系の車両史でもあり、一族計１５４３両が製造された４８５系にとって、「雷鳥」がその代表列車であることに異論を唱えるレイルファンは、まずいない。最後に**表32**に「雷鳥」の代表的編成をピックアップすることでこの項のまとめとする。

「サンダーバード」から北陸新幹線へ

２０１１（平成23）年３月改正で特急「雷鳥」が廃止されたことで、大阪駅でお目にかかれる昼間の北陸方面行き定期優等列車は、特急「サンダーバード」だけになる。「サンダーバード」に使用の681系と683系は、運転最高速度が「雷鳥」より速い130キロであるほか、グリーン車はもちろん普通車も居住性が良く、走行中も揺れがほとんど感じられないので、〝完成された在来線特急車〟といっても過言でない。だが、かつての東海道新幹線0系や現在の同N700系のように、車両が優秀であっても画一化されてしまうと、乗車するにも撮影するにも、趣味的な楽しみや面白みがなくなってしまうのだから、レイルファンというのは困ったものである。

この特急「サンダーバード」は、阪神・淡路大震災直後の1995（平成7）年4月改正から大阪～富山・和倉温泉間で運転を開始する。当時は485系リニューアル車を使用する「スーパー雷鳥」の一員としての設定であるため、利用客に「サンダーバード」と命名された681系増備車（新車）を使用する列車をアピールする狙いで、「スーパー雷鳥（サンダーバード）」の列車名が命名された。当時の筆者は、「北陸特急をイメージアップするために、681系をサンダー（雷＝THUNDER）＋バード（鳥＝BIRD）で『サンダーバード』にしたのか。車両名を「雷鳥」の和製英語とはうまく考えたなぁ」と思ったものだった。

しかし、後日命名者であるJR西日本の公式説明では、「サンダーバード」は、英語の

「THUNDERBIRD」が示す通り、アメリカ先住民の伝説上の鳥に因んだ列車名と述べられ、「雷鳥」とは無関係だという。そう言えば681系の連結部付近のロゴとともに描かれている鳥のデザインもライチョウではなく、〃サンダーバード〃らしき架空の鳥であるように見える。

それはさておき、「スーパー雷鳥（サンダーバード）」は運転開始直後から利用客の間では、みどりの窓口で「サンダーバード7号、金沢まで」とか言って特急券を求める人が大半であり、長ったらしい列車名よりも車両名でもあるサブネームが定着しているため、1997（平成9）年3月改正では「サンダーバード」が晴れて正式の列車名になる。

その後の「サンダーバード」は、関西〜北陸間で並走していた昼行の電車特急「雷鳥」を統合するほか、「日本海」「きたぐに」の夜行優等列車群の相次ぐ引退に伴い、2012（平成24）年3月改正では関西始発としては唯一の北陸方面行き定期優等列車名になる。だが、大阪駅での「サンダーバード」23本には金沢・富山のほか和倉温泉や魚津行きの列車があり、実際に乗車すると東海道本線と湖西線を北上し、北陸本線とのジャンクションである近江塩津で名古屋／米原発の「しらさぎ」と合流。さらに金沢（一部福井）からは越後湯沢行きの「はくたか」や、同改正以後も485系列車として残る新潟行きの「北越」の姿も見

表33　特急「サンダーバード運転本数の変遷

年月日	行先の運転本数(下り定期列車)					大阪～金沢間			備考
	富山	金沢	和倉	魚津	計	距離	最速列車時分	表定速度	
1995(平7). 4.20	8	…	(3)	…	8	267.6	2-29	107.8	列車名「スーパー雷鳥(サンダーバード)」
1997(平9). 3.22	8	…	(3)	…	8	〃	2-29	107.8	列車名「サンダーバード」
1999(平11). 12. 4	8	…	(3)	…	8	〃	2-29	107.8	
2001(平13). 3. 3	14	…	(4)	1	15	〃	2-29	107.8	683系落成により増発。「スーパー雷鳥」を置換え
2010(平22). 3.13	14	3	4	1	22	〃	2-31	106.3	683系増備車落成により増発。和倉温泉行きは単独運転化
2011(平23). 3.12	14	4	4	1	23	〃	2-31	106.3	
2015(平27). 3.14	…	22	1	…	23	〃	2-31	106.3	北陸新幹線金沢開業
2016(平28). 3.26	…	23	1	…	24	〃	2-31	106.3	
2019(平31). 3.16	…	24	1	…	25	〃	2-31	106.3	
2021(令3). 3.13	…	20	1	…	21	〃	2-34	104.3	コロナ禍での需要減に伴う4往復の季節列車化
2022(令4). 3.12	…	21	1	…	22	〃	2-31	106.3	

られるため、列車ファンとしては楽しく、北陸本線もまだまだ活気があった。

そうした中、2015（平成27）年3月に北陸新幹線が金沢開業を迎える。これにより北陸本線の北半分を占める金沢～直江津間は、並行在来線として第三セクター鉄道化され、その中で優等列車は、IRいしかわ鉄道と名を変えた金沢～津幡間以外では姿を消す。「サンダーバード」は改正前と同じ23往復が残存し、和倉温泉行き1往復以外はすべて大阪～金沢間での運転に変更される。**表33**に示すように、同区間の最速列車は改正前の2時間31分を維持し、JR在来線で唯一の表定速度100キロ台での運転を続けるので、同区間相互間の旅客には新幹線開業の影響はなかった。

しかし、大阪から「サンダーバード」が直通していた富山へは、金沢で北陸新幹線に乗り換える必要が生じたため、改正前より10分前後しか短縮できないのに、値段は800円近くも跳ね上がる。和倉温泉へは金沢で七尾線特急「能登かがり火」に乗り換えても、「サンダーバード」直通列車同様、通しの料金が適用されるが、第三セクター鉄道化された金沢〜津

表34

特急「サンダーバード」編成の変遷（代表例）

1995. 4.20

← 大阪行き　特急「スーパー雷鳥(サンダーバード)」　富山・和倉温泉行き→

①	②	③	④	⑤	⑥	⑦	⑧	⑨
G	指	指	指	自	自	自	指	指
クロ	サハ	モハ	サハ	サハ	クモハ	クハ	モハ	クハ
681	680	681	681	680	681	680	681	681

大阪〜和倉温泉　｜　大阪〜富山

2001. 3. 1

← 大阪行き　特急サンダーバード　富山/魚津行き→

①	②	③	④	⑤	⑥	⑦	⑧	⑨
G	指	指	指	自	自	自	指	指
クロ	サハ	モハ	サハ	サハ	クモハ	クハ	モハ	クハ
683	682	683	683	682	683	682	683	683

大阪〜富山／魚津　｜　大阪〜金沢

2015. 3.14

← 和倉温泉行き　特急サンダーバード　大阪行き→

①	②	③	④	⑤	⑥	⑦	⑧	⑨
G	指	指	指	自	自	自	指	指
クロ	サハ	モハ	サハ	サハ	クモハ	クハ	モハ	クハ
683	682	683	683	682	683	682	683	683

大阪〜和倉温泉　｜　大阪〜金沢

← 金沢行き　特急サンダーバード　大阪行き→

①	②	③	④	⑤	⑥	⑦	⑧	⑨
G	指	指	指	自	自	自	指	指
クロ	サハ	モハ	サハ	モハ	サハ	サハ	サハ	クモハ
683	682	683	682	683	683	683	682	683

急行「きたぐに」（新潟打切り以後）編成の変遷

1982.11.15

←502レ 大阪行き　501レ 新潟行き→

	①	②	③	④	⑤	⑥	⑦	⑧	⑨	⑩	⑪
郵便	自	自	自	自	自	B寝	A寝	B寝	B寝	B寝	指
スユ	スハフ	オハ	オハ	オハ	オハフ	スハネフ	オロネ	オハネ	オハネ	オハネ	スハフ
16	14	14	14	14	15	14	14	14	14	14	14

1985. 3.14

←502M 大阪行き　501M 新潟行き→

①	②	③	④	⑤	⑥	⑦	⑧	⑨	⑩	⑪	⑫
自	自	自	自	自	G	A寝	B寝	B寝	B寝	B寝	B寝
クハネ	モハネ	モハネ	モハネ	モハネ	サロ	サロネ	モハネ	モハネ	モハネ	モハネ	クハネ
581	582	583	582	583	581	581	582	583	582	583	581

2011.3.12

←502M 大阪行き　501M〜3527M 新潟行き→

①	②	③	④	⑤	⑥	⑦	⑧	⑨	⑩
自	自	自	自	B寝	G	A寝	B寝	B寝	B寝
クハネ	モハネ	モハネ	モハネ	モハネ	サロ	サロネ	モハネ	モハネ	クハネ
581	582	583	582	583	581	581	582	583	581

幡間では別運賃と別料金が発生するため、こちらも約７００円の値上げになる。こうしてみると、北陸新幹線開業は関西人にとっては果たして便利になったかどうか、悩ましい。

あの特急街道として隆盛を誇った北陸本線が大阪～京都間に匹敵する短距離路線となってしまうのは、長年見守り続けてきた一ファンとして見るに忍びない。大阪から北陸新幹線に乗って、北陸へ行ける日を夢見つつ、「サンダーバード」と、大阪～新潟間夜行急行で活躍した「きたぐに」の編成の変遷を**表34**として示し、この章のまとめとする。

コラム3

特急停車駅の重さを体現した日本海縦貫特急「白鳥」

もう60年以上も昔のことになるが、キハ80系により全国特急ネットワークが形成された1961（昭和36）年10月改正前には、それまで特急が走っていなかった主要地方幹線の沿線では、特急設定の内定をもらうため国鉄本社への陳情が行われ、内定後は停車駅を決めるための調整も行われた。特急運転路線や特急停車駅に選ばれれば、それだけでイメージアップになり、訪れる観光客が増えるほか、駅によっては企業や住宅、学校の誘致に優位になるので、沿線の自治体は必死だった。

その中でも、特急停車駅をめぐってヒートアップしたのは、今や語り草となった石川県加賀市の〝特急誘致合戦〟である。特急「白鳥」の新設に際し、北陸各県での停車駅は2ヵ所とされた。福井県の敦賀と福井、富山県の高岡と富山はすんなり決まったが、そうはいかなかったのが石川県である。県都・金沢は揺るぎないが、もう一ヵ所の決定が大変だった。

というのは県南の加賀・小松両市間には、上り方から大聖寺・作見・動橋・粟津・小松と駅が連なっているが、大聖寺・動橋・粟津は山中・山代・片山津・粟津の各著名温泉への最寄り駅であり、そして小松は石川県で人口第二の都市であることで、急行は作見を除く各駅に停車していた。そこで、特急停車駅は急行停車の4駅から1駅を選ぶことになり、当初は山中温泉最寄りの大聖寺に決まりかけていたが、山代・片山津両温泉を持つ動橋側が異論を唱えたのだから話がまとまらない。両市のある加賀市では収拾がつかない泥仕合になり、最終的に国鉄の仲裁で、「白鳥」は下りが大聖寺、上りが動橋停車に落ち着く。ただし、後に両駅ともに停車する特急が増えたため、中間駅の作見が１９７０（昭和45）年10月に駅名を加賀温泉に変更し、特急停車を一手に引き受ける結果になった。

その特急「白鳥」は、新潟県の小駅・能生で上下列車がすれ違っていたのだが、当時は単線のため上り列車が客扱いのない〝運転停車〟をし、下り「白鳥」を待つダイヤになる。しかし、一部マスコミがこれを通常の停車と勘違いして誤報したため、運転開始当日は雨天にもかかわらず、能生町民が大挙して駅に駆け付け、結果的に通過列車の歓迎式典を行うという、前代未聞の事態が発生した。情報が限られた時代ならではのハプニングだが、北陸沿線ではそれだけ特急に対する期待が大きかったのだろう。

様々なエピソードを持ち合わせた特急「白鳥」。特急の停車駅は社会的な重みも伴っていた。
1974.7.22　津端～倶利伽羅

第4章

京阪神と山陰を結んだ名列車たち

概説

「山陰」とは、地理的には中国山地北側の日本海に面した地方で、鳥取・島根2県のほか、京都府・兵庫県・山口県の北部を含む。この山陰地方を縦貫する鉄道が山陰本線で、地図上では京都〜幡生間673・8kmの延長を有する幹線である。だが、東海道・山陽本線経由の同区間より70km以上も長く、沿線人口が少ないことで全線を通す客貨の需要は、鉄道創業期から見込めなかった。

そのため、国鉄に初の特急が新橋〜下関間で運転を開始する1912（明治45）年6月当時における開業区間も、京都〜出雲今市（現出雲市）間だけだった。山陰本線に接続する支線区では、当時舞鶴線・福知山線・播但線・境線と大社線（現廃止）の全線が旅客営業を行っていた。ちなみに山陰本線の西部区間が山口線と合わせ、山陽本線小郡（現新山口）に達するのは1924（大正13）年12月、須佐〜宇田郷間の開通で待望の全通を迎えるのは、さらに年月を重ねた1933（昭和8）年2月24日のことだった。当時日本の幹線路線は険しい地形に阻まれている紀勢線や土讃線を除けば、すべて全通しているといっても過言ではなかった。

この山陰本線を含む大阪〜大社間に初めて急行が登場するのは、全通2年後の1935（昭和10）年3月のことである。起点駅が京都でなく大阪で、福知山線経由とされたのは、山陰地方は昔から大阪を中心とする関西地方と結び付きが強く、料金を徴収してもまとまった需要が見込めること、終点が大社であるのは、山陰の中心地である米子・松江・出雲に近く、大社詣客の利用客が多いのが理由だった。この急行の1940（昭和15）年10月改正での時刻は、下りが大阪発7時57分↓大社着16時07分、上りは大社発14時00分↓大阪着22時20分である。編成中には2等室と合造の食堂車も連結されていたが、戦争激化のため1943（昭和18）年2月改正で廃止されてしまった。

戦後、優等列車が次々に復活する中、大阪〜大社間列車は1947（昭和22）年6月に1ランク下の準急で登場。4年後の1951（昭和26）年11月には急行に戻り、編成中に東海道夜行となる東京始終着車両を連結。直後には「いずも」の列車名も命名された。以後、山陰本線京都口に準急「白兎」が登場する1956（昭和31）年11月まで、「いずも」は山陰での一枚看板列車での活躍を続けたわけである。1958（昭和33）年10月改正では、京都〜大社間を山陽・伯備線経由で結ぶ急行「だいせん」が登場。京阪神三都駅から乗車できるばかりか、大阪〜大社間では倉敷まで複線の山陽本線を走ることで、同区間では塚

蒸気機関車時代の急行「出雲」。福知山・山陰本線では昼行列車だった。　1958.6.13　中山寺〜川西池田　写真：篠原丞

口以北が単線の線路を行く「出雲」より到達時分が30分以上も速く、のちに関西から山陰へのルートとして伯備線が浮上するきっかけをつくった。

ここまで関西〜山陰間3往復の優等列車はすべてディーゼル機関車か蒸気機関車が牽く客車列車だったが、この頃になると気動車も軽量客車に遜色のないキハ55系が量産されるようになり、山陰本線関連では気動車準急として、1959（昭和34）年9月に京都〜天橋立、同〜東舞鶴間に準急「丹後」2往復と、西部の米子〜博多間に同「やくも」が運転を開始する。本項では記述の対象外だが、「やくも」の登場で山陰本線全線に優等列車が走るようになった意義には大きなものがあった。気動車準急は短編成でも列車が成立し、途中駅から異なる目的地へ2方向の運転も容易にできる機動性と速いスピード、それに煙害のない快適さと、黄色地に窓下に赤いラインを施したキハ55系の明るくスマートな車体で、一躍時代の寵児となる。もちろん全国各地から引っ

準急「丹波」。キハ55系の人気が高く、一般形のキハ20を増結していた頃の姿。1962.4.18　大阪駅
写真：篠原丞

張りだこになるほどのモテぶりで、車内では身動きもできない乗車率200％超の列車も出るほどだった。

関西〜北近畿／山陰間では1961（昭和36）年9月までに、気動車準急として福知山線経由の城崎行き「丹波」、姫新・因美線経由の上井（現倉吉）行き「みささ」、播但線経由の鳥取行き「但馬」が相次いで運転を開始する。列車新設は新たな需要を生み、山陰本線はもちろんのこと、陰陽連絡の各線や丹後半島の舞鶴・宮津線も活気づいた。

全国主要幹線に特急ネットワークが構築された1961（昭和36）年10月改正では、京都〜松江間に大阪・福知山線経由でキハ80系気動車特急「まつかぜ」が登場。同時に急行「出雲」が京都から直接山陰本線に入るルートに変更され、大阪からはその見返りに急行「三瓶」が新設される。また山陰本線京都口の準急「白兎」は新製のキハ58系により急行に格上げされ、福知山では大阪始発の付属編成も

キハ58系の急行に格上げされたばかりの頃の「白兎」。ウサギを描いたかわいらしいヘッドマークを付けていた。　1961.12　京都駅　写真：篠原丞

合流する併結運転になる。１９６２（昭和37）年10月には急行「だいせん」が気動車化され、１９６４（昭和39）年3月には「まつかぜ」が長躯博多まで進出。山陰対北九州間の連絡を強化する。

東海道新幹線開業の同年10月には、普通列車の格上げながら大阪～出雲市（～大社）間に初の夜行急行「しまね」が登場するが、観光協会からの要望があってか、翌１９６５（昭和40）年10月に列車名を「おき」に変更。同日の改正では山陰の第二特急として新大阪～浜田間に「やくも」が設定され、「三瓶」も気動車化される。これにより、関西～山陰間の昼行優等列車の気動車化が完成する。なお、「やくも」は東北本線の特急電車化で捻出された80系気動車を使用するため、運転開始は11月からになる。こうした広域の車両転配は国鉄時代ならではのものだった。

１９６８（昭和43）年10月には、東北本線を主体とする主要在来線を中心とした電車特

急増発を主体としたダイヤ改正が実施される。全線が未電化で95％以上が単線の山陰線系路線は、急行「白兎」の京都編成と大阪編成の分離以外、恩恵はなかったが、同改正での改革の一つとされる列車名の統廃合が、**表35**の1965年11月1日と1968年10月1日の列車名を見比べていただければお分かりのように、大々的に実施された。当時、伯備線沿線に住む知人がいたが、快速列車時代から長年利用している「だいせん」が、なぜ「おき」に列車名交換をする必要性があったのか理由が分からず、馴染むまで時間がかかったと洩らしていた。その「おき」は1971（昭和46）年4月からキハ181系に置き換えられ、新大阪～出雲市間特急に格上げされる。急行が同一路線の特急に格上げされる場合は、〝増収目的の特急化〟の誹りを防ぐ狙いもあり、新列車名を命名するのが定石だったので、同一列車名の横すべりは当時では異例の措置だった。

ここまで、関西～山陰間の列車は途中経路こそ異なっても、米子・松江を中心とする山陰中央部、もしくはその先の浜田・益田まで直通してきた。しかし、1972（昭和47）年3月の山陽新幹線岡山開業で、関西～山陰中央部間は新幹線と「やくも」と名を変えた岡山～出雲市／益田間気動車特急との乗り継ぎが、所要時間のうえでメインになる。そのため、関西～山陰間輸送はいいところ東部の鳥取・倉吉までとなり、守備範囲が狭まる。

表35

京都駅発山陰（鳥取以西）方面行き優等列車一覧

年月日	時	分	種別	列車番号	列車名	始発	行き先	動力	形式・編成両数	連結車種等	備考
1956 11.19	8	33	急行	25	出雲	東京	大社・*浜田*	客車	一般形14両	BCロネ・ハネ	福知山線経由
	16	00	準急	805	白兎	…	松江	客車	一般形8両		
1961 10.1	5	15	急行	21	出雲	東京	浜田	客車	一般形6両	Bロネ・ハネ	
	7	30	特急	7D	まつかぜ	…	松江	気動車	キハ80系6両	シ	福知山線経由
	10	26	急行	601	だいせん	…	大社	客車	一般形5両		「さつま」に併結・伯備線経由
	15	35	急行	801D	白兎	…	松江	気動車	キハ58系5両		
1965 11.1	5	03	急行	23	出雲	東京	浜田	客車	一般形12両	Bロネ・ハネ・シ	
	7	30	特急	1001D	まつかぜ	…	博多	気動車	キハ80系10両	シ	福知山線経由
	10	20	急行	901D	だいせん	…	大社	気動車	キハ58系9両		赤穂・伯備線経由
	15	30	急行	801D	白兎	…	松江	気動車	キハ58系7両		
1968 10.1	4	20	急行	33	出雲	東京	浜田	客車	一般形11両	寝 Bロネ・ハネ・シ	
	7	25	特急	1001D	まつかぜ	…	博多	気動車	キハ80系12両	シ	福知山線経由
	10	40	急行	901D	おき	…	*大社*	気動車	キハ58系9両		赤穂・伯備線経由
	15	05	急行	805D	白兎	…	松江	気動車	キハ58系10両		
1972 10.2	9	20	特急	2005D	あさしお2号	…	倉吉	気動車	キハ80系7両	シ	
	14	40	急行	805D	白兎	…	*出雲市*	気動車	キハ58系6両		倉吉から普通
	16	35	特急	2009D	あさしお4号	…	米子	気動車	キハ80系10両	シ	

大阪駅発山陰（鳥取以西）行き優等列車一覧

年月日	時	分	種別	列車番号	列車名		行き先	動力	形式・編成両数	連結車種等	備考
1956.11.19	9	40	急行	25	出雲	東京	大社・浜田	客車	一般形10両		
1961 10.1	8	05	特急	7D	まつかぜ	京都	松江	気動車	キハ80系6両	シ	
	9	30	急行	701	三瓶	…	浜田・大社	客車	一般形9両		
	11	10	急行	601	だいせん	京都	大社	客車	一般形5両		「さつま」に併結・伯備線経由
	12	45	準急	809D	みささ	…	上井	気動車	キハ55系		姫新・因美線経由
	15	00	急行	2801D	白兎	…	松江	気動車	キハ58系3両		福知山で京都発編成に併結
	17	05	準急	605D	但馬	…	鳥取	気動車	キハ55系		播但線経由
1965 11.1	8	04	特急	100D	まつかぜ	京都	博多	気動車	キハ80系10両	シ	
		10	準急	811D	かいけ	…	米子	気動車	キハ55・58系5両		姫新・因美線経由
	9	45	急行	701D	三瓶	…	石見益田・大社	気動車	キハ58系10両		
	11	05	急行	901D	だいせん	京都	大社	気動車	キハ58系9両		赤穂・伯備線経由
	12	08	特急	1003D	やくも	新大阪	浜田	気動車	キハ80系7両	シ	
		15	準急	813D	みささ	…	上井	気動車	キハ55・58系6両		姫新・因美線経由
	14	50	急行	2801D	白兎	…	松江	気動車	キハ58系5両		福知山で京都発編成に併結
	16	55	準急	617D	但馬4号	…	鳥取	気動車	キハ55・58系		播但線経由
	21	20	急行	701	おき	…	*大社*	客車	一般形11両	Bロネ・ハネ	出雲市から普通
1968 10.1	8	01	特急	1001D	まつかぜ	京都	博多	気動車	キハ80系12両	シ	
		20	急行	811D	伯耆1号	…	米子	気動車	キハ58系6両		姫新・因美線経由
	9	50	急行	701D	だいせん1号	…	益田・*大社*	気動車	キハ58系12両		
	11	17	急行	901D	おき	京都	大社	気動車	キハ58系9両		赤穂・伯備線経由
	12	08	特急	1003D	やくも	新大阪	浜田	気動車	キハ80系7両	シ	
		20	急行	813D	伯耆2号	…	上井	気動車	キハ58系6両		姫新・因美線経由
	14	52	急行	703D	だいせん2号	…	松江	気動車	キハ58系8両		
	17	00	急行	617D	但馬4号	…	*鳥取*	気動車	キハ58系		播但線経由・浜坂から普通
	21	25	急行	701	だいせん3号	…	*大社*	客車	一般形12両	Bロネ・ハネ	出雲市から普通
1972 10.2	8	00	特急	2011D	まつかぜ1号	…	博多	気動車	キハ80系13両	シ	
		52	急行	811D	伯耆1号	…	米子	気動車	キハ58系6両		姫新・因美線経由
	9	32	特急	2021D	はまかぜ1号	新大阪	倉吉	気動車	キハ80系7両	シ	播但線経由
	9	50	急行	701D	だいせん1号	…	益田・*大社*	気動車	キハ58系11両		
	12	10	特急	1003D	まつかぜ2号	…	鳥取	気動車	キハ80系6両		
		25	急行	815D	伯耆2号	…	倉吉	気動車	キハ58系6両		姫新・因美線経由
	13	50	急行	703D	いなば	…	鳥取	気動車	キハ58系7両		福知山で「白兎」に併結
	16	57	急行	617D	但馬4号	…	*鳥取*	気動車	キハ58系		播但線経由・浜坂から普通
	18	00	特急	2023D	はまかぜ1号	新大阪	倉吉	気動車	キハ80系6両		播但線経由
	21	32	急行	705	だいせん2号	…	*大社*	客車	一般形12両	寝 ロネ・ハネ	出雲市から普通

京都並びに大阪駅から鳥取以西に直通する定期列車を記載。京都発は山陰本線、大阪発は福知山線経由を順路とし、それ以外の路線を経由する列車は備考欄に記す。終点に普通列車で到着の場合は行き先欄に斜字で示す
連結車種欄の表記は表26を参照されたい。ただし、1972.10.2のロネはA寝台、ハネはB寝台を示す
客車形式のうち一般形とは、どの車両と連結しても運転が可能な10・43系客車などを示す
編成両数は始発駅発車時点のものを示す。連結車種等欄に特記事項なしは、1・2等座席車(1972.10ではグリーン車と普通車)だけで組成される列車を示す

そこで、同改正で初の播但線経由特急「はまかぜ」、半年後の10月改正では、これまた初物となる京都始発特急「あさしお」を新設。「あさしお」は4往復中、狭義の山陰地方に顔を見せるのは2往復だけ、残る2往復は北近畿内での設定で、列車によって行き先や経由ルートが異なるのが特徴だった。老舗の「出雲」は3月改正で20系特急に格上げされる。「山陰にもブルートレインがやってきた」と、沿線で歓迎を受けるが、下りの京都駅発時刻は深夜にかかるため、『時刻表』では通過扱いとされた。

山陽新幹線は

山陽新幹線岡山開業で誕生した播但線経由の特急「はまかぜ」。神戸市内からの利用も可能だ。1973.8.3　居組～東浜

京都口の山陰本線の主力特急だった「あさしお4号」が保津峡駅を通過。現在の嵯峨野観光鉄道トロッコ保津峡駅である。1988.8.21　保津峡

1975（昭和50）年3月に博多開業を迎え、山陰本線では西部区間の輸送改善が実施されるものの、京阪神への影響は皆無といえた。山陰へは関西からは新幹線〜「やくも」の乗り継ぎが好調であるため、輸送力増強策として1982（昭和57）年7月に伯備線全線と山陰本線伯耆大山〜知井宮（現西出雲）間が電化され、振子式電車381系が投入される。幹線の電化は起点方から終点へ、或いは起点方と終点方の双方から工事を進めるのが定石だが、伯備線電化の延長とはいえ、山陰本線のような中間部分のみの電化は珍しかった。これに伴い、「やくも」への381系投入で捻出されたキハ181系は「まつかぜ」（博多直通を除く）「はまかぜ」「あさしお」の運用に入る。

国鉄末期の1986（昭和61）年11月には、福知山線全線と山陰本線福知山〜城崎（現城崎温泉）間電化が完成。大阪〜城崎間を中心に485系（後に183系に改造）電車特急「北近畿」が、定期列車だけで一挙に8往復運転を開始する。しかし、特急「まつかぜ」や急行「丹波」など、未電化の城崎以西や舞鶴・宮津線へ直通する列車が全廃されたため、JR化後は、キハ65形改造の眺望気動車による特急「エーデル鳥取」と「エーデル北近畿」を設定して直通輸送に対処した。

一方、山陰線支線区の宮津線西舞鶴〜豊岡間は、1990（平成2）年4月1日に第三セクター鉄道の北近畿タンゴ鉄道（現京都丹後鉄道）に経営移管されたことで、同社は同日から新製の眺望気動車ＫＴＲ００１系を投入。特急「タンゴエクスプローラー」として京都～久美浜間などで２往復の運転を開始する。こうしてＪＲ化後の京阪神～北近畿／山陰を結ぶ特急群はキハ１８１系「あさしお」と「はまかぜ」、それに１８３系電車の「北近畿」が軸となり、キハ65系改造車や三セク特急車が補完する体系になる。

特急「タンゴエクスプローラー２号」。北近畿タンゴ鉄道の眺望気動車KTR001系が使用され、好評を博した。　2002.4.2　相野～藍本

１９９４（平成６）年12月、山陽本線上郡と因美線智頭を短絡する第三セクター鉄道の智頭急行が開業。単線未電化ながら最高運転速度１３０キロの高規格路線である。これにより、新大阪～鳥取／倉吉間に智頭急行ＨＯＴ７０００系の「スーパーはくと」とＪＲ西日本のキハ１８１系「はくと」の両特急が登場。「スーパーはくと」は大阪～鳥取間を２時間30分台で結んだ。そして、遅れていた山陰本線京都口の電化も、１９９０（平成２）年から２度の部分

開業を経て1996（平成8）年3月に京都～福知山間が完成。同時に電化された北近畿タンゴ鉄道福知山～宮津～天橋立間を合わせると大阪・京都～福知山～城崎・天橋立間が電化路線でつながったことにより、同日のダイヤ改正では京都口の気動車特急「あさしお」と急行「丹後」に替わり、新大阪と京都から北近畿地区を結ぶ電車特急を主体とする「北近畿ビックXネットワーク」が構築。同時に特急「スーパーはくと」の始発駅は京都に変更される。

これにより、関西～山陰間は京都～鳥取／倉吉間の「スーパーはくと」と、大阪・京都～北近畿間はビッグXの特急群が担う輸送体系ができあがり、現在にいたる。「スーパーはくと」とビッグXの特急群の詳細は項を改めて記述させていただく。

元来は関西始発列車だった「出雲」と急行「だいせん」の生い立ち

「出雲」といえば、鉄道に関心がある方なら誰しもが頭に浮かぶのは、東京～出雲市間の夜行定期列車として唯一現役を張る「サンライズ出雲」や、十数年前まで活躍した赤いヘッドマークのブルートレインではないかと思う。また、その運転区間や時刻から、関西でも阪神地区とは縁がない列車と思っておられる方も多いことだろう。

しかし、概説でも述べたように急行時代の「出雲」は、その前身が戦前に大阪〜大社間で運転を開始しており、**表36**にも記すように、戦後にも同区間の準急として復活している。つまり、バリバリの大阪仕立て列車だったのである。この準急は1951（昭和26）年の急行復帰に際し、山陰地方から東京延長の要望が強かったのと、当時の国鉄も本州内急行は東京または上野を起点とし、各府県都を直結す

東京〜山陰地方を直結した寝台特急「出雲」。そのルーツは、大阪仕立ての準急列車だった。
1981.7.21　大井町〜大森

表36　急行〜特急「出雲」並びに関連列車時刻（下り）の変遷

改正年月日	1950.10.1	1952.4.1	1954.10.1	1956.11.19	1961.3.1	1961.10.1		1965.10.1		1968.10.1		1972.3.15		1998.7.10
列車番号	705	701	701	25	25	21	701	23	701D	33	701D	2001	701D	4031M
種別	準急	急行	急行	急行	急行	急行	急行	急行	急行	急行	急行	特急	急行	特急
列車名		いずも	いずも	出雲	出雲	出雲	三瓶	出雲	三瓶	出雲	だいせん1号	出雲	だいせん1号	SUN出雲
車両形式	一般形	一般形	一般形	一般形	一般形	一般形	一般形	一般形	キハ58系	一般形	キハ58系	20系	キハ58系	285系
東京発		22 00	22 30	22 15	22 30	19 50		19 50		19 30		18 20		22 00
京都〃		8 12	8 51	8 33	8 40	5 15		5 03		4 20		↓		↓
大阪発	9 30	9 25	9 50	9 40	9 40	//	9 30	//	9 45	//	9 50	//	9 52	↓
福知山〃	12 19	11 54	12 22	12 11	12 02	6 59	11 55	6 52	11 59	6 08	12 00	2 55	12 02	//
鳥取着	15 36	14 55	15 20	15 12	14 51	10 02	14 45	9 50	14 41	9 03	14 45	5 31	14 44	//
米子〃	17 39	16 40	17 05	16 56	16 33	11 42	16 36	11 51	16 24	10 55	16 25	7 05	16 24	9 08
松江発	18 21	17 15	17 39	17 32	17 12	12 21	17 15	12 39	17 04	11 44	17 02	7 45	16 57	9 33
出雲今市着	19 07	17 54	18 19	18 10	17 48	12 57	17 52	13 14	17 35	12 25	17 36	8 18	17 32	9 59
大社〃	19 30	18 05	18 35	18 25	18 06	//	18 10	//	17 54	//	*17 56*	//	*17 51*	
浜田〃			*20 16*	*20 07*	19 35	14 45	19 35	15 13	19 12	14 15	19 10	10 00	19 11	
記事		大阪まで「せと」に併結	同左						益田着20 05		益田着19 58		益田着19 58	岡山まで「SUN瀬戸」に併結

定期列車のみを記載。斜数字は普通列車での時刻。SUN出雲＝サンライズ出雲
出雲今市は1957(昭32).4.1、出雲市に駅名変更

る考えを持っていたため、急行格上げの11月25日に東京直通のはこびとなる。だが、東京〜山陰間で直通需要がさほど見込めないことや、連合国軍が日本を間接統治していた時代に、東海道本線内で単独の列車として設定するのは困難なため、大阪〜大社間での9両編成中、特ロ1両と3等2両を東京〜宇野間急行に併結しての東京乗入れとなる。

その一週間後の12月2日には大社行きが下り方の旧国名から「いずも」、相方の宇野行きは「せと」と命名される。もちろん、東京〜大阪間の列車番号を持つ「親列車」は「せと」だが、この〝主従関係〟が20世紀末の寝台電車「サンライズ」への置換え時にも付きまとうのだから、この両列車は切っても切れない縁があるのかも知れない。

東海道本線内では、10両以上の長大編成の中にわずか3両という肩身の狭い思いを強いられた「いずも」は、東海道全線電化の1956（昭和31）年11月改正で晴れて単独運転になり、列車名を漢字の「出雲」に変更。基本編成の大社行きのほか、夜行区間の東京〜大阪間での寝台車4両、それに浜田行きを5両連結し、東海道本線内の編成も**表37**に記すような堂々たるものになる。このうちの浜田編成は、沿線からの設定要望に応えたもので、当初は出雲市〜浜田間が普通列車扱いだったが、ビジネスや用務を目的とした旅客が多く乗車率が安定しているため、1961（昭和36）年3月改正では全区間を急行とし、大社

表37　急行～特急「出雲」編成の変遷（代表例）

1956.11.19 急行「出雲」

← 25レ　大社行き・25～525レ浜田行き　　26レ・526～26レ　東京行き→

	①	②	③	④	⑤	⑥	⑦	⑧	⑨	⑩	⑪	⑫	⑬
荷物	2等	2寝B	2寝C	3寝	3寝	特2等	3等	3等	3等	3等	3等	3等	3等
スニ	オロ	マロネ	スロネ	ナハネ	ナハネ	スロ	ナハ	ナハ	ナハフ	ナハ	ナハ	ナハ	ナハフ
	35	41	30	10	10	53	10	10	10	10	10	10	10

②～⑤ 東京～大阪　⑥～⑨ 東京～大社　⑩～⑬ 東京～浜田

① 東京～浜田

1958.10.1 急行「出雲」

← 25レ　大社行き・25～525レ浜田行き　　26レ・526～26レ　東京行き→

	①	②	③	④	⑤	⑥	⑦	⑧	⑨	⑩	⑪	⑫	⑬	⑭
荷物	2寝C	3寝	3寝	3寝	2等	特2等	3等	3等	3等	3等	3等	3等	3等	3等
スニ	マロネ	ナハネ	ナハネ	ナハネ	オロ	スロ	ナハ	ナハ	ナハ	ナハフ	ナハ	ナハ	ナハ	ナハフ
	29	10	10	10	35	54	10	10	10	10	10	10	10	10

①～④ 東京～大阪　⑥～⑩ 東京～大社　⑪～⑭ 東京～浜田

⑤ 東京～浜田

1961. 3 1 急行「出雲」

← 25レ　浜田行き・25～5レ大社行き　　26レ・6～26レ　東京行き→

	①	②	③	④	⑤	⑥	⑦	⑧	⑨	⑩	⑪	⑫	⑬	⑭
荷物	1寝B	2寝	2寝	2寝	指1等	自1等	2等	2等	2等	2等	2等	2等	2等	2等
スニ	オロネ	ナハネ	スハネ	ナハネ	スロ	スロ	ナハ	ナハ	ナハフ	ナハ	ナハ	ナハ	ナハ	ナハフ
	10	10	30	10	54	54	10	10	10	10	10	10	10	10

①～④ 東京～大阪　⑤～⑨ 東京～浜田　⑩～⑭ 東京～大社

1961.10.1 急行「出雲」

← 21レ浜田行き　　22レ東京行き→

①	②	③	④	⑤	⑥
2等	1寝B	2寝	指自1等	2等	2等
スハフ	オロネ	スハネ	スロ	スハ	スハフ
42	10	30	54	43	42

東京～出雲市

1970.10.1 急行「出雲」

← 33レ浜田行き　　34レ東京行き→

①	②	③	④	⑤	⑥	⑦	⑧	⑨	⑩	⑪
指	指	指	B寝	B寝	A寝	G	B寝	食堂	B寝	B寝
ナハフ	ナハ	ナハ	オハネ	オハネ	オロネ	スロフ	オハネ	オシ	オハネ	オハネフ
11	11	11	12	12	10	62	12	17	12	12

⑧～⑪ 東京～米子

1972. 3.15

← 2001レ浜田行き　　2002レ東京行き→

	①	②	③	④	⑤	⑥	⑦	⑧	⑨	⑩	⑪
荷物	A寝	B寝	B寝	B寝	食堂	B寝	B寝	A寝	B寝	B寝	B寝
カニ	ナロネ	ナハネ	ナハネ	ナハネ	ナシ	ナハネフ	ナハネ	ナロネ	ナハネ	ナハネ	ナハネフ
21	21	20	20	20	20	23	20	21	20	20	22

⑦～⑪ 東京～出雲市

1998. 7.10　特急「サンライズ出雲」(上り)

5032M・4032M～5032M　東京行き→

①	②	③	④	⑤	⑥	⑦	⑧	⑨	⑩	⑪	⑫	⑬	⑭
個B寝	個B寝	個B寝	個AB寝	個B寝・指	個B寝	個B寝	個B寝	個B寝	個B寝	個AB寝	個B寝・指	個B寝	個B寝
クハネ	サハネ	モハネ	サロハネ	モハネ	サハネ	クハネ	クハネ	サハネ	モハネ	サロハネ	モハネ	サハネ	クハネ
285	285	285	285	285	285	285	285	285	285	285	285	285	285

①～⑦ 出雲市～東京(サンライズ出雲)　⑧～⑭ 高松～東京(サンライズ瀬戸)

行き基本編成を交替する。

東京始発となっても、列車設定以来の関西〜山陰間昼行列車の使命を持ち続けた「出雲」は、1961（昭和36）年10月改正で東京〜山陰間直通輸送に力点を注ぐことになり、時間的ロスの大きい大阪経由を取り止め、京都から直接山陰本線に入る列車になる。利用実績から編成は6両とされたため、東海道本線内での余剰輸送力は、「観光団体専用列車」や寝台急行「金星」を併結することで埋め合わせた。

「出雲」の経路変更により、その見返りとして大阪〜浜田・大社間を改正前の「出雲」の時刻で走る「三瓶」が新設される。大阪始発で清掃が行き届いた列車に乗って旅行できるはずなのに、関西人からの評判は芳しくなかった。10年間も慣れ親しんだ「出雲」の列車名を奪われたほか、「三瓶」の漢字が読みにくいうえに、三瓶山は島根県石見地方の名山であっても、関西では知らない人が多く、列車に馴染めないというのも理由だったようだ。それと、「三瓶」は改正前の「出雲」から大阪回転の寝台車を抜いたような編成だが、「出雲」時代の2等車は品川客車区のナハ10系で揃えられていたのに対し、浜田・出雲の両客貨車区持ちとなった「三瓶」は、一時代前のスハ43系を中心に組成されていることも、不人気の要因だったのかも知れない。

だが、列車名や編成は〝格落ち〟しても、そこは旧「出雲」のスジを走る列車で全区間での時間帯が良好なため、年間を通じて利用客は多かった。当時キハ58系の量産が進み、「だいせん」も1962（昭和37）年10月に気動車化されていたが、「三瓶」は当初から全区間がDF50形の牽引で無煙化が完成していたことや、長い編成が災いしてか、気動車化は1965（昭和40）年10月になって実施される。そして、同時に下り側の行き先は石見益田（現益田）までの延長が実現する。それにより、大阪をキハ58系10両で発車した列車は、降車客が多い駅や分岐駅で車両を切り離すスタイルとなり、米子で8両、出雲市で6両となり、浜田〜益田間は本州内急行では珍しい2両編成だった。「三瓶」は1968（昭和43）年10月の列車名統合で「だいせん1―2号」に改称され、大社編成は出雲市〜大社間が普通に格下げされる。出雲大社参拝もクルマ利用の時代が押し寄せている感じだった。

この間、「出雲」は東海道新幹線開業で〝足かせ〟が取れたのか、1964（昭和39）年10月からは寝台車が主体で、食堂車も連結した12両編成になる。

1972（昭和47）年3月改正では、東京〜山陰間のスピードアップを狙い、「出雲」は寝台特急に格上げ。急行時代に比べ山陰中央部へは理想的な時刻になり、人気ブルトレに躍り出る。一方「だいせん1―2号」は経路が関西〜山陰中央部のメインルートから外されたものの、運転区間はそのままで存続する。筆者は同年8月に山陽・山陰方面に出かけた際、帰阪日の18日には浜田～大阪間を「だいせん2号」で乗り通した。帰省輸送のピークは過ぎていたが、帰省や観光地から帰る家族やグループ客などで、列車は全区間で常に100％を超える利用率だった。車掌氏の切符拝見時にも周遊券を提示する客が多かったのは、伯備・新幹線経由に比べ所要時間が多少遅くても、乗換えがなく値段の安い急行が支持されている理由が見てとれたものだった。当日は10時間に及ぶ長旅だったが、浜田駅から進行方向右手の窓側席に座れたことや、天気もよかったこともあって退屈感はなかった。キハ58系には食堂車はないが、窓から駅弁やおつまみ、瓶ビールを購入できるのは便利だった。当時の優等列車用車両の窓側テーブルには栓抜きが取り付けられており、購入時にもらったプラスチックコップにビールを注いで飲むといった、汽車旅ではごく自然の〝日常〟も、今では半世紀も

大阪始発時代の「出雲」のスジを受け継ぎ、出雲市以西の区間を5両で運転の急行「だいせん2号」。　1970.10.10　田儀

前の思い出となってしまった。

そうした気動車急行「だいせん」も、大阪〜城崎間電化の１９８６（昭和61）年11月改正で廃止される。中国自動車道が１９８３（昭和58）年に全通し、大阪〜山陰間の鉄道利用客も減少傾向にあったため、廃止直前は益田直通を維持するものの編成は８両に減車。米子〜益田間は快速や普通に格下げしての運転だった。大社行きも大社線が廃止対象の特定地方交通線になったこともあり、１９８４（昭和59）年２月改正で直通運転が廃止されていた。「出雲」の本流の流れを汲む「だいせん１−４号」が姿を消してから、40年近くが経過するが、列車史の系譜からは亜流とはいえ、「サンライズ出雲」が健在なのは、レイルファンとして喜ばしい。「サンライズ瀬戸」ともども前途に幸多かれと願うばかりである。

山陰地方に特急運転の感動を与えた特急「まつかぜ」

ＪＲの定期優等列車がすべて特急で運転される今日では、ウソのような話だが、60年以上も前の１９６１（昭和36）年10月ダイヤ改正を機に、それまで東海道・山陽・九州（鹿児島・長崎）・東北筋のエリート路線でしか見られなかった特急の運転区間を地方幹線まで拡大し、設定本数も9往復から約3倍増の26往復にする計画が立てられる。新たに特急が設定される候補となると、函館・奥羽・高崎・信越・北陸線などのように、大正年間に急行が運転されており、当時も複数の急行が走っている路線は〃当確組〃だが、9月初旬のプレス発表に先立ち6月に鉄道雑誌に掲載された概要の記事には、山陰本線を含む京都〜大阪〜松江間も、新特急型気動車による「特急運転計画区間」の名簿に記載されていた。特急列車名はプレス発表時に「まつかぜ」と公表された。

大阪〜山陰〜博多を走破した長距離特急「まつかぜ」の艶姿。関西人にとって、山陰の名列車の代表格だった。1970.10.7　岡見〜三保三隅

当時の山陰本線と福知山線での急行は実質的に「出雲」の一枚看板で、前述の候補路線とは輸送量でも格差があり、気動車準急の運転も緒に就いたばかりなので、特急の運転など考えられないところだった。それでも国鉄が設定を決めたのは、地域の均衡ある発展と福知山・米子両鉄道管理局の士気高揚を狙ったものと思われる。しかし、「まつかぜ」の運転区間である京都〜松江間は山陰本線直行ではなく、

距離的に70㎞の大迂回となる大阪経由（いわゆるダイヤ改正前の〝出雲ルート〟）を選択したのは、山陰本線の起点である京都と、新設特急の実質的な始発駅であり、最大数の乗客を見込める大阪の両駅を立てるための策だったようだ。また、全区間での途中停車駅を大阪・福知山・豊岡・城崎（現城崎温泉）・鳥取・上井（現倉吉）・米子の７駅に抑え、兵庫県但馬地区で隣接する城崎は下り、豊岡は上り列車の片方停車としたあたりは、当時における特急の格の高さを感じさせる。それと、山陰本線では旅客の流れから終点は大社または出雲市とするのが定石だが、島根県都の松江止まりとされたのは、貴重な車両を１本の編成で折り返し運転をさせる意図も見てとれた。

こうして苦心の末、運転を開始した特急「まつかぜ」は**表38**で示すように、４２２・２㎞の全区間を６時間35分で結ぶ。当時の東海道電車特急「こだま」は、それより１００㎞以上も長い東京〜大阪間をほぼ同じ到達時分で結んでいたので、山陰・福知山線の実情が伺えるが、それでも京都〜塚口間以外は単線の線路で、表定速度64・１キロを記録したのだから、立派なものだった。ちなみに改正前の急行「出雲」は、同区間で８時間29分を要し、表定速度となると49・８キロだった。「まつかぜ」の編成は**表39**のように、１等車と食堂車各１両込みのキハ80系６両で、京都駅や大阪駅を12両で飛び立つ「かもめ」や「白鳥」の

表38　特急「まつかぜ」並びに関連列車時刻（下り）の変遷

改正年月日	1961.10.1	1964.3.20	1965.11.1		1968.10.1		1972.10.2		1982.7.1		1985.3.14		
列車番号	7D	7D	1001D	1003D	1001D	1003D	2011D	2013D	5D	7D	9D	5D	7D
列車名	まつかぜ	まつかぜ	まつかぜ	やくも	まつかぜ	やくも	まつかぜ1号	まつかぜ2号	まつかぜ1号	まつかぜ3号	いそかぜ	まつかぜ1号	まつかぜ3号
車両形式	キハ80系	キハ80系	キハ80系	キハ80系	キハ80系	キハ80系	キハ80系	キハ80系	キハ80系	キハ181系	キハ181系	キハ181系	キハ181系
始発	京都 7 30	京都 7 30	京都 7 30	新大阪 12 00	京都 7 25	新大阪 12 00							
大阪発	8 05	8 05	8 04	12 08	8 01	12 08	8 00	12 10	8 00	12 10		8 00	12 00
福知山 〃	10 00	10 00	9 59	14 10	9 59	14 09	9 57	14 07	9 57	14 08		9 58	13 57
城崎 〃	11 04	11 04	↓	15 17	↓	15 16	11 00	15 15	11 03	15 12		11 07	15 01
鳥取着	12 14	12 12	12 11	16 26	12 11	16 27	12 10	16 26	12 13	16 28		12 20	16 14
上井発	12 54	12 50	12 49	17 10	12 49	17 13	12 48		12 51	17 15		13 00	16 54
米子着	13 38	13 34	13 34	17 54	13 33	17 57	13 32		13 34	18 08	12 00	13 43	17 37
松江発	14 05	14 02	14 04	18 25	14 03	18 27	14 01		14 04		12 26		
出雲市着		14 32	14 34	18 55	14 34	18 57	14 30		14 34		12 58		
浜田 〃		15 56	16 02	20 22	16 01	20 22	15 58		16 04		14 22		
石見益田 〃		16 41	16 46		16 46		16 46		16 48		15 06		
博多 〃		20 55	20 55		20 51		20 50		20 55		19 01		

定期列車のみを記載。
上井は1972(昭47).2.14、倉吉に駅名変更　石見益田は1966(昭41).10.1、益田に駅名変更

単独区間と同じである。筆者は東海道新幹線開業前の特急は〝選ばれた人〟だけが利用できる列車だと、書籍や雑誌などで何度か記してきたが、国鉄も同様の考えを持っており、特急は座席指定の定員乗車とし、6両編成でも食堂車連結は当然のサービスと考えていたようだ。つまり、後年のエル特急のように、自由席車に立ち客を詰め込むような輸送力重視の発想はなかったのである。

運転開始当初は、沿線住民から「山陰にこんなに素晴らしい列車が走るのは、まるで夢のようだ」と絶賛されていた「まつかぜ」も、地元の鉄道関係者からは、果たして列車として育つのかどうか、前途が心配されていた。だが、沿線自治体や観光協会などの後押しもあって「まつかぜ」は好調な利用率を記録し、1963（昭和38）年10月には編成を7両に増強。翌1964（昭和39）年3月には、山陰西部地方の要望もあり運転区間が博多ま

で延長される。当時の山陰本線浜田以西には急行の運転がなく、優等列車は準急が最高位なので、飛び級での特急設定は思い切った措置といえた。この博多延長で「まつかぜ」の走行距離は８２７・６kmとなり、編成も京都〜米子間が９両、米子〜博多間は６両とされ、〝日本海西部縦貫〟の堂々たる特急に成長した。

表39　関西〜山陰間 福知山線経由特急編成の変遷（代表例）

1961.10.1
←7D 松江行き　特急「まつかぜ」8D 京都行き→

①	②	③	④	⑤	⑥
2等	1等	食堂	2等	2等	2等
キハ	キロ	キシ	キハ	キハ	キハ
82	80	80	80	80	82

1964.3.20
←7D 博多行き　特急「まつかぜ」　8D 京都行き→

①	②	③	④	⑤	⑥	⑦	⑧	⑨
2等	1等	食堂	2等	2等	2等	2等	2等	2等
キハ	キロ	キシ	キハ	キハ	キハ	キハ	キハ	キハ
82	80	80	80	80	82	80	80	82
						京都〜米子		

1965.11.1
←1003D 浜田行き　特急「やくも」　1004D 新大阪行き→

①	②	③	④	⑤	⑥	⑦
2等	1等	食堂	2等	2等	2等	2等
キハ	キロ	キシ	キハ	キハ	キハ	キハ
82	80	80	80	80	80	82

1968.10.1
←1001D 博多行き　特急「まつかぜ」　1002D 京都行き→

①	②	③	④	⑤	⑥	⑦	⑧	⑨	⑩	⑪	⑫
2等	1等	食堂	2等	2等	2等	2等	2等	2等	2等	2等	2等
キハ	キロ	キシ	キハ	キハ	キハ	キハ	キハ	キハ	キハ	キハ	キハ
82	80	80	80	80	82	80	80	80	82	80	82
						京都〜米子					

1971.4.26
←1003D 浜田行き　特急「やくも」　1004D 新大阪行き→

①	②	③	④	⑤	⑥	⑦	⑧	⑨	⑩	⑪	⑫
指	指	指	G	G	食堂	指	指	指	指	指	指
キハ	キハ	キハ	キロ	キロ	キシ	キハ	キハ	キハ	キハ	キハ	キハ
82	80	82	80	80	80	80	80	82	80	80	82
									新大阪〜米子		

1972.3.15
←2011D 博多行き　特急「まつかぜ1−2号」　2012D 京都行き→

①	②	③	④	⑤	⑥	⑦	⑧	⑨	⑩	⑪	⑫	⑬
指	G	食堂	指	指	指	指	指	G	指	指	指	指
キハ	キロ	キシ	キハ	キハ	キハ	キハ	キハ	キロ	キハ	キハ	キハ	キハ
82	80	80	80	80	80	82	82	80	80	80	80	82
							京都〜鳥取					

←2013D 鳥取行き　特急「まつかぜ2―1号」2014D 大阪行き→

①	②	③	④	⑤	⑥
指	G	指	指	指	指
キハ	キロ	キハ	キハ	キハ	キハ
82	80	80	80	80	82

1982.7.1
←5D 博多行き　特急「まつかぜ1−4号」　6D 新大阪行き→

①	②	③	④	⑤	⑥	⑦	⑧	⑨
指	G	食堂	指	自	自	自	指	指
キハ	キロ	キシ	キハ	キハ	キハ	キハ	キハ	キハ
82	80	80	80	80	82	80	80	82
						新大阪〜米子		

←7D 米子行き　特急「まつかぜ3―2号」8D 大阪行き→

①	②	③	④	⑤	⑥
指	G	指	指	自	自
キハ	キロ	キハ	キハ	キハ	キハ
181	180	180	180	180	181

1985.3.14
←5D 米子行き　特急「まつかぜ1−4号」　8D 新大阪行き→

①	②	③	④	⑤	⑥	⑦	⑧
指	指	指	指	G	自	自	自
キハ	キハ	キハ	キハ	キロ	キハ	キハ	キハ
181	180	180	181	180	180	180	181

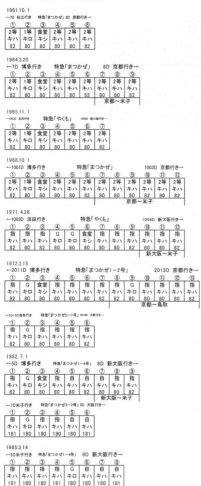

東海道新幹線が新大阪〜東京間で3時間10分運転を開始する1965（昭和40）年11月には、「まつかぜ」は弟分として新大阪〜浜田間特急「やくも」を迎える。「まつかぜ」が関西と北九州の両方向から山陰方面へのビジネスと観光などの多用途列車に対し、「やくも」は大阪では城崎・鳥取方面への一泊観光旅行に至便とPRされていたが、新幹線に接続するため、東京〜山陰間の旅客を急行「出雲」から奪っていたようだ。

2往復運転になった山陰特急は以後特急の大衆化も手伝い、「まつかぜ」「やくも」とも1971（昭和46）年4月までに、始発駅では12両編成になる。両列車にとってこの頃がクライマックスの時代だった。

だが、山陽新幹線岡山開業の1972（昭和47）年3月改正では、関西〜山陰中央部は新幹線〜伯備線特急利用が、「まつかぜ」の大阪〜米子間より1時間30分前後も速く到達できるようになったため、「やくも」は運転区間を大阪〜鳥取間に縮小し、列

「まつかぜ」とともに関西〜山陰特急の主役だった「やくも」。山陰西部区間でも堂々の9両編成だ。
1971.11.15　田儀〜浪根

車名を「まつかぜ2―1号」に改称。編成もキハ80系6両になり、食堂車の連結も外される。一方、「まつかぜ1―2号」を名乗る日本海西部縦貫特急はそのままで残り、京都〜鳥取間での編成は最大の13両になる。ダイヤ改正で乗客の減少が見込まれるはずなのに不可思議な措置だが、種を明かせば、13両の下り「まつかぜ1号」が鳥取到着後に、同駅回転の6両が切り離され、12時46分発の上り「まつかぜ1号」になって大阪に折り返すだけだった。

福知山線経由特急「まつかぜ」の2往復運転は、結果として国鉄最後の1986（昭和61）年11月ダイヤ改正まで続く。運転開始時の「夢のような列車」を演出したキハ80系は、車両が法定耐用年数を過ぎた1975（昭和50）年以後も、古さを感じさせない容姿を誇っていた。そして、日本海西部縦貫列車は始発駅を大阪に変更しただけで、ほぼ1964（昭和39）年3月ダイヤのまま長きにわたり運転されていたので、ファンの間からは褒められているのか、けなされているのか〝時代を超越した名列車〟と言われていた。当時、クルマを運転するようになった筆者は、自宅のあった大東市から鳥取砂丘までドライブに出かけ、中国縦貫自動車道のサービスエリアで休憩タイムを取っても、鳥取市内には4時間以内で到着した。自宅から目的地まで乗り換えなしのクルマの便利さを実感するとともに、特急「まつかぜ」や類似区間の「はまかぜ」の前途に不安を抱いたものだった。

国鉄は「まつかぜ」の扱いについて、ダイヤをいじると長年の蓄積が崩壊するとばかり、現状維持を貫いていたが、伯備・山陰線倉敷～知井宮間電化の1982（昭和57）年7月改正を機に、鳥取行き3－2号のキハ181系置換えと米子延長、日本海西部縦貫の1－4号は食堂車付きキハ80系で残るものの、編成は実態に即した大阪発時点で9両に短縮される。だが、キハ80系は老朽化が著しいことや、1－4号の利用客は大半が鳥取～米子間で入れ替わることもあり、1985（昭和60）年3月改正ではキハ181系化されるとともに、運転区間が米子で分割され、2往復とも大阪～米子間運転で余生を送る。

ところで、筆者が初めて山陰地方を旅行したのは意外と遅く、いわゆる〝SLブーム〟最中の1970（昭和45）年10月である。のどかな山陰本線を行くC57形やD51形も良かったが、それよりも海岸に沿って走るキハ80系やキハ58系の気動車群の方が、景色に溶けこんでおり絶好の被写体だった。

特急「まつかぜ」については、山陰沿線では1986（昭和61）年の廃止後も根強い人気があり、愛着を抱いている方も多く、2003（平成15）年10月に山陰本線地域内特急「スーパーまつかぜ」として列車名が復活する。現役の「やくも」「サンライズ出雲」とども、〝山陰の名列車トリオ〟には、いつまでも元気に活躍を続けてほしいものである。

関西〜鳥取間の鉄道復権を実現した特急「スーパーはくと」

山陽新幹線岡山開業の1972（昭和47）年3月改正で、山陰本線優等列車は系統分割され、京阪神からは鳥取（倉吉）間までが持ち場となる。そして基本的には同改正のダイヤのまま、十年一日の星霜が流れる。この間、国鉄は運賃・料金の値上げを繰り返す。その一方で、1972（昭和47）年時点では吹田JCT〜宝塚間だけの開業だった中国自動車道は、東西から部分開業を繰り返し、1983（昭和58）年3月には下関まで全通する。レイルファンの筆者ですら、前項で記したようにクルマの味を占め、特に結婚後は一人で撮影に出かける以外、旅行はクルマ利用が主体となったので、一般の人たちは言うに及ばずといったところで、山陰線系路線の鉄道利用客は減少した。中でも特急よりも所要時間が短い高速バスの設定のある大阪〜鳥取間での落ち込みはひどかった。

国鉄では最後のダイヤ改正となる1986（昭和61）年11月には、大阪〜城崎間での電気運転が可能になり、同区間に電車特急「北近畿」8往復が登場する一方、大阪から福知山線経由で鳥取方面へ直通する昼行優等列車は全廃される。鳥取以西への特急は既設の「あさしお」「はまかぜ」各3往復が残存するが、どの列車も城崎を経由しているように、鉄道が力を発揮できる北近畿地方への連絡が主目的で、鳥取へは鉄道ルートを確保するのが狙いといえた。

ところで、京阪神と鳥取を結ぶ優等列車運転実績のある路線は、山陰本線を含め４系統があるが、それ以外に山陽本線上郡と因美線智頭を短絡する智頭線が１９６６（昭和41）年に着工されていた。完成すれば、大阪～鳥取間の距離は既存路線より短い２１０・７㎞になることで期待されていたが、工事が90％以上も進捗しているにもかかわらず、国鉄財政事情悪化のため１９８０（昭和55）年に凍結されてしまう。しかし、沿線３県が中心に出資する第三セクター鉄道の智頭鉄道が１９８６（昭和61）年に設立され、翌年に工事が再開。１９９０（平成２）年には最高時速を１３０キロとする高規格路線化が決定し、開業半年前の１９９４（平成６）年６月には会社名が智頭急行に変更され、12月３日の開業を待つ。

関西～鳥取間の鉄道復権を体現した特急「スーパーはくと」。智頭急行の振子式気動車HOT7000系が快走。　2000.3.22　須磨～塩屋

この智頭急行は、大阪人にとっても関心が深いのか、当時筆者の行きつけの飲み屋では、中年男性の2人がこんな会話をしていた。

「今度、大阪から2時間半で鳥取まで行く、すごく速い特急が走っよるんや」

「ほんまか、この前、大阪から乗った特急は4時間以上もかかっとったで」

「ほんまや。2時間も速く行っきょるんや」

「ほんなら、城崎やったら1時間半ほどで行けるんやな。すげえなぁ」

「それが、城崎は通らんらしいんや」

「?・?・?・・・・」

とにかく、特急のスピードが遅いことでは定評のあった大阪～鳥取間が、2時間半で結ばれるというのだから、インパクトは相当に強かったようだ。

この智頭急行線経由特急には、智頭急行の振子式HOT7000系気動車を使用する列車が「スーパーはくと」、JR西日本のキハ181系使用列車が「はくと」と命名され、新大阪～鳥取／倉吉間で計4往復が運転される。最速列車はコピー通り、大阪～鳥取間を2時間30分台で結んだ。**表40**に記す大阪～鳥取間到達時分でも、「スーパーはくと」が抜群に速いことは一目瞭然である。これにより、同区間での使命が薄れた播但線経由の「はまかぜ」

は2往復に削減され、運転区間は大阪～浜坂／鳥取間になる。

筆者も、この〝2時間半〟の旅を体感したく、年明けの1995（平成7）年1月14日に、始発の新大阪まで出向き7時28分発の「スーパーはくと」に乗車した。大阪では予想通り、自由席はデッキにも立つ客が出るほどの乗車率だったので、「進行方向右側の自由席（筆者にとっては指定席）を確保したことは正解やった」と、「JR化後もガラガラの鳥取行きが、よく立ち直った」という感慨で、二重の喜びだった。だが、山陽本線内では晴れていた空も、智頭急行

「スーパーはくと」と二人三脚で鳥取を結んだキハ181系の特急「はくと81号」　1995.4.6　宮本武蔵

表40　大阪～鳥取間優等列車到達時分の変遷

年月日	種別・列車名	使用車種	経由路線	距離 (km)	到達時分 (時間―分)	表定速度 (km/h)	備考
1961(昭36)10.1	特急「まつかぜ」	キハ80系	福知山・山陰	257.8	4-09	62.1	特急運転開始
〃	急行「白兎」	キハ58系	〃	〃	5-04	50.9	
〃	準急「みささ」	キハ55系	姫新・因美	247.6	4-38	53.4	
〃	準急「但馬」	キハ55系	播但・山陰	264.9	4-42	56.4	
1965(昭40)11.1	特急「やくも」	キハ80系	福知山・山陰	257.8	4-18	60.0	
1972(昭47)3.15	特急「はまかぜ」	キハ80系	播但・山陰	264.9	4-07	64.3	
1989(平元)3.11	特急「エーデル鳥取」	キハ65系	福知山・山陰	256.0	4-05	62.7	
1994(平6)12.11	特急「スーパーはくと5号」	HOT7000系	智頭急行・因美	210.7	2-34	82.1	智頭急行開業
1996(平8)3.16	特急「はくと9号」	キハ189系	智頭急行・因美	210.7	2-46	76.2	
2003(平15)10.1	特急「スーパーはくと7号」	HOT7000系	智頭急行・因美	210.7	2-23	88.4	因美線高速化完成
2023(令3)3.18	特急「はまかぜ」	キハ189系	播但・山陰	264.9	4-20	61.1	
〃	特急「スーパーはくと5号」	HOT7000系	智頭急行・因美	210.7	2-27	86.0	

線の恋山形付近からは雪模様に変わり、因美線内では大雪。20分ほどの遅れで着いた鳥取駅でも、運休列車が相次いでいるので、駅や付近での撮影どころではなかった。幸い、山陰本線京都行きの特急「あさしお6号」は定刻より遅れるものの、運転する情報を得たので、駅近くの市場で自宅へのお土産用のカニを購入し、帰路を急いだ。この2日後には阪神・淡路大震災が起きるとは、思いもよらなかった。

大阪〜鳥取間に鉄道復権をもたらした「スーパーはくと」は、その後も好調を維持し、1996（平成8）年3月には「はくと」を合わせ6往復に増発されるとともに、全列車の始発駅を京都に延長。1997（平成9）年11月には全列車が「スーパーはくと」に統一されると同時に、半室グリーン車が連結される。そして2000（平成12）年3月からは最速列車の大阪〜鳥取間が2時間20分台にスピードアップされるなど、順調に成長を続けている。

電車特急が主体となった京阪神〜北近畿間

1970年代の福知山線は、特急運転路線とはいっても実質的には全線が単線未電化のローカル線だった。だが、〝起点〟の大阪はもちろん神戸からも近く、住宅開発が盛んなことで、特に朝夕の通勤通学列車は混雑が激しく、DD54形やDF50形が牽く10両前後の客車列車の各デッキ部分には客がぶら下がる格好で乗車するほど、輸送は飽和状態を呈していた。そこで、1981（昭和56）年4月に塚口（大阪）～宝塚間が電化され、同区間専用の103系電車が入線する。そして、5年後の1986（昭和61）年11月には電化区間が終点の福知山を越え、城崎に達する。

特急「北近畿」は、山陰系路線の関西口に、本格的な電車時代の到来を告げた列車だった。1993.4.5 生瀬～西宮名塩

　この大阪～城崎間電化に際して登場した福知山線特急は「北近畿」の列車名で、新大阪／大阪～福知山／城崎間で計8往復の運転を開始する。下り最速の1号は大阪～福知山間を1時間44分、同～城崎間を2時間53分と改正前の「まつかぜ」に比べれば幾分か速かったが、ダイヤ改正で同区間の全列車が特急となり割高感があるうえ、編成はオール普通車の6両なので、特に温泉行きのフルムーン客から不評だった。国鉄もこれに懲

りたのか、1号車の運転室寄りの半室を1987（昭和62）年3月末までに、定員16名のグリーン室に改造する。JR化を直前に控え、国鉄のうちに仕事を完結したいという意地を見せた感じだった。

また、概説でも記したように、「北近畿」の登場で、福知山線経由で未電化区間に直通する優等列車が全廃されたため、1989（平成元）年3月に「エーデル鳥取」が大阪～倉吉、1990（平成2）年3月に「エーデル北近畿」が大阪～浜坂間などで運転を開始する。何れも急行形キハ65形改造の眺望気動車で、当初は正面展望やリクライニングシートが好評だったが、車両性能の関係で最高時速が95キロに抑えられるため、足の遅さだけは避けられなかった。同時期には第三セクターの北近畿タンゴ鉄道（現京都丹後鉄道）に移管された宮津線を経由する列車として、同社所有の眺望気動車KTR001系3両編成の「タンゴエクスプローラー」が、京都～久美浜間などに2往復設定される。福知山付

電化の影で、非電化区間への直通運転に貢献した特急「エーデル鳥取」。　1989.4.2　相野～藍本

近の優等列車も旧国鉄形の485系やキハ58・181系に加え、JR西日本と三セク鉄道の眺望気動車で一挙に賑やかになる。眺望気動車は国鉄再建法施行やJR化、それに当時の〃バブル〃景気の副産物といえるが、こうなると485系も見劣りが隠せないのか、交流機器撤去による183系化改造に合わせ、普通車の座席をリクライニングシートに取り替えるなど、グレードアップ改造が実施された。

1996(平成8)年3月には山陰本線京都〜福知山間と北近畿タンゴ鉄道福知山〜天橋立間の電化が完成。山陰本線京都口の優等列車は、舞鶴線方面への「タンゴエクスプローラー」を除き全面的に183系電車特急化され、京都からは城崎行きの「きのさき」、天橋立行きの「はしだて」、福知山行きの「たんば」が設定される。京都発特急は行き先が列車名となり、命名が安易な感じだが、誤乗が未然に防げる意味では分かりやすかった。また、大阪口からは天橋立行きの「文殊」が電車で、久美浜行きの「タンゴディスカバリー」が、北近畿タンゴ鉄道のKTR8000系気動車で運転(福知山までは「北近畿」が牽引)を開始する。

この結果、福知山を中心に4方向に電車特急が走るわけで、JR西日本はこれを「北近畿ビッグXネットワーク」と名付け、電車特急の正面愛称幕は、列車名の下に丹後半島の影絵と路線の模様を入れ、そこに運転区間表示した玄人好みのものが採用された。このほか京都口特急の西限が城崎とされたことで、「スーパーはくと」の全列車が京都始終着になった。また、特急「あさしお」と急行「丹後」の廃止に伴い、山陰本線気動車準急の発祥区間の京都～東舞鶴間を結ぶ優等列車が消滅し、西舞鶴～東舞鶴間は特急空白区間になったため、「きのさき」や「たんば」に接続する快速「舞鶴リレー号」が綾部～東舞鶴間で運転されるが、短距離での乗換えは気分的に堪えるものだった。

舞鶴線内では3両編成になる特急「まいづる」
2007.4.3　綾部～淵垣

そこで、舞鶴線も１９９９（平成11）年10月改正を機に電化され、京都～東舞鶴間に電車特急「まいづる」３往復が設定される。同改正ではこのほか、北近畿タンゴ鉄道乗入れの気動車特急のうち、２両単位での運転ができるＫＴＲ８０００系の「タンゴディスカバリー」を京都口に入れ、ＫＴＲ００１系の「タンゴエクスプローラー」を大阪口に回すほか、「エーデル鳥取」と「エーデル北近畿」の城崎以西を廃止し、残続区間は再び電車化のうえ「北近畿」に編入された。福知山での「ビッグXネットワーク」は、1996(平成8)年3月改正では必ずしも活かされているとは言えなかったが、この改正では京都～城崎間特急と新大阪～城崎間特急の特急・グリーン料金は、福知山で乗り継ぐ場合、改札を出なければ通し料金が適用されるようになり、両列車の連絡もスムーズなものになったため、利用客から喜ばれた。

ところで、北近畿ビッグXネットワークの特急は、2010(平成22)年11月に「はまかぜ」用のキハ181系がキハ189系に置き換えられたものの、電車特急は相変わらず車齢の高い485系改造車や183系の独断場だった。それと運転系統がさほど複雑でないのに、列車名が多いことは、誤乗など何かと問題があった。そこでビッグXでは、初の特急型新製電車287系登場の2011(平成23)年3月改正に合わせ、運転区間と列車名の見直しを実施し、「北近畿」は地元の要望もあって「こうのとり」に改称。「タンゴディスカバリー」は宮津線行きが「はしだて」、東舞鶴行きが「まいづる」に、「たんば」は「きのさき」に、それぞれ編入。「タンゴエクスプローラー」は北近畿タンゴ鉄道線内特急となり、「文殊」は廃止される。改正前に9種あった列車名は5種に整理された。

車両面では287系が電車4特急の運用に就くものの、全列車を置き換えるには車両数が不足し、１８３系の一部が残存するほか、紀勢本線で余剰になった３８１系も応援に駆け付ける。両形式はその後もしばらく稼働を続け、旧国鉄型特急車が引退するのは、北陸新幹線開業で余剰が生じた６８３系の一部が直流専用車の２８９系改造を受けて入線し、３８１系を置き換えた２０１５（平成27）年11月のことだった。

以後も、ビッグXでは**表41**のように２０１１（平成23）年３月改正ダイヤを基本とした運転が続けられている。

大阪口の山陰方面行き特急の主役は「こうのとり」へ。写真は683系を直流専用車化した289系での編成。　2017.2.21　藍本～相野

表41　「北近畿ビッグXネットワーク」特急運転本数の変遷

年月日	運転本数(下り定期列車)												使用車種					備考
おもな始発駅	新大阪または大阪							京都					485 183 381	D181 D189	D65	K001 K8000	287 289	
列車名	北近畿	はまかぜ	E鳥取	E北近畿	文殊	TDC	こうのとり	TEP	きのさき	はしだて	たんば	まいづる						
おもな行き先	城崎	鳥取	倉吉	浜坂	天橋立	久美浜	城崎	久美浜	城崎	天橋立	福知山	東舞鶴						
1986(昭61). 11. 1	8	3		…									○	○				大阪～城崎間電化
1989(平元). 3.11	7	3	1	…									○	○	○			
1990(平2). 3. 10	6	3	1	2									○	○	○			
1990(平2). 4. 1	6	3	1	2				2					○	○	○	○		
1996(平8). 3.16	7	3	1	2	1	1		2	5	4	3		○	○	○	○		「北近畿ビッグXネットワーク」構築
1999(平11). 10.2	8	3	…	…	1	※2		※2	3	4	2	3	○	○		○		舞鶴線電化完成
2003(平15).10. 1	10	3	…	…	1	2		2	3	4	5	(5)	○	○		○		
2011(平23). 3.12	…	3	…	…	…	…	14	…	9	5	…	(8)	○	○		○	○	列車名統廃合実施
2016(平28). 3.16	…	3	…	…	…	…	14	…	10	5	…	(8)		○		○	○	2015.11.1旧国鉄型特急車引退
2023(令5). 3.18	…	3	…	…	…	…	11	…	8	5	…	(8)		○		○	○	

列車名欄　E鳥取＝エーデル鳥取、E北近畿＝エーデル北近畿、TDC＝タンゴディスカバリー、TEP＝タンゴエクスプローラー
使用車種欄　485＝485系、183＝183系(485系改造車)、381＝381系、D181＝キハ181系、D189＝キハ189系、D65＝キハ65形(エーデル仕様車)、K001＝KTR001系(北近畿タンゴ鉄道車)、K8000＝KTR8000系(北近畿タンゴ鉄道車)、287＝287系、289＝289系
運転本数欄　※「タンゴディスカバリー」は京都始発、「タンゴエクスプローラー」は新大阪始発に変更。　カッコ内は単独運転区間での本数

コラム4

今は無き長距離鈍行と寝台車連結の「夜行普通列車」

半世紀以上前の長距離普通列車は利用客が多く、優等列車に匹敵するほどの存在意義を有していた。そのため、1961（昭和36）年10月改正の大阪駅での長距離普通列車（長距離鈍行）は、主なものだけでも東京行きが3本、九州の門司・鳥栖・八代行きが各1本ずつ、日本海縦貫線へは青森まで通す31時間かけて通す列車が1本、福知山線経由では石見大田（現大田市）と大社行きが各1本ずつ設定されていた。京都からは山陰本線経由で下関と、さらに門司までが各1本、天王寺からは名古屋までの紀伊半島全周鈍行も運転されていた。これらの列車は運転距離との関係で、起終点もしくは中間の区間が夜行となる例が多く、会社役員なども出張の際に利用することがあるため、全列車に1等車を連結していた。つまり、当時の長距離鈍行は、運転本数が限られる優等列車を補佐し、幹線では需要な使命を担っていたのだ。

だが、以後は幹線の優等列車の増発のほか、普通列車も電車化や気動車化による系統分割等で、客車による長距離鈍行はダイヤ改正ごとに減少したが、山陰・福知山線は、近代化の遅れからか、大阪～出雲市間の昼行鈍行が国鉄末期の1986（昭和61）年11月に廃止されるまで残り、一般形客車と運命を共にした。

また、１９７０（昭和45）年以後も存続した長距離鈍行には夜行列車が多く、利用客からの要望もあり、１９６８（昭和43）年に、京阪神始発では京都〜下関間列車の出雲市まで、紀伊半島全周の天王寺〜名古屋間列車の新宮までの区間で、それぞれB寝台1両が連結される。両列車には寝台券をコンピューター発売する関係で、１９７５（昭和50）年3月までに「山陰」と「南紀」（のち「はやたま」に改称）の列車名が命名されていた。寝台車つきの普通列車が、関西では2列車も生きていたわけである。ともに１９８５（昭和60）年までに廃止された。

昭和50年代までは、長距離を走る普通列車が多く存在し、大阪駅に客車列車が発着していた。写真は東京発大阪行き普通列車。1962.6. 高槻〜摂津富田（寺本光照所蔵）

山陰本線の「山陰」や紀勢本線の「南紀（のちの「はやたま」)」などは、関西人にとっては懐かしい列車。写真は「山陰」。1984.3.29　宍道駅

第5章

大阪・京都と紀伊半島の観光地を結んだ名列車たち

概説

国鉄時代からJR化直後にかけて、大阪市内では東海道・山陽・北陸・福知山線の列車が発車するキタの大阪に対し、ミナミの天王寺は関西・紀勢線方面へのターミナル駅として賑わっていた。本書の一章から四章まではすべて大阪駅から発車する列車を対象とし、天王寺駅を実質的な始発駅とする列車のうち、関西本線の「大和」と「かすが」も一章で記述したので、この5章では主に天王寺から阪和線を経由し、紀伊半島の都市や観光地に直行する列車群の解説を進めていく。

天王寺～和歌山（1968年までは東和歌山）間の阪和線は、地図上では紀勢本線の大阪方起点区間を形成するため、阪和線と紀勢本線（1959年までは紀勢西線）は一体化して建設されたと考えるのが普通だが、実際には生まれも生い立ちも異なる〝赤の他人〟同士の路線で、阪和線は私鉄の阪和電気鉄道により1930（昭和5）年6月に全線が開業。一方、東和歌山で接続する紀勢西線は、元来からの国鉄線で、当時は御坊までが開業していた。阪和間には、すでに老舗私鉄の南海鉄道難波～和歌山市間が明治期に全通しているので、2本の私鉄線が存在するものの国鉄線の姿がなく、天王寺～和歌山間を国鉄だけで旅行しようと思えば、関西本線で王寺まで行き、そこで高田・橋本経由の和歌山線に乗り継いで大回りするしかなかった。

阪和間の第2鉄道の阪和線が、最初から国鉄線として建設されなかったのは、第一次世界大戦後の経済不況などの事情もあり、国鉄が計画を保留している間に、名乗りを上げた私鉄に免許が与えられたのである。しかし、軍事上での理由もあり、阪和電鉄敷設に際しては起終点を国鉄に連絡し、直通輸送が可能なように、軌間は関西の電化私鉄では珍しい狭軌が採用された。

その阪和電鉄開業3年後の1933（昭和8）年12月に、紀勢西線は白浜口（現白浜）を経て紀伊富田までの開業を迎える。それまで、阪和電気鉄道と南海鉄道の列車（電車）は社線内運転とされてきたが、大阪市内からの温泉観光列車の直通運転が要望されるのは当然のなりゆきで、阪和電気鉄道はその直前の1933（昭和8）年11月から天王寺～紀伊田辺間に週末快速の「黒潮号」を運転。高速運転を維持するため、阪和間は電車2両が3両の国鉄客車を牽引する方式が取られた。この「黒潮号」は12月に白浜口まで延長される。一方、和歌山市内で国鉄線とレールがつながっている南海鉄道も、1934（昭和9）年11月から難波始発の「黒潮号」を、阪和鉄道と同じ方式で運転を開始する。この2つの

「黒潮号」は東和歌山からは併結運転となり蒸気機関車に牽引され、白浜口に向かった。戦前に国鉄線上で愛称名を名乗る列車は珍しかったが、これは起点側が私鉄だったことで実現したといえよう。当時紀伊富田以東の紀勢線は、紀伊勝浦〜新宮間の紀勢中線が開通、尾鷲〜亀山間が全通を目前にしていた。同区間は尾鷲〜相可口（現多気）間が紀勢東線、相可口〜亀山間は参宮線だった。

週末快速「黒潮号」は、1934（昭和9）年12月改正では、天王寺〜白浜口間を途中東和歌山だけ（天王寺行きは紀伊田辺も）に停車し、2時間59分で結んだ。その高速運転は好評で、沿線では〃黒潮列車〃の名で親しまれた。だが、その後の日本は戦争への道をたどったことで、「黒潮号」は、1937（昭和12）年12月に廃止。阪和電気鉄道は国策により、南海鉄道との合併を経て、1944（昭和19）年5月に国鉄に買収され、阪和線になる。当時の紀勢西線はすでに紀伊木本（現熊野市）まで全通していた。

戦後は、準急の制度新設で優等列車設定へのハードルが低くなったことで、1948（昭和23）年7月から天王寺・和歌山市〜新宮間に準急が夜行ダイヤで設定される。阪和線も国有化されたことで、戦前のような気兼ねがなくなったのか、国鉄型の電気機関車が牽引した。そして、1950（昭和25）年4月からは天王寺〜新宮間に昼行準急が登場する。

この列車は白浜への温泉旅行に便利な時間帯を走るので、運転開始早々から満員だった。敗戦後の世も落ち着きを取り戻した当時、長年旅行を我慢していた人々が一挙に観光地へ押し寄せたのだろう。この新宮行き準急は１９５２（昭和27）年に「熊野」と命名され、翌１９５３（昭和28）年5月からは天王寺～白浜口間で準急「南紀」が増発される。こちらは、行き先やネームのイメージに添わず、御坊・田辺へのビジネス・用務客向けの列車だった。なお、紀勢西線初の優等列車として登場した夜行準急は、１９５１（昭和26）年に廃止された。

戦後における紀州優等列車のパイオニア的存在だった客車時代の「くまの」 1958.12.1 浅香～杉本町 写真：篠原丞

ところで紀勢東西線のうち、未開業区間で残されていた紀伊木本～尾鷲間は険しいリアス地形であることや、戦争の影響もあって戦後も工事再開が遅れたが、西線側は１９５６（昭和31）年4月に新鹿、東線側は１９５８（昭和33）年4月に三木里まで開業し、紀伊半島全周鉄道完成まで10㎞余りを残すことになる。この間、１９５６（昭和31）年11月改正

キハ55系旧塗装時代の準急「きのくに」 1959.4.4
白浜付近 写真：篠原丞

で天王寺～白浜口間に準急「しらはま」が登場。1958（昭和33）年12月には同区間に初の気動車準急として全車座席指定の「きのくに」が運転を開始する。紀勢東線では、ここまで優等列車の名前が出てこないが、これは筆者が運転区間との関係で本稿の記述対象外として無視したのではなく、実際に設定がなかったのだ。もちろん参宮線を名乗っていた相可口～亀山間には、東京～鳥羽間急行「伊勢」が入っていたが、紀勢東線は参宮線の支線的形態で、都市も尾鷲しか存在しない過疎地であるため、C11形が牽く10往復前後の短編成の普通列車が、一部は貨車を連結する混合列車として運転されていたにすぎなかった。

1959（昭和34）年7月15日、新鹿～三木里間開業で紀勢東・西線が一本化されたことで、同線は紀勢本線に昇格し、区間も亀山～和歌山間とされる。これにより、紀勢本線は名古屋方や伊勢志摩方面と合わせた観光客の需要が見込めるため、準急「くまの」は天王寺〜名古屋間を紀伊半島全周で結んだ。前日まで純ローカル線だった紀勢東線区間は、当時では花形のＤＦ50形の登場で客貨とも無煙化され、快適な路線に生まれ変わる。

そして、「くまの」は１９６１（昭和36）年３月に気動車化され、紀勢本線のうち旧西線区間を走る優等列車として初の急行「紀州」になる。当時、本格的急行形式のキハ58系は一部形式が製造ライン上にあったが、押し寄せる観光需要と快適性を求める声に、同年10月のダイヤ改正を待ち切れなかったのである。気動車急行「紀州」登場で弾みがついた紀勢本線は、１９６５（昭和40）年３月にはいよいよ気動車特急「くろしお」の登場を迎える。以後の列車の移り変わりについては、２３７頁以降に記述させていただく。

なお、１９５６（昭和31）年11月から１９６８（昭和43）年10月までの天王寺・京都両駅を発車する優等列車を**表42**に記したので、あわせてご参照いただきたい。

紀勢本線の優等列車史ではエポックでもある特急「くろしお」。この写真は先頭車がキハ81形化された直後の「くろしお2号」　1972.10.10　下津〜初島

表42

天王寺駅発南紀方面行き優等列車一覧

年月日	時	分	種別	列車番号	列車名	併結運転の始発駅	行き先	動力	形式・編成両数	連結車種等	備考
1956 11.19	9	30	準急	3102	しらはま		白浜口	客車	一般形		1958.3.1から定期格上げ
	10	00	準急	104	くまの	和歌山市	新宮	客車	一般形6両		
	16	00	準急	106	南紀		白浜口	客車	一般形5両		
1959 7.15	9	30	準急	102D	第1きのくに	…	白浜口	気動車	キハ55系		全車座席指定
		31	準急	906	くまの	和歌山市	名古屋	客車	一般形		
	10	00	準急	104	しらはま	…	白浜口	客車	一般形		
	12	40	準急	3106D	第2きのくに	南海難波	白浜口	気動車	キハ55系		全車座席指定
	16	10	準急	108	南紀		白浜口	客車	一般形		
	23	00	準急	110	はやたま	…	新宮	客車	一般形		
1961 10.1	8	30	準急	306D	南紀1号	南海難波	新宮	気動車	キハ55系		
	9	30	準急	106D	第1きのくに	…	白浜口	気動車	キハ55系		全車座席指定
		31	準急	108	しらはま	…	白浜口	客車	一般形		
	10	30	急行	904D	紀州	…	名古屋	気動車	キハ55系		1961年1月からキハ58系
	13	00	準急	110D	第2きのくに	南海難波	白浜口	気動車	キハ55系		全車座席指定
	16	40	準急	308D	南紀2号	…	新宮	気動車	キハ55系		
	23	00	準急	310D	南紀3号	…	新宮	気動車	キハ55系		
1965 3.1	8	00	準急	306D	南紀1号	南海難波	新宮	気動車	キハ55・58系		
	9	10	特急	2D	くろしお		名古屋	気動車	キハ80系	シ	
		30	準急	106D	第1きのくに	…	白浜	気動車	キハ55・58系		全車座席指定
		31	準急	2106	しらはま1号	…	白浜	客車	一般形		
	10	30	急行	904D	紀州	…	名古屋	気動車	キハ58系		
	11	30	準急	2505D	しらはま2号	京都・名古屋	白浜	気動車	キハ55・58系		
	13	00	準急	108D	第2きのくに	南海難波	新宮	気動車	キハ55・58系		全車座席指定(白浜まで)
	14	10	準急	110D	第3きのくに		椿	気動車	キハ55・58系		全車座席指定
	16	00	準急	112D	第4きのくに		椿	気動車	キハ55・58系		全車座席指定
	17	00	準急	308D	南紀2号	南海難波	新宮	気動車	キハ55・58系		
	23	00	準急	310D	南紀3号	…	新宮	気動車	キハ55・58系		
1968 10.1	8	00	急行	304D	きのくに2号	南海難波	新宮	気動車	キハ58系9両		
	9	10	特急	2D	くろしお1号		名古屋	気動車	キハ80系・7両	シ	
	9	30	急行	102D	きのくに3号	…	白浜	気動車	キハ58系・8両		
	10	00	特急	12D	くろしお2号		白浜	気動車	キハ80系・6両		
	10	30	急行	904D	紀州4号	…	名古屋	気動車	キハ58系・10両		
	11	30	急行	2511D	きのくに4号	京都・名古屋	白浜	気動車	キハ58系4両		
	12	25	特急	16D	くろしお4号		新宮	気動車	キハ80系・6両		
	13	10	急行	108D	きのくに5号	南海難波	新宮	気動車	キハ58系9両		
	14	30	特急	20D	くろしお6号		白浜	気動車	キハ80系・6両		
	15	00	急行	108D	きのくに8号		椿	気動車	キハ58系7両		全車座席指定
	16	00	急行	112D	きのくに9号		椿	気動車	キハ58系6両		
	17	00	急行	310D	きのくに10号	南海難波	新宮	気動車	キハ58系8両		
	18	30	急行	114D	きのくに11号		白浜	気動車	キハ58系4両		
	23	30	急行	314D	きのくに13号	…	新宮	気動車	キハ58系5両		

京都駅発南紀・鳥羽方面行き優等列車一覧

年月日	時	分	種別	列車番号	列車名	行先	動力	形式・編成両数	連結車種等	備考
1961.10.1	12	55	準急	710D	鳥羽・勝浦	鳥羽・紀伊勝浦	気動車	キハ55系		草津線経由
1965 3.1	9	15	準急	708D	志摩1号	鳥羽	気動車	キハ55・58系		草津線経由
		25	準急	505D	はまゆう	白浜	気動車	キハ55系		奈良・和歌山線経由
	12	55	準急	710D	志摩2号・くまの	鳥羽・紀伊勝浦	気動車	キハ55・58系		草津線経由
1968 10.1	9	22	急行	712D	志摩1号	鳥羽	気動車	キハ55・58系6両		草津線経由
		21	急行	511D	しらはま1号	白浜	気動車	キハ58系4両		全車座席指定 奈良・桜井・和歌山線経由
	12	56	急行	710D	志摩2号・くまの	鳥羽・紀伊勝浦	気動車	キハ55・58系7両		草津線経由

天王寺並びに京都駅から紀勢本線に直通する定期列車、並びに毎日運転の臨時列車を記載。
連結車種欄の表記は表26を参照されたい。両数表示がない場合は不詳
客車形式のうち一般形とは、どの車両と連結しても運転が可能な35・43系客車などを示す
編成両数は本編成の始発駅発車時点における両数を示す。両数表示がない場合は不詳。連結車種等欄に特記事項なしは、1・2等座席車(1956.11と1959.7は2・3等座席車だけで組成される列車を示す

「くまの」から「くろしお」にいたる南紀全周列車列伝

鉄道が国内輸送の実権を握っていた昭和戦後の時代において、紀勢本線の全通が１９５９（昭和34）年７月まで延ばされたのは戦争の影響もあるが、地図を見ればお分かりのように熊野市～尾鷲間の地形の険しさが一番だった。何しろ山肌がそのまま海に迫っているので、鉄道を建設するにも海岸付近には用地がないためトンネルを掘り、そこから出た土砂で築堤を造るという手法しかなかったのだ。三重県紀南地方の熊野・尾鷲両市は海岸沿いにあるが、鉄道全通前の同区間では、標高８０８ｍの矢ノ川峠を越える１日４往復の国鉄バスが、２時間40分をかけてＵ字カーブが連続する山肌の悪路に挑んでいた。中型のボンネットバスでも利用客はさほど多くなく、両市間は〝陸の孤島〟状態が続いた。そのため熊野は関西、尾鷲は名古屋との結び付きが強かった。

紀勢本線の全通により、紀南地方が活性化されたことはもとより、紀勢本線が全国有数の観光路線として脚光を浴びたことで、１９５９（昭和34）年７月に客車準急「くまの」は天王寺・和歌山市～名古屋間の紀伊半島全周運転になる。編成中に和歌山市発車両が連結されているのは、県都からの利用客の便宜を図るためで、Ｃ58形が１両だけの客車を牽

表43　紀伊半島全周列車時刻（天王寺発新宮方面）の変遷

改正年月日	1959.7.15	1961.3.1	1964.10.1	1965.3.1		1968.10.1		1972.10.2		1973.10.1	
列車番号	906	2904D	904D	2D	904D	2D	904D	2D	902D	2D	902D
種別	準急	急行	急行	特急	急行	特急	急行	特急	急行	特急	急行
列車名	くまの	紀州	紀州	くろしお	紀州	くろしお1号	紀州4号	くろしお1号	紀州4号	くろしお2号	紀州5号
車両形式	一般形客車	キハ55系	キハ58系	キハ80系	キハ58系	キハ80系	キハ58系	キハ80系	キハ58系	キハ80系	キハ58系
天王寺 発	9 31	10 30	10 30	9 10	10 30	9 10	10 30	9 10	10 30	9 10	10 30
東和歌山 〃	10 39	11 22	11 26	10 01	11 25	10 02	11 23	10 00	11 21	10 01	11 21
紀伊田辺 〃	12 45	13 01	13 07	11 42	13 08	11 35	13 01	11 27	12 57	11 29	12 57
白浜口 〃	13 01	13 15	13 20	11 58	13 22	11 47	13 14	11 40	13 10	11 41	13 10
新宮 着	15 12	15 07	15 13	13 47	15 18	13 38	15 15	13 40	15 20	13 42	15 19
熊野市 発	15 47	15 36	15 43	14 15	15 46	14 08	15 46	14 14	15 49	14 10	15 45
尾鷲 〃	16 27	16 08	16 15	14 47	16 21	14 43	16 31	14 47	16 23	14 48	16 18
津 〃	18 50	18 09	18 15	16 44	18 29	16 36	18 34	16 38	18 17	16 41	18 20
亀山 〃	19 11	18 30	18 35	17 03	18 49	16 55	18 55	16 56	18 40	∥	∥
名古屋 着	20 13	19 25	19 33	18 00	19 55	17 52	19 55	17 52	19 43	17 42	19 25
記事	和歌山市発 10 17							先頭車キハ81使用		津〜四日市間伊勢線経由に変更	

定期列車のみを記載。
東和歌山は1968(昭43). 3.1、和歌山に駅名変更　白浜口は1965(昭45). 3.1、白浜に駅名変更

いて東和歌山まで走り、同駅で天王寺からＥＦ52に牽かれてやって来る本編成を受け取り、紀伊田辺まで牽引していた。この和歌山市発車両の併結は紀勢本線の普通でも見られる、同線としては一般的な運転形態だった。

その「くまの」は、１９６１（昭和36）年３月に気動車化とともに急行に格上げされ、列車名も「紀州」を名乗り、**表43**のように天王寺〜名古屋間を「くまの」より１時間半以上短縮し、８時間55分で結んだ。同区間は当時阪和線が複線である以外すべて単線なのと、紀勢本線の紀伊田辺以南の線路は丙線（ローカル線）規格のため、表定速度は56・3キロにとどまったが、それでも「紀州」は運転を終了するまで、このレコードを破ることはできなかった。「紀州」の編成については準急同様にキハ55系が使用されるが、**表44**のように

阪和・紀勢線内では先頭車がキロ25とされた。これは、キハ55系の運転台部分は車両の軽量化を図るため、簡易仕切りとなっており、旅客に前面の眺望を楽しんでもらうための配慮だったといわれる。その「紀州」は、同年10月からはキハ58系化を前提とした編成になるが、車両の落成が遅れたため、1等車のキロ28が入るのは12月、編成全体がキハ58系で揃い、〃紀州の殿様〃にふさわしい姿になるのは1962（昭和37）年1月から2月にかけ

表44　紀伊半島全周列車・編成の変遷（代表例）

1958.12.29（紀勢本線開通前）
準急「くまの」104レ　新宮行き→

①	②	③	④	⑤	⑥	⑦
3等	3等	3等	2等	3等	2等	3等
スハフ	オハ	オハ	オロ	オハ	オロフ	オハフ
42	46	46	35	46	33	33

⑦号車は和歌山市～新宮間　※

1961.3.1
←2904D名古屋行き　急行「紀州」　2903D　天王寺行き→

①	②	③	④	⑤	⑥	⑦	⑧
自1等	2等	2等	2等	2等	2等	2等	2等
キロ	キハ	キハ	キハ	キハ	キハ	キハ	キハ
25	55	55	55	55	55	55	55
						天王寺～白浜口	

1962.1
←903D天王寺行き　急行「紀州」　904D　名古屋行き→

①	②	③	④	⑤	⑥	⑦	⑧
2等	指自1等	2等	2等	2等	2等	2等	2等
キハ	キロ	キハ	キハ	キハ	キハ	キハ	キハ
58	28	58	58	28	58	28	58
						天王寺～白浜口	

1965.3.1
←1D天王寺行き　特急「くろしお」　2D　名古屋行き→

①	②	③	④	⑤	⑥	⑦
2等	1等	1等	食堂	2等	2等	2等
キハ	キロ	キロ	キシ	キハ	キハ	キハ
82	80	80	80	80	80	82

←903D天王寺行き　急行「紀州」　904D　名古屋行き→

①	②	③	④	⑤	⑥	⑦	⑧	⑨	⑩
2等	指1等	自1等	2等	2等	2等	2等	2等	2等	2等
キハ	キロ	キロ	キハ	キハ	キハ	キハ	キハ	キハ	キハ
58	28	28	58	58	28	58	58	28	58
								天王寺～白浜	

1965.11.1
←1D天王寺行き　特急「くろしお」　2D　名古屋行き→

①	②	③	④	⑤	⑥	⑦	⑧	⑨	⑩
2等	1等	1等	食堂	2等	2等	2等	1等	2等	2等
キハ	キロ	キロ	キシ	キハ	キハ	キハ	キロ	キハ	キハ
82	80	80	80	80	80	82	80	80	82
							天王寺～新宮		

1972.10.2
←1D天王寺行き　特急「くろしお5-2号」　2D　名古屋行き→

①	②	③	④	⑤	⑥	⑦	⑧	⑨	⑩
指	G	G	食堂	指	指	指	指	指	指
キハ	キロ	キロ	キシ	キハ	キハ	キハ	キハ	キハ	キハ
81	80	80	80	80	80	82	80	80	81

1978.3.1
←2D名古屋行き　特急「くろしお5-2号」　1D　天王寺行き→

①	②	④	⑤	⑥	⑦	⑧	⑨	⑩
指	G	食堂	指	指	自	自	G	指
キハ	キロ	キシ	キハ	キハ	キハ	キハ	キロ	キハ
82	80	80	80	80	80	82	80	81
							多客期連結	

てのことだった。

1961（昭和36）年10月の全国特急ネットワーク完成後も、各地で特急が新設・延伸されると、1963（昭和38）年初頭に国鉄で特急運転のない支社や鉄道管理局は、千葉・天王寺・四国を残すだけとなる。急行「紀州」も着実に利用実績を上げ、まだ伸びしろが感じられるため、天王寺局としても、紀勢本線の新しい看板となる特急はぜひとも欲しいところだった。これについては東海道新幹線が開業する1964（昭和39）年10月を目標に、「紀州」同様紀伊半島全周での運転を目

急行「紀州４号」　1971.2.23　紀伊内原〜紀伊由良

天王寺口優等列車の王者として君臨する特急「くろしお」。グリーン車と食堂車を連結したキハ80系時代の「くろしお２号」　1971.2.22　切目〜岩代

指して準備が進められるが、全線がほぼ単線の紀勢本線は線路容量が一杯で、信号場の新設が必要となり、１９６５（昭和40）年3月まで先送りされる。

そして、登場した南紀特急の列車名は伝統の「くろしお」とされる。また、それまで大半の国鉄特急は、ビジネスや用務、観光などさまざまな目的の旅客が利用してきたが、「くろしお」は天王寺～名古屋間運転とはいえ、観光客以外の利用は考えられないため、キハ80系7両ながらハネムーンなどの需要を見込み、1等車は2両とされたのが、編成での特色だった。また、全区間を通しての利用も考えられないため、強いて乗車しようと思えば、紀伊勝浦または新宮で、号車もしくは座席の移動が伴った。これは、筆者が天王寺～多気間を利用した１９７４（昭和49）年4月も同じだった。そして、「くろしお」は特急とはいえ、線路条件以外にも、キハ80系の性能がキハ55・58系と大差がないことで、天王寺～名古屋間での所要は、急行「紀州」がキハ55系で登場した頃に比べ、5分短縮しただけだった。そのため、残存した「紀州」は20分以上もスピードダウンを実施して、「くろしお」の顔を立てているのは、いかにも無理をした特急設定と言えた。

１９６５（昭和40）年3月の運転開始当初は、価格面や他列車の選択肢もあったせいか、利用率は芳しくなかったと伝えられる「くろしお」だが、同年のゴールデンウイークからは乗客が増え始め、夏休みには〝冷房〟の魅力が功を奏したのか、9両に増結して走る姿も見られた。当時は京阪神や名古屋、東京などからも、白浜や勝浦の温泉地が新婚旅行先として人気が高かったことで、「くろしお」は同年10月から白浜や新宮行きの増発列車を迎える1967（昭和42）年10月改正までの間は、天王寺〜新宮間は1等3両を含む10両編成になる。キハ80系が3両のキロ80を連結したのは、これが最初で最後となった。

ところで、筆者が紀勢本線列車に乗車したのは、小学5年生の夏休みに白浜温泉へ家族旅行に出かけた時が最初だった。当時は鉄道に対しては、専門的な知識を持ち合わせていなかったので、現地での千畳敷の風景や海中を覗ける遊覧船の思い出の方が強いが、天王寺〜白浜口間を往復利用した普通列車の客車がオハ35系だったのと、電気機関車が牽く阪和線内は無停車で快適だったことだけは、今も覚えている。撮影目的で同線を旅行したのは大学への入学が決まった1969（昭和44）年4月のことで、均一周遊券を使用しての旅もこれが初めてだった。親戚等からいただいた入学祝金も懐にあったので、旅行3日目の8日には白浜〜亀山間を思い切って「くろしお1号」に乗車した。途中区間での利用になったのは、天王寺から乗りたかったものの、周遊券購入日には同列車は天王寺では満席。白浜からなら空席があるということで、天王寺からは1時間前に出る急行「きのくに2号」

で先回りした。当日の南紀地方はあいにくの雨模様だったが、キハ80系の広い窓から見える風景は新鮮だった。新宮を過ぎたあたりで、食堂車利用を促す案内放送があったので、食堂車へ行き３００円のランチを注文した。エビフライにハンバーグがメインの料理で、最後に好きな紅茶が飲めたのは感激だった。

列車の顔がキハ81形に変わった１９７４（昭和49）年４月、今度は天王寺～多気間を利用した。天王寺駅ホームで駅長が発車を見送るあたりに看板列車の風格を感じたが、キハ80系でも初期に製造された古参車特有の揺れがあるほか、紀伊田辺までのほぼ全区間が複線化されたのに、スピードがイマイチのことに不満を覚えたものである。当時の「くろしお」は津からは伊勢線（現伊勢鉄道）経由のルートとなり、全区間での所要時間も９時間32分に短縮されていたが、表定速度は57・８キロにとどまり、気動車特急時代は最後まで60キロ台に届くことはなかった。このため、キハ80系「くろしお」は最後まで、「豪華だが、足の遅い特急」との定評が付きまとった。

登場時は座席指定券が入手難を極めた気動車準急「きのくに」

紀勢本線の代表列車といえば、筆者のような団塊の世代はキハ80系「くろしお」、息子のような1980年前後生まれは381系「スーパーくろしお」、孫の2010年前後生まれは283系「オーシャンアロー」か、287系「パンダくろしお」を推すだろう。子や孫世代には一択しかないかもしれないが、「くろしお」は三世代にわたり、紀勢本線の覇権を握っている名列車であることは間違いない。だが、筆者よりも10歳以上年上、すなわち昭和戦前を含めそれ以前に生まれた世代で、鉄道に関心があったり、南紀方面への旅行経験があったりする人は、〝掃き溜めに鶴〟のような形で、紀勢西線に突如として現れた準急「きのくに」を間違いなく支持することと思う。

東海道本線に電車特急「こだま」が運転を開始した1958（昭和33）年11月当時、天王寺駅では、236頁の**表42**の1956（昭和31）年11月時刻に近い形で、「くまの」「しらはま」「南紀」の客車3準急が南紀方面へ旅立っていたが、車両こそスハ43系を主体に揃えられているものの、東和歌山以南は蒸気機関車に牽引されるため、白浜口までは3時間20分前後を要した。しかも、トンネルは十数ヵ所も存在するため客車は煤けており、旅客

キハ58系の長編成で優美な姿だったころの急行「きのくに5号」。ルーツは準急「南紀」で、紀勢本線では初の自由席連結気動車準急だった。1975.3.29　下里〜紀伊浦神

は夏場でもトンネル進入前には窓を閉めなければならず、評判は芳しくなかった。

当時、未電化区間の準急用にキハ55系が量産され、高山本線や常磐線、それに九州内の鉄道近代化に成果を上げていたが、1956（昭和31）年10月から11月にかけて、同系の窓を当時流行の〝バス窓〟と言われる上部固定の2段窓から、スマートな1枚窓に変更した100番代車が落成し、12月1日から準急「きのくに」の列車名で天王寺〜白浜口間で1往復の運転を開始する。途中停車駅を東和歌山と紀伊田辺の2駅に抑えたこともあり、時刻は天王寺発9時30分→白浜口着12時13分で、表定速度も60キロを超えるなど、〝準特急〟と言ってもいいほどの俊足だった。黄色地に赤ラインの車体に逆おむすび形のヘッドマークもよく似合い、今もってファンの間では、歴代のキハ55系のうち最高峰の列車として評価され、関西では根強い人気を保っている。

天王寺駅では、関西本線の「かすが」が国鉄最初の気動車準急として、1955（昭和30）年3月から運転を開始しているため、初物ではなかったが、「かすが」は5～6両の編成中、キハ55形は両端の2両だけでそれもバス窓の初期車、中間車は半室2等車を含めキハ17系で、いわば俊足と無煙化だけが取り柄の準急だった。

「きのくに」は、「くまの」など客車準急と比べて、サービス水準が明らかに上位であるため、全車座席指定で運転を開始する。そして、車両のスマートさに加え、俊足と快適な乗り心地が温泉観光客から好評を呼び、早々から座席指定券は入手難の様相を呈し、1958（昭和33）年末には天王寺駅周辺にダフ屋が現れるまでの騒ぎを起こす。当時の白浜のホテルや旅館では、「帰りの指定券」をサービスすることが、宿泊客予約数の多少にもつながるため、従業員やアルバイトを駅に動員して座席指定券の確保に努めた。それが切符の争奪戦に拍車をかけたようだ。

国鉄にとっても準急「きのくに」の大好評は予想以上だったようで、紀勢本線全通の1959（昭和34）年7月改正では、天王寺を昼過ぎに出る宿泊観光向けの「第2きのくに」が増発される。戦後は1951（昭和26）年4月から紀勢西線直通運転を再開した南海電鉄も、自社オリジナルのキハ55形を新製し、東和歌山からは「第2きのくに」に併結された白浜口まで乗り入れた。この「第2きのくに」増発で、ダブ屋騒動は聞かれなくなった。こうなると、気動車準急の設定のない白浜以南や、「きのくに」が通過する東和歌山～紀伊田辺間の準急停車駅から、キハ55系導入の要望が出されるのは必然的な流れで、3ヵ月後の1959（昭和34）年10月に「南紀」の気動車化と新宮延長が実施される。2等を含め全車自由席の料金で「きのくに」と同様の車両に乗車できると、利用客から喜ばれた。天王寺～新宮間準急となった「南紀」は、急行「紀州」登場の1961（昭和36）年3月には1往復を増発。同年10月改正では旧「はやたま」の夜行列車も気動車化され、3往復ともキハ55系列車になる。

急速に優等列車の気動車化が進む紀勢本線にあっても、白浜方面へ行く温泉観光客は、やはり始発駅でホームに並ばなくても座席が確保される「きのくに」を選ぶせいか、人気は衰えなかった。そこで、1962（昭和37）年3月と1963（昭和38）年10月に天王寺～椿間でそれぞれ1往復が増発され、4往復体制になる。増発の2往復は温泉観光以外の利用も考慮し、東和歌山～紀伊田辺間では途中6駅に停車した。

ところで、準急「きのくに」の1等車は設備的には、東海道電車特急「こだま」の2等並みなので、改善を求める意見が登場時から出されていたこともあり、1962年度から

1964年度にかけ、車両を受け持つ和歌山機関区にキロ28が計12両配置される。これらの車両は「紀州」の増強のほか、「きのくに」に優先使用される。並行してキハ58とキハ28も増備されたため、特急「くろしお」運転開始の1965（昭和40）年3月改正時点では、「きのくに」を含む紀勢本線準急はキハ58系主体の編成になるが、全車がキハ58系のすっきりした編成になるまでは、今少しの時間を要した。

こうして、紀勢本線の人気列車として君臨した「きのくに」は1966（昭和41）年3月の運賃改訂で急行に格上げされ、「紀州」と同格になったことで料金面でのメリットが薄れる。さらに、特急「くろしお」が3往復体制になった1967（昭和42）年10月からは、特急大衆化も手伝い、指定席利用客の「くろしお」への移行は避けられなかった。そして迎えた1968（昭和43）年10月改正では、「くろしお」の増発のほか列車名の統廃合が実施され、天王寺発の紀勢本線直通急行は、名古屋行きの「紀州」を残し「きのくに」に統合される。この結果「きのくに」の天王寺発は季節列車を含め13号にまで達するが、伝統の全車座席指定列車は椿行きの1本が残るだけで、他の列車は一部座席指定が原則とされた。さらに天王寺〜南紀間は特急を含め旅客波動が激しいため、「きのくに」の定期列車は236頁の**表42**で示すように9本だけで、他は季節列車か臨時列車での設定だった。要は、

「南紀」や「しらはま」とごった煮になってしまえば、「きのくに」のブランド力が地に落ちたも同然で、その全車座席指定も１９７２（昭和47）年10月改正で解除された。

紀勢本線和歌山～新宮間電化で、特急「くろしお」が電車化された１９７８（昭和53）年10月改正では、急行「きのくに」は車両需給や多系統列車との併結との関係で、気動車列車のまま定期９本が天王寺～白浜／新宮間などで存続する。車両は一部列車で併結する南海電鉄車を除き冷房付きのキハ58系に統一されていたが、すでに法定耐用年数を過ぎた車両が大半で、振子式電車投入でスピードアップされた「くろしお」に対抗する力は持ち合わせておらず、補助的列車の意味合いが強かった。

そして、国鉄も分割民営化への流れに乗って走り出した１９８５（昭和60）年３月改正では、紀勢本線優等列車の特急一本化で「きのくに」は全廃され、同時に南海電鉄の国鉄乗入れも終了する。晩年の「きのくに」は８本が設定されていたが、うち天王寺発の定期

晩年の急行「きのくに」。特急の補完的な役割だったが、ディーゼル急行の風格を伝えていた。
1978.10.1　下津～初島

列車は４本だけだった。

紀勢本線和歌山～新宮間電化から現在まで

紀勢本線に新しい時代の到来を告げた381系の特急「くろしお１号」。1978.10.1　下津～初島

紀勢本線西部区間の和歌山～新宮間の電化は、１９７４（昭和49）年12月に着工され、１９７８（昭和53）年９月に完成。10月２日のダイヤ改正では、特急「くろしお」は振子式３８１系電車の特性を活かせる天王寺～新宮間を主体とした７往復運転となり、未電化のままで残る東部区間では、名古屋～紀伊勝浦間に新たに気動車特急「南紀」３往復が設定される。それまでの紀伊半島全周の特急や急行も、利用客の大半は紀伊勝浦～新宮間で入れ替わっていたので、電車化された「くろしお」と「南紀」との接続は配慮されなかった。また、普通列車も西側区間が夜行運転となる１往復が南紀全周運転を

継続する以外は、新宮を境に西側区間は電車、東側区間は気動車での運転が原則とされたことで、運転体系上ではかつての〝紀勢西線〟と〝紀勢東線〟が復活してしまった感がある。

この改正で、電化と同時に紀勢本線和歌山～白浜間の最高速度も従前の95キロから１１０キロに引き上げられたため、「くろしお」は**表45**の上欄に示すように天王寺～白浜間を最速2時間05分で結び、表定速度は80・１キロと「速い特急」の仲間入りを果たす。一方、天王寺～新宮間の最速到達時分は3時間53分で、従前よりも約40分短縮するものの、こちらの表定速度は67・５キロで、カーブに強い３８１系電車としては、物足りない数字だった。

「くろしお」の編成は7往復ともグリーン車１両の９両とされる。グリーン車２両に食堂車付きの気動車時代に比べカジュアルだが、新婚旅行は外国への時代になっていたし、中距離特急用に製造された３８１系電車には、食堂車形式は当初からラインナップになかったので、時代の流れと言ってしまえばそれまでで、致し方なかった。筆者が３８１系「くろしお」に乗車したのは、１９７９（昭和54）年12月に職場仲間の忘年会で白浜温泉へ出かけた際の帰路だが、中央西線の「しなの」で〝免疫〟ができていたのか、それとも白浜～天王寺間は紀伊田辺から先が複線で線形が良いのか、振り子電車特有の揺れはさほど感じなかった。ただ、振子式車両での〝揺れ〟については、後年の制御付きの283系電車や智頭急行のHOT7000系気動車を含め、人それぞれの感じ方に違いがあるようだ。

381系「くろしお」は全体としては好評で、1980（昭和55）年10月改正で10往復に増発される。その際、6－9号の1往復は、天王寺～白浜間を途中和歌山だけの停車で1時間59分で走り、大阪人をびっくりさせた。天王寺～和歌山間だけを特急利用する旅客が皆無だった当時、この運転では白浜への温泉観光客以外の需要は見込めず、さすがに通常期の平日は閑古鳥が鳴く有様で、1年半で季節列車に格下げされてしまった。

さらに、紀勢本線優等列車の特急一本化が実施された1985（昭和60）年3月改正では、国鉄末期の逼迫財政で381系を増備する余裕がないため、増発特急4往復には全国的に余剰気味の485系が4両または8両で運転される。だが、改正前の急行「きのくに」の時間帯に入ったため停車駅が多く、振子式でないこともあって、天王寺～白浜間では2時間20分前後を要し不評だった。そのため、1986（昭和61）年11月改正で、伯備線特急「やくも」の組成変更により捻出された381系に置き換えられてしまう。この改正で阪和線内の最高速度が120キロとされた結果、「くろしお」の天王寺～白浜間最速列車は1時間56分で結ぶ。途中和歌山・御坊・紀伊田辺に停車してのレコードだから価値があった。

北陸筋の「スーパー雷鳥」とともに、関西圏の国鉄型特急車両を再生させた特急「スーパーくろしお」。1992.1.5　下津〜初島

ところで、国鉄時代の「くろしお」は大阪方では終始天王寺を起点として運転されてきた。そのため、新幹線利用客が「くろしお」を利用するには、新大阪と大阪の２駅で階段を使った乗換えを要し、たどり着いた天王寺駅では、阪和電気鉄道時代の遺産ともいえる高架ホームへの移動と何かと大変だった。そこで新生ＪＲ西日本は天王寺駅構内に関西本線と阪和線を結ぶ短絡線を建設する一方、３８１系６両編成４本の新宮方先頭車をパノラマグリーン車に改装し、塗装もアイボリーを基調に窓下に赤と黄色のラインを施した「スーパーくろしお」専用車に仕立てる。そして、１９８９（平成元）年の夏休みシーズンから京都〜新宮間速達列車を中心に４往復の運転を開始する。改造車とはいえ「スーパーくろしお」の斬新さと、新大阪並びに京都への乗入れにより、新幹線沿線と和歌山県都を結ぶ需要を産むなど、利用客から好評で迎えられた。

　しかし、阪和・紀勢本線と並走する阪和自動車道も1996（平成8）年に御坊まで開通し、ライバル交通機関として力を付ける。そのため、「くろしお」系統の新車として「スーパーくろしお」をさらにグレードアップした283系が同年7月に落成する。乗り心地を改良した制御付き振子式を採用し、先頭グリーン車はイルカをイメージした流線形で、青緑とアイボリーの塗装とも相まって、いかにもリゾート特急らしく好ましいスタイルで「オーシャンアロー」の車両名が付けられた。この283系は1996（平成8）年7月から「スーパーくろしお・オーシャンアロー」の列車名で京都〜新宮間で3往復の運転を開始。1997（平成9）年3月改正からは「オーシャンアロー」に改称し、最高速度130キロ運転の性能を活かし、天王寺〜白浜間を最速1時間50分、同〜新宮間を3時間18分で結んだ。

　これで、紀勢本線特急は「オーシャンアロー」の時代が到来するものと思われたが、283系は6両3本の組成が可能な18両が製造されたあとは、増備

孤高のドルフィン・フェイスできのくに特急の主役へ。特急「オーシャンアロー」。2008.4.25　浅香付近

車が続かなかったため、代わりに「くろしお」用３８１系のシートピッチ拡大を中心とするリニューアル工事が実施される。同時にグリーン車の位置も**表45**下欄の２０００（平成12）年３月11日のように新宮方が先頭となり、塗装も２８３系を基本にしたものに変更された。この新塗装は「スーパーくろしお」用編成にも採用されたが、３８１系には似合わなかったようで、特に「くろしお」用編成はグリーン車と普通車ともに座席と窓割りが一致せず、利用客からの評判は芳しくなかった。

こうして大阪～南紀間特急は、その後２８３系「オーシャンアロー」と、新塗装化された３８１系「スーパーくろしお」「くろしお」の３列車体制が〝十年一日〟のように続く。その間、阪和自動車道は２００７（平成19）年に白浜最寄りの田辺市に達し、特急利用客の高速バスやクルマへの移行は顕著だった。また、この頃になると３８１系は車齢が30年近くに達し、老朽化が深刻になる。そこで新車置換えが検討されるが、スピードよりも居住性が重視され、代替車は北近畿ビッグＸで活躍中の２８７系に決定する。

そして２８７系が就役する２０１２（平成24）年３月改正では、大阪～南紀間特急の列車名は車両形式に関係なく「くろしお」に変更される。しかし、人気列車の「オーシャンアロー」は選んで利用する客が予想されるため、『時刻表』では「くろしお」の２８３系列車に（オーシャンアロー車両で運転）の文字が添えられた。振子式でない２８７系列車では、天王寺〜白浜間で2時間を切る運転は困難だが、新車なのと揺れが少ないことで、利用客からの人気は上々だったようだ。そして、２０１５（平成27）年10月には元「スーパーくろしお」用３８１系の置換えに２８９系が投入され、ここに「くろしお」から旧国鉄車両は姿を消す。

観光客の注目を集めるパンダ顔の特急「くろしお15号」。　2020.2.24　浅香付近

現在の「くろしお」は２８３・２８７・２８９系の３形式で運転されているが、高速道路は白浜以南のすさみ町まで達し、「くろしお」もその影響を多分に受けているようで、スピードも電車化当時の水準以下にまでダウンしている。しかし、車体をパンダや観光施設の風景でラッピングした２８７系「パンダくろしお」は、親子連れ客利用が多いし、白浜〜新宮間では自転車を「くろしお」の車内に持ち込むことのできるサイクルトレインのサービスも実施されている。今後の活性化策にも期待をしたいものである。

表45　電車特急「くろしお」グループ列車運転本数（新宮方面行き）の変遷

改正年月日	運転本数(下り定期列車)								最速到達時分		使用車種					備考
	始発駅			行き先				計	天王寺～白浜	天王寺～新宮	381	485	283	287	289	
	天王寺	新大阪	京都	新宮	白浜	紀伊田辺	和歌山									
1978(昭53). 10.2	7	…	…	6	1	…	…	7	2-05	3-53	○					和歌山～新宮間電化
1980(昭55). 10. 1	10	…	…	6	4	…	…	10	1-59	3-52	○					和歌山～白浜間無停車列車新設
1982(昭57). 5.17	9	…	…	6	3	…	…	9	2-04	3-51	○					上記無停車列車を季節列車格下げ
1985(昭60). 3.14	13	…	…	9	4	…	…	13	2-03	3-46	○	○				天王寺～南紀間優等列車の特急一本化
1986(昭61). 11.1	11	…	…	7	4	…	…	11	1-56	3-36	○					
1989(平元). 7.22	S1・7	S1・4	S2	S3・6	S1・5	…	…	15	1-56	3-38	○					天王寺駅連絡線開業、スーパーくろしお登場
1996(平8). 7.1	S1・2	S2・5	S5	S8・2	5	…	…	15	1-54	3-35	○		○			283系就役
1997(平9). 3.8	S1・2	S2・5	A3・S2	A3・S5・2	5	…	…	15	1-50	3-18	○		○			283系、130km/h運転開始
2004(平16).10.16	…	S5・6	A3・S1・1	A3・S5・1	5	1	S1	16	1-50	3-18	○		○			
2006(平18).3.18	…	S5・6	A3・S1・1	A3・S5・1	5	1	S1	16	1-53	3-26	○		○			
2010(平22).3.13	…	S4・7	A3・S2	A3・S5・1	5	1	S1	16	1-55	3-27	○		○			くろしおのエル特急指定解除
2012(平24).3.11	…	13	3	7	7	1	1	16	1-58	3-38	○		○	○		287系就役、列車名をくろしおに統一
2015(平27).10.31	…	13	3	7	7	1	1	16	1-59	3-42			○	○	○	289系就役、381系運用離脱
2018(平30).3.17	…	17	1	6	8	1	3	18	2-08	3-51			○	○	○	
2021(令3). 3. 13	…	14	1	5	7	…	3	15	2-09	3-56			○	○	○	コロナ禍による乗客減で列車減便
2023(令5). 3.18	…	14	1	5	7	…	3	15	2-09	3-56			○	○	○	大阪駅地下ホーム使用開始

本数欄の数字左のSは「スーパーくろしお」、Aは「オーシャンアロー」、記号なしは「くろしお」の各定期列車本数を示す。
使用車種欄　381=381系、485=485系、283=283系、287=287系、289=289系

「くろしお」グループ・編成の変遷（代表例）

1978.10. 2
←白浜／新宮行き　特急「くろしお」　天王寺行き→

①	②	③	④	⑤	⑥	⑦	⑧	⑨
指	指	指	G	指	指	指	自	自
クハ	モハ	モハ	サロ	モハ	モハ	モハ	モハ	クハ
381	380	381	381	380	381	380	381	381

1985. 3.14
←白浜／新宮行き　特急「くろしお」(381系)　天王寺行き→

①	②	③	④	⑦	⑧	⑨
指	指	指	G	自	自	自
クハ	モハ	モハ	サロ	モハ	モハ	クハ
381	380	381	381	380	381	381

←白浜／新宮行き　特急「くろしお」(485系)　天王寺行き→

①	②	③	④	⑤	⑥	⑦	⑧
指	指	自	自	自	自	指	指
クハ	モハ	モハ	クハ	クハ	モハ	モハ	クハ
481	484	485	480	481	484	485	480
天王寺～新宮				天王寺～白浜			

1989. 7.22 特急「スーパーくろしお」(381系)
←新宮行き　京都行き→

①	②	③	④	⑤	⑥
G	自	自	指	指	指
クロ	モハ	モハ	モハ	モハ	クハ
380	380	381	380	381	381

1997. 3. 8 特急「オーシャンアロー」(283系)
←新宮行き　京都行き→

①	②	③	④	⑤	⑥
G	自	自	指	指	指
クロ	サハ	モハ	サハ	モハ	クハ
282	283	283	283	283	283

2000. 3.11 特急「くろしお」(381系)
←白浜行き　新大阪行き→

①	②	③	④	⑤	⑥
G	自	自	指	指	指
クロ	モハ	モハ	モハ	モハ	クハ
381	380	381	380	381	381

2012. 3.17 特急「くろしお」(287系)
←白浜行き　新大阪行き→

①	②	③	④	⑤	⑥
G指	自	自	指	指	指
クモロハ	モハ	モハ	モハ	モハ	クモハ
286	286	287	286	286	287

2016. 3.26 特急「くろしお」(289系)
←白浜行き　新大阪行き→

①	②	③	④	⑤	⑥
G	自	自	指	指	指
クロ	サハ	モハ	サハ	サハ	クモハ
288	289	289	288	289	289

2022. 3.12 特急「くろしお」(289系)
←白浜／新宮行き　新大阪／京都行き→

①	②	③	④	⑤	⑥
G指	指	指	指	指	指
クロハ	サハ	モハ	サハ	サハ	クモハ
288	289	289	288	289	289

京都から南紀・伊勢志摩へ挑んだ気動車列車群

大阪市内と伊勢志摩を結ぶ鉄道としては、一世紀以上前の1911（明治44）年7月に関西本線〜参宮線のルートで湊町〜鳥羽間が開業し、伊勢神宮参拝客輸送を一手に引き受けていた。だが、現在の近畿日本鉄道の前身である大阪電気軌道と参宮急行電鉄が、1931（昭和6）年3月に上本町〜宇治山田間を全通させ、2時間10分台で結ぶ急行電車を運転すると、蒸気列車では太刀打ちができなかった。

これで、関西〜伊勢間輸送は完全に私鉄の軍門に降るかと思われたが、国鉄はそれに先立つ1930（昭和5）年10月、姫路〜鳥羽間に食堂車連結の快速列車（通称〝参宮快速〟）を運転する。途中草津線経由で全区間の所要時間は約5時間だが、山田（現伊勢市）までは神戸から3時間39分、京都からは2時間25分である。私鉄では八木での乗換えの不便がある京都では対抗が可能。神戸からも大阪市内での2度以上の乗換えの手間を考えれば、直通旅客の需要が見込めると踏んだのである。この参宮快速は戦局の悪化で、1943（昭和18）年に廃止されるが、戦後の1953（昭和28）年3月に同じ区間で復活する。神宮参拝よりも鳥羽方面への観光輸送が目的で、姫路を6時台に発つダイヤは同じだった。

紀伊半島全周急行「紀州」が運転を開始した1961（昭和36）年3月、天王寺鉄道管理局内の気動車列車整施策として、京都〜鳥羽・紀伊勝浦間に準急「鳥羽・勝浦」が新設される。京都〜鳥羽間には姫路始発の快速列車が、午前の時間帯に設定されているので、「鳥羽・勝浦」は京都発12時30分→鳥羽着15時25分・紀伊勝浦着17時59分と、現地での一泊観光型ダイヤになる。「勝浦」は過去の実績がないため、新たな需要を開発するのが、設定目的といえた。このほか、本稿の対象ではないが、両列車の間合いを利用して、鳥羽→紀伊勝浦間に準急「くまの」、紀伊勝浦→鳥羽間に準急「志摩」がそれぞれ片道運転で新設される。起終点が観光地で、途中三重県都にも立ち寄らない優等列車の設定は、以前では考えられなかったが、観光地間の移動に便利とハネムーン客の間で好評だった。「勝浦」など4準急の新設は紀勢本線全通をなくしては考えられず、新たな観光ルートを開発した点でも大成功だった。

1962（昭和37）年3月には「勝浦」に続く京都〜南紀間第二準急として、奈良・関西・和歌山線経由で白浜温泉を目指す「はまゆう」が運転を開始する。明治期に開業したものの、幹線ルートから外れた両線に優等列車が走るのはもちろん初めてだが、この「はまゆう」は本務の京都編成のほか、天王寺と名古屋からやって来る付属編成の3階建てになるのが特徴だった。具体的には京都を9時25分に発車した本務編成3両が、奈良で名古屋発8時10分の3両を併結して10時35分に発車、王寺から和歌山線に入り、東和歌山では天王寺発11時30分の4両を併結し、12時22分に発車。紀勢本線を堂々10両で走って白浜口（現白浜）には14時28分に到着するダイヤだった。この「はまゆう」は全車がキハ55系で揃えられており、車両の所属は京都編成が天王寺鉄道管理局奈良気動車区でキロ25を連結、名古屋編成は名古屋局名古屋機関区でキロハ25を連結、天王寺編成は天王寺局和歌山機関区で2等だけのモノクラスで、当初は比較的美しく、紀勢本線内では見ごたえのある編成だった。しかし、京都編成の担当が大阪局梅小路機関区に変更された1963（昭和38）年10月頃からは、和歌山区所属車にキハ58系が加わったり、キハ55系の急行色への塗り替え時期が管理局によって異なったりしたので、形式や塗装面で不揃いの編成になる。塗装に関しては1964（昭和39）年度に急行色に統一されるが、キハ55系とキハ58系との、車体裾部分が異なる混結は1970年代まで続いた。

このように、京都〜伊勢志摩・南紀間準急の経路や編成は複雑だったが、列車名も1963（昭和38）年10月に「鳥羽」と「勝浦」がそれぞれ「志摩」と「くまの」に改称、「はまゆう」の天王寺編成が「しらはま」に編入される。ちなみに同区間ながら、行き先の地域名を名乗っていた改正前の「志摩」と「くまの」は、上下とも「なぎさ」に統一された。そして、１９６５（昭和40）年３月改正では、戦前の参宮快速にルーツを持つ姫路〜鳥羽間快速の京都〜鳥羽間が気動車化され、同時に準急に格上げされ「志摩１−２号」を名乗る。準急では先輩の「志摩２−１号」が３両なのに対し、「志摩１−２号」は快速時代からの実績でキロ28が入った６両とされるが、キハ55・58系の連結は「志摩」２往復とも同じだった。

１９６６（昭和41）年10月改正では、「はまゆう」の奈良〜高田間が地元の要望もあり桜井線経由に変更される。１９６８（昭和43）年10月改正で、「はまゆう」の京都・名古屋編成が「しらはま１−２号」に、「はまゆう」と併結の天王寺編成「しらはま１−３号」が「きのくに４−９号」に改称という、ややこしい列車名変更が行われるが、京都〜南紀・伊勢志摩間急行の運転は成熟の域に達したのか、紀勢本線和歌山〜新宮間電化の１９７８（昭和53）年10

急行「くまの・志摩２号」。京都と伊勢・志摩を結んだ優等列車で、準急「勝浦・鳥羽」にルーツを持つ。1970.2.7　亀山

まるで中世の熊野詣でのルートを再現するようだった急行「しらはま２号」。1980.3.19　吉野口〜北宇智

月改正でも、大筋ではこの状況が続く。ここまでの列車の変遷は２３６頁の**表42**下欄も参照されたい。

しかし、この頃になると国鉄運賃の相次ぐ値上げや、高速道路を含む主要国道の整備、キハ58系の老朽化もあり、電車特急「くろしお」が増発された１９８０（昭和55）年10月改正では「鳥羽・勝浦」が前身の「志摩」１往復と「くまの」が廃止。京都発「しらはま」に併結の「きのくに」は特急「くろしお」の一員となったため、「しらはま」は「紀ノ川」に列車名を変更し、京都〜和歌山間急行としてキロ28連結のキハ58系５両編成のままで残る。筆者は１９８２（昭和57）年夏だったと思うが、夜の奈良線内を普通気動車列車で柏原に向かう際に、途中駅で京都行き「紀ノ川」の通過待ちがあったが、車内はほぼ回送列車同然だったという寂しい記憶がある。

１９８４（昭和59）年10月には奈良線と和歌山線五条〜和歌山間電化が完成。「紀ノ川」

急行「志摩１号」。1970.2.7　加太〜中在家
この列車は戦前の参宮快速にルーツを持つ。

を電車特急に格上げし、白浜行きに復帰させることは可能だが、分割民営化の渦中にある国鉄にそうした余裕はなかったか、お役御免とばかり廃止されてしまう。

一方、１９８０（昭和55）年10月改正では存続した、もう１往復の「志摩」は、最終的に国鉄最後の１９８６（昭和61）年11月改正で姿を消す。こちらは起終点間でライバル関係にある近鉄特急に旅客を奪われての引退だった。

交通機関が多様化した現在、一目見ただけで乗ってみたいと思われるような、飽きの来ないデザインや塗装の特急車の登場に期待したい。関西〜伊勢志摩の列車は、戦前にまで遡るほどの歴史を有しているのだから、いつか復活してほしいものである。

由緒正しき「南海～国鉄直通列車」のあゆみ

南海～国鉄紀勢西線直通運転について、戦前の歴史は5章概説ページで触れたので、当コラムでは戦後1951(昭和26)年4月に、難波～新宮間夜行と同～白浜口間週末快速「黒潮」で、運転が再開された時期から記述を進める。

当時、戦前のライバルだった阪和線の南紀直通列車は、機関車牽引列車で6両前後の客車を連結していたが、南海の乗入れは客車1両とされ、しかも難波～東和歌山間の距離が阪和線より長いことや、和歌山市でのスイッチバックとの関係で、併結となる天王寺発列車より所要が15分程度長くなる不利は免れなかった。そして、乗入れには国鉄車を借用していたため、1952(昭和27)年に「黒潮」用として、国鉄スハ43に準じたサハ4801を新製する。塗装は南海標準のグリーンとされ、国鉄線内ではよく目立った。その「黒潮」は1954(昭和29)年に週末運転のままで準急に格上げされる。

1958(昭和33)年にキハ55系準急「きのくに」の成功で、紀勢西線に気動車時代が訪れると、南海も国鉄キハ55系に準じた社形キハ55系を製造する。窓部分の保護棒と出入り口付近に南海所属車を示す照明窓が付けられた以外は、国鉄車と変わらないが、紀勢線内では国鉄運転士が乗務するので、仕様の統一は致し方なかった。この南海キハ55系は「きのくに」増発時の1959(昭和34)年7月から、国鉄編成に２両増結で使用される。南海線内では堺と岸和田にも停車し、沿線旅客からも喜ばれた。

南海キハ55系は好評を博し、１９６２（昭和37）年には片運転台車５両、両運転台車４両の布陣となり、本数でのピークを迎える１９６８（昭和43）年10月改正では難波〜白浜／新宮間で急行４往復を担当する。一方サハ４８０１は優等列車の気動車化で、１９６５（昭和40）年３月改正後は普通列車運用に回り、１９７２（昭和47）年まで活躍を続ける。

天王寺・難波発新宮行き「きのくに６号」。南海電鉄キハ55系が前２両に連結されている。1971.2.23 紀伊由良〜紀伊内原

こうした南海乗入れ列車も１９７０（昭和45）年以後、国鉄では特急増強や急行用キハ58系の冷房化でサービス向上が進むのに、キハ55系は国鉄車を含め、冷房化改造ができない構造であるため、成り行きを見守るしかなかった。そして、天王寺〜南紀間優等列車が特急に統一される１９８５（昭和60）年３月改正では、南海キハ55系は老朽化に加え、運用を失ったことで、南紀直通運転を終了。戦前から途中空白期を含めれば50年に及ぶ歴史にピリオドが打たれる。

第6章

関西と信州・飛騨地方を結んだ名列車たち

概説

中央本線は、正式には東京〜名古屋間396・9㎞の路線で距離的には東海道本線より約30㎞長いだけである。しかも、名古屋では東海道本線の大阪方向に接続するため、東京（飯田町・新宿）から信州・名古屋を経て関西を結ぶ列車の運転も可能だった。

しかし、中央本線は本州でも名だたる山岳路線でスピード面でのハンディがあるため、1911（明治44）年5月の全通以来、東京〜大阪間はおろか、本線の全区間を通す列車も皆無に近く、東京・名古屋の両方向から信州への幹線路線として機能してきた。そのため、運転体系から東京〜塩尻〜松本間は〝中央東線〟、名古屋〜塩尻〜長野間は〝中央西線〟と通称されてきた。ちなみに両線列車が合流する塩尻〜長野間は、篠ノ井線全線と信越本線の一部区間から成っており、こちらは1902（明治35）年12月に全通している。

そうした建設の経緯もあり、中央東線は東京、中央西線は名古屋との結び付きが強い。優等列車の運転は戦後になってからで、まず西線側が1947（昭和22）年6月に名古屋〜長野間で、東線側は1年後の1948（昭和23）年7月から新宿〜松本間で準急が設定されている。双方とも客車列車で、東線の新宿〜甲府間以外は蒸気機関車の牽引だった。

岐阜～富山間２２５・８㎞を結ぶ中部横断の高山本線は、「平成の大合併」が実施されるまで、沿線での都市は、起終点以外には美濃加茂（駅は美濃太田）と高山だけという過疎の事情もあって、全通は１９３４（昭和９）年10月である。沿線には下呂温泉や小京都と呼ばれる高山があり観光需要が期待できるため、戦後になって名古屋～高山間で準急が運転される。途中の岐阜では地形との関係でスイッチバックをするため、機関車の交替を余儀なくされ、３時間半もかかった。そのせいか、臨時列車での設定だった。

沿線待望の定期列車は、キハ55系気動車の量産に合わせるように、１９５８（昭和33）年３月に準急「ひだ」が名古屋～富山間に設定される。到達時分は名古屋～高山間で３時間09分、同～富山間で４時間53分と、山岳路線の事情があってさほど俊足ではなかったが、煤煙の心配がなく、車両が新鮮で居住性の良い「ひだ」はたちまち人気列車となり、行楽シーズンの名古屋～下呂間では２００％前後の乗車率だったといわれる。短編成での運転が可能で、車両の増解結や途中駅でのスイッチバック運転を苦にしない気動車準急はまさに高山線のためにあったような列車で、以後も増発される。高山本線での「ひだ」の好評に刺激されたのか、中央東・西線にも１９５９（昭和34）年から翌年にかけて、キハ55系が導入されるが、こちらは起終点間を通しての需要が見込まれることで、１ランク上の急

表46　大阪駅発信州・飛騨方面行き優等列車一覧

年月日	時	分	種別	列車番号	列車名	行き先	動力	形式・編成両数	連結車種等	備考
1959.12.13	20	25	準急	3809	ちくま	長野	客車	一般形		大阪行きは昼行
1961.10.1	21	35	急行	807D	ちくま	長野	気動車	キハ57系8両		〃
1966 3.25	9	50	急行	803D	第1ちくま	長野	気動車	キハ58系10両		
	21	25	急行	809D	第2ちくま	長野	気動車	キハ58系10両		
1972 3.15	8	00	急行	4711D	たかやま1号	高山	気動車	キハ58系6両		
		30	特急	4013D	しなの2号	長野	気動車	キハ181系10両	シ	
	21	50	急行	4811D	ちくま2号	長野	気動車	キハ57・58系12両		全車座席指定
1975 3.10	7	58	急行	4711D	たかやま1号	高山	気動車	キハ58系6両		
	8	30	特急	4045M	しなの5号	長野	電車	381系9両		
	21	46	急行	4811D	ちくま2号	長野	気動車	キハ57・58系12両		全車座席指定
1978 10.2	7	58	急行	4711D	たかやま	飛騨古川	気動車	キハ58系6両		
	8	30	特急	4049M	しなの9号	長野	電車	381系9両		
	22	20	急行	4803	ちくま5号	長野	客車	12・20系10両	ハネ	
1986 11.1	8	10	急行	4711D	たかやま	飛騨古川	気動車	キハ58系5両		
		42	特急	2009M	しなの9号	長野	電車	381系9両		
	21	30	急行	4801	ちくま	長野	客車	12・14系10両	ハネ	
1988 3.13	8	09	急行	4711D	たかやま	飛騨古川	気動車	キハ58系4両		
		42	特急	2015M	しなの15号	長野	電車	381系6両		
	21	30	急行	4801	ちくま	長野	客車	12・14系8両	ハネ	
1996 12.1	7	58	急行	4711D	たかやま	飛騨古川	気動車	キハ58系4両		
	9	08	特急	2015M	(WB)しなの15号	長野	電車	383系6両		
	21	03	急行	4801	ちくま	長野	客車	12・14系8両	ハネ	
1997 10.1	7	57	急行	4711D	たかやま	飛騨古川	気動車	キハ58系4両		
	8	58	特急	2015M	(WB)しなの15号	長野	電車	383系6両		
	21	03	急行	4801M	ちくま	長野	電車	383系6両		
1999 12.4	8	02	特急	2023D	(WB)ひだ23号	高山	気動車	キハ85系4両		
		58	特急	2015M	(WB)しなの15号	長野	電車	383系6両		
	21	42	急行	4801M	ちくま	長野	客車	383系6両		
2003 10.1	8	00	特急	2023D	(WB)ひだ23号	高山	気動車	キハ85系3両	(ハのみ)	
		58	特急	2009M	(WB)しなの9号	長野	電車	383系6両		
2016.3.26	8	00	特急	2025D	(WB)ひだ25号	高山	気動車	キハ85系3両	(ハのみ)	
2022.3.12	7	58	特急	2025D	ひだ25号	高山	気動車	キハ85系3両	(ハのみ)	
2023.3.18	7	58	特急	2025D	ひだ25号	高山	気動車	HC85系2両	(ハのみ)	

大阪駅から東海道本線経由で高山・中央両本線に直通する定期列車を記載。
「しなの」「ひだ」の接頭辞(WB)は(ワイドビュー)を示す
連結車種欄の表記で、「シ」は食堂車、「ハネ」はB寝台を示す。(ハのみ)は普通車だけの編成。無記入はグリーン車と普通車での編成
編成両数は本編成の始発駅発車時点における両数を示す。両数表示がない場合は不詳。

行として設定された。

このように、中央東・西線と高山本線の優等列車は、名古屋または新宿を起点に運転されてきたが、「もはや戦後ではない」といわれた１９５０年代後半頃には、高度成長に伴う国民所得の増大やレジャーの大型化により、関西から温泉観光はもとより、登山やスキー目的で中央西線や高山本線を訪れる客が多数見られるようになる。１９５８（昭和33）年10月当時の中央西線では優等列車は急行「し

なの」と準急（列車名なし、翌年に「きそ」と命名）の計3往復、高山本線では準急「ひだ」２往復が運転されていたが、何れも名古屋始発のため、関西からは名古屋・岐阜での乗換えを要し、旅行には不便がつきまとった。

そこで、関西から中央西線行き定期優等列車として準急「ちくま」が１９５９（昭和34）年12月に、高山本線行きはかなり遅れ、１９７２（昭和47）年3月になって急行「たかやま」として運転を開始する。以後の変遷を**表46**に記すが、エル特急などの運転で列車本数が多く、時期を抽出して表示するしか方法がない1章から5章までの区間とは異なり、本章の関西〜信州・飛騨間の列車はこれがすべてで、関西〜信州間は多くても２本、飛騨方面へは1本きりの設定である。

では、次項から関西〜信州・飛騨間を直通した代表3列車の変遷等を、筆者の体験も含め記述する。

冬場はスキー客御用達だった急行「ちくま」

大阪から東海道本線名古屋経由で最初に中央西線に乗入れた定期優等列車は、長野行き客車準急の「ちくま」で、運転開始日の1959（昭和34）年12月13日における時刻は、下りが大阪発20時25分→長野着6時20分、上りが長野発9時20分→大阪着18時24分と、上下で時間帯が異なる変則運転だった。これは、1本の編成を車両基地で長時間休ませることなく使用できるほか、現地での時間を有効に使おうとする登山客やスキー客は、夜行昼帰りの旅を好む傾向があるので、理にかなったダイヤでもあった。

「ちくま」といえば、古いレイルファンの間で〝激論〟となったのが、列車名の由来である。これについては島崎藤村の詩『千曲川旅情の歌』で知られている千曲川に因むと思うのが普通だが、実は大阪～長野間の列車「ちくま」は、松本市を含む中央西線沿線の地方名で、明治期には県名として登用された「筑摩」に因んでいる。千曲川に因む「千曲」の列車名を付けるのなら、川の流れから信越本線列車のネームとして採用するのが望ましいが、命名者が「筑摩」の漢字は読みにくいと感じたのか、平仮名の「ちくま」にしたのが、激論を招く理由になったようだ。

それはさておき、準急「ちくま」は1961（昭和36）年10月改正で気動車化され、同時に急行に格上げされるが、下り夜行・上り昼行のダイヤはそのままだった。だが、利用客が増えるとそれでは不便なので、東海道新幹線開業後の1966（昭和41）年3月には逆ダイヤで1往復が増発され、「ちくま」は昼行・夜行各1往復の利用しやすいダイヤになる。

名古屋〜長野間での距離が300キロに満たないことで、優等列車は急行止まりだった中央西線にも1968（昭和43）年10月改正で気動車特急「しなの」が登場。2年半後の1971（昭和46）年4月には3往復に増発されるが、「ちくま」2往復のうち昼行の1往復が特急に格上げされ、「しなの」に編入されたため、「ちくま」の定期列車は夜行1往復に戻る。「ちくま」用キハ57・58系気動車の昼行を、大阪〜新潟・和倉間急行「越後・ゆのくに」に充てることで、列車設定以来の合理的な運用は維持された。

関西〜信州を直行する急行「ちくま」は、夏のハイカーや冬のスキーなど、レジャー客が主体だった。
1988.8.21　山崎〜高槻

高度成長がピークを迎え、筆者を含む団塊の世代が20歳代に突入したのはこの時期で、若者の間ではスキーがブームになっていたため、年末年始や学校が春休みの時期にはスキー場に出かける仲間も多かった。大阪からは長野県内が圧倒的だったようで、筆者の家内ですら、結婚前は姉妹や友達たちと野沢や戸狩へよく出かけたと言っていた。その頃の「ちくま」は季節列車や臨時列車を含め、スキーシーズンには夜行だけで3本運転されていたが、指定席の切符を取れない時は自由席を確保するため、大阪駅ホームで長い時間並ばねばならなかったので、大変だったようだ。

中央西線電化後も長らく気動車のままで残されていた「ちくま」は、1978（昭和53）年10月改正で相方の昼行急行が特急に格上げされたため客車列車化され、寝台車部分は20系、座席車部分は12系の編成に変更され、**表47**に示すように夜行急行としては理想的な形態となる。しかし、高度経済成長は1973（昭和48）年のオイルショックで過去のものとなり、国鉄も値上げを繰り返していて、運賃・料金も1973（昭和48）年当時から5年間のうちに2倍以上の値段に跳ね上がったことで、〝スキー列車〟の話も職場などでも話題に上らなくなった。そして、1981（昭和56）年の中央自動車道全通は、「ちくま」はもちろんのこと、中央東・西線の優等列車の行く手にも大きな影響を与えた。

客車列車の姿も板についた「ちくま」は、国鉄最後の1986（昭和61）年11月改正で寝台車がベッド幅の広い14系に置き換えられ、JR化を迎える。だが、大阪～長野間をJR西日本・東海・東日本の3社に跨って走る「ちくま」は、それ以上の改善がなされないうちに長野自動車道が全通し、関西～長野間の高速道路がつながったことで、旅客の高速

表47　急行「ちくま」編成の変遷（代表例）

1961.10 1

←807D長野行き　　808D　大阪行き→

①	②	③	④	⑤	⑥	⑦	⑧
2等	指自1等	2等	2等	2等	2等	2等	2等
キハ	キロ	キハ	キハ	キハ	キハ	キハ	キハ
57	27	57	57	57	57	57	57

大阪～松本

1966. 3.25(編成は長野行き「第1ちくま」を示す)

←803D長野行き

①	②	③	④	⑤	⑥	⑦	⑧	⑨	⑩
2等	2等	2等	2等	2等	2等	自1等	指1等	2等	2等
キハ	キハ	キハ	キハ	キハ	キハ	キロ	キロ	キハ	キハ
58	58	58	58	58	58	28	28	58	58

1972. 3.15(編成は長野行き「ちくま2号」を示す)

←4811D長野行き

①	②	③	④	⑤	⑥	⑦	⑧	⑨	⑩	⑪	⑫
指	指	指	指	指G	指	指	指G	指	指	指	指
キハ	キハ	キハ	キハ	キロ	キハ	キハ	キロ	キハ	キハ	キハ	キハ
57	57	57	57	28	57	65	27	57	57	28	58

大阪～松本

1978.10.2(編成は「ちくま5-4号を示す)

←4803レ　長野行き　　4802レ　大阪行き→

①	②	③	④	⑤	⑥	⑦	⑧	⑨	⑩
自	自	自	指	指	指	指	B寝	B寝	B寝
スハフ	オハ	オハ	オハ	オハ	スハフ	スハフ	ナハネ	ナハネ	ナハネフ
12	12	12	12	12	12	12	20	20	22

1986.11.1

←4802レ　大阪行き　　4801レ　長野行き→

①	②	③	④	⑤	⑥	⑦	⑧	⑨	⑩
B寝	B寝	B寝	指	指	指	指	自	自	自
スハネフ	オハネ	オハネ	スハフ	スハフ	オハ	オハ	オハ	オハ	スハフ
14	14	14	12	12	12	12	12	12	12

1988. 3.13

←4802レ　大阪行き　　4801レ　長野行き→

①	②	③	④	⑤	⑥	⑦	⑧
B寝	B寝	B寝	指	指	自	自	自
スハネフ	オハネ	オハネ	スハフ	オハ	オハ	オハ	スハフ
14	14	14	12	12	12	12	12

1997.10. 1

←4801M　長野行き　　4802M大阪行き→

①	②	③	④	⑤	⑥
G	指	指	指	自	自
クロ	モハ	サハ	モハ	サハ	クモハ
383	383	383	383	383	383

バスへの移行が進む。そして1997（平成9）年からは、特急「しなの」用の383系電車に置き換えられるが、これは客車の老朽化に対処する合理化策だった。その「ちくま」

も２００３（平成15）年10月に廃止され、早くも20年が過ぎようとしている。

昼行で唯一の特急として人気があった大阪発着の「しなの」

東海道新幹線開業後、在来線特急も大衆化してくると設定路線のハードルも低くなり、１９６６（昭和41）年12月に中央東線新宿〜松本間で電車特急「あずさ」が運転を開始する。中央本線優等列車の歴史からは１項で記したように、西線側にも気動車特急を設定してもいいはずだが、残念ながら同時運転とはならなかった。というのは、当時名古屋〜長野間では、キハ58系の気動車急行最速列車が４時間49分で結んでいたが、唯一の特急形式であるキハ80系は、編成全体の出力との関係で、勾配路線の同区間では58系急行の所要時間を短縮できないことが分かったからである。特急の所要を４時間50分以上とし、急行にはさらにスピードを落としてもらうようにすれば、特急設定は可能だが、そんな不細工なマネはできなかった。

そこで、中央西線特急用としてエンジンの出力を大幅アップした新形式のキハ１８１系が立ち上げられ、１９６８（昭和43）10月から特急「しなの」として名古屋〜長野間で１

往復の運転を開始する。これにより同区間は4時間11分で結ばれ、表定速度も60キロ台に乗る。キハ181系はキハ80系に類似した端正なスタイルで、中央西線では初の食堂車付きの列車であるため、沿線から歓迎された。その特急「しなの」は1971（昭和46）年4月には3往復に増発される。うち1往復は大阪始発とされ、急行「ちくま1号」からの格上げながら、大阪駅では初の長野行き特急となり、所要時間も急行時代の7時間43分から6時間20分に短縮される。筆者はこのキハ181系「しなの」には、学生生活も終了間近な1973（昭和48）年2月に名古屋行き3号に木曽福島から乗車した。特急券は手配済みだったので、座席は確保できたが、車内はスキーからの帰りと分かる旅客で満席だった。列車は勾配を下るだけなので、エンジン音もほとんど聞こえず、闇の中を静かに走っている感じだった。

キハ181系時代の特急「しなの」。1往復存在した大阪直通列車は、滋賀や岐阜など、新幹線から遠い沿線の利便にも貢献した。1971.4.26　瀬田～草津

そうした中、名古屋～長野間の全線電化は1973（昭和48）年7月に完成する。直流方式なので

本来なら183系の出番だが、カーブの多い中央西線では、在来の特急型電車では10分以内の短縮しかできないことが分かった。そのため、「しなの」用には特殊構造の台車を装備し、振子作用によって車体を内側に傾斜させ、曲線を高速で通過できる振子式の381系電車が開発される。そして、電化完成時から特急「しなの」8往復中6往復に投入され、名古屋〜長野間を3時間20分で結ぶ。381系は製造コストとの関係で全列車置換えとはならず、大阪始発を含む2往復はキハ181系のままで残るが、気動車特急の同区間3時間58分とは所要時間の差が歴然だった。

ところで、381系は運転開始後、ヤマ線とは思えない高速運転とともに、「よく揺れる」とか「乗り物酔いをする客がいる」とかいった話が、レイルファン仲間以外からでも聞かれるようになる。スマホ社会の現在なら情報が一瞬に伝わるところだが、当時はテレビに流れるまでには1ヵ月ほどかかったと思う。その頃は社会人になっており、仕事に慣れるのに時間を要したため、381系電車に試乗して確かめる機会がなかった。そうした中、1975（昭和50）年3月改正の「しなの」全列車電車化で、大阪乗入れ列車も381系化され、大阪〜長野間の所要時間は5時間50分になる。

筆者は、その1ヵ月後の4月上旬に上信越方面に撮影旅に出かけることにしたので、大阪～塩尻間を３８１系「しなの」に乗車した。東海道本線内は４８５系電車と変わらない乗り心地だったが、中央西線に入り、車両前方の仕切り壁を見ていると車体の傾きがよく分かり、「これが、振子作用か」と思った。席に座っている限りは、多少の揺れを感じても気にはならなかった。だが、トイレに立ったあと、扉の窓から外の景色を眺めようとした瞬間、急な揺れで足がふらついたのか、扉にぶつかってしまった。幸い怪我も大した痛みもなかったが、「これやったら、食堂車の連結なんか絶対無理やなぁ」など、苦笑いをするしかなかった。

381系時代の特急「しなの」。車両の構造上、特段に細長く見える車体は、大阪駅や東海道本線の沿線でも人目をひいた。1985.4.7　山崎付近

　こうした３８１系「しなの」は、ＪＲ化後も１往復がそのまま大阪始発で残るが、車齢も20年を超えると陳腐化が避けられず、１９９６（平成８）年12月からは、定期列車が最高速度１３０キロの制御付振子式の３８３系に置き換えられる。最高速度向上によるスピードアップで、大阪～長野間が４時間51分に、大阪～名古屋間は在来線と私鉄では初の１時

間台（1時間58分）での運転になる。
名阪間1時間台運転にも興味があり、「（ワイドビュー）しなの」の大阪〜名古屋間でのスピード旅も体験したかったが、そう思っている間に「利用客の減少」を理由に、2016（平成28）年3月改正で大阪乗入れが取り止められてしまったのは、返す返すも残念である。なお、歴代の特急「しなの」の編成の変遷については**表48**に示す。

表48　大阪駅発「しなの」編成の変遷（代表例）

1971.4.26
←2013D 長野行き　　2016D 大阪行き→

①	②	③	④	⑤	⑥	⑦	⑧	⑨	⑩
指	指	指	指	指	指	食堂	G	指	指
キハ	キハ	キハ	キハ	キハ	キハ	キサシ	キロ	キハ	キハ
181	180	180	180	180	180	180	180	180	181

1975.3.10
←4045M 長野行き　　4046M 大阪行き→

①	②	③	④	⑤	⑥	⑦	⑧	⑨
自	自	自	指	指	G	指	指	指
クハ	モハ	モハ	モハ	モハ	サロ	モハ	モハ	クハ
381	381	380	381	380	381	381	380	381

1988.3.13
←2018M大阪行き　2015M長野行き→

①	②	③	④	⑤	⑥
自	自	指	指	指	G
クハ	モハ	モハ	モハ	モハ	クロ
381	380	381	380	381	381

1996.12.1
←2015M 長野行き　2018M大阪行き→

①	②	③	④	⑤	⑥
G	指	指	指	自	自
クロ	モハ	サハ	モハ	サハ	クモハ
383	383	383	383	383	383

活躍が半世紀以上に及ぶ高山本線直通の「たかやま」〜「ひだ」

1950年代後半の気動車準急の導入が、本線とは名ばかりの中部横断ローカル線である高山本線起終点駅を直結し、名古屋〜北陸間では米原経由の北陸本線に見劣りがしない幹線に〝昇格〟させたが、定期優等列車は名古屋始発の一辺倒だった。そのため、関西始発列車は岐阜ではスムーズに高山本線に入線できるにもかかわらず、1968（昭和43）年10月になっても、運転の声がかからなかった。もっとも関西と高山沿線を結ぶ急行は1966（昭和41）年10月から「のりくら」、1968（昭和43）年10月からは「くろゆり」が多客期運転の不定期（季節）列車として、いずれも大阪～高山間に設定されていたが、観光客の利用が大半で年間を通じての安定した需要がないせいか、定期運転までに至らなかった。

しかし、1970（昭和45）年の日本万国博覧会終了直後に、国鉄が開始した「DISCOVER　JAPAN」キャンペーンで、飛騨の小京都である高山市が脚光を浴びたことで、国鉄はさらなる観光客を誘致する狙いもあり、1971（昭和46）年10月に「くろゆり」の列車名を「たかやま」に改称する。そして、1972（昭和47）年3月改正からは、「たかやま1―1号」の列車名で晴れて定期運転になる。上下とも2号以下の列車がないのに、号数番号が付与されたのは、当時大阪↓下呂間で多客期運転だった臨時列車「たかやま51号」が好調な乗車率を維持し続ければ、一桁の号数が付く定期または季節列車に格上げする計画があったものと思われる。ちなみに「たかやま1―1号」の時刻は、下りが大阪発8時00分↓高山着13時16分、上りが高山発14時58分↓大阪着19時57分で、この一泊型の時刻は特急化されて久しく時を経過した現在にいたるまで、スピードアップはあるものの基本的に同じである。歴代の大阪～高山間優等列車の編成を**表49**に示す。

高山本線は分水嶺の宮峠を境に、太平洋側の美濃太田～久々野間が飛騨川（益田川）、日本海側にあたる飛騨一ノ宮～富山間は宮川・神通川が車窓の友となる風光明媚な路線で、筆者も撮影や、石川県の親類宅からの帰路に何度か利用したが、乗車対象となる列車は名古屋鉄道キハ８０００系を使用する急行（後に特急に格上げ）「北アルプス」だった。名古屋までは、近鉄特急を利用するので、こと大阪府内～高山間に関しては私鉄車両が中心で、そのため、急行「たかやま」の利用は１９８０（昭和55）年７月、当時勤め

表49　大阪駅発「たかやま・ひだ」編成の変遷（代表例）

1972. 3.15 急行「たかやま」
←4710D大阪行き　4711D高山行き→

③	④	⑤	⑥	⑦	⑧
自 キハ 58	自 キハ 28	自 キハ 58	G キロ 28	自 キハ 28	自 キハ 58

1988. 3.13　急行「たかやま」
←4712D大阪行き
4711D飛騨古川行き→

①	②	③	④
指 キハ 58	G キロ 28	自 キハ 28	自 キハ 58

1999.12. 4特急「(ワイドビュー)ひだ」
←2034D大阪行き
2023D高山行き→

①	②	③	④
指 キハ 85	G・指 キロハ 84	指 キハ 85	自 キハ 85

2003.10. 1特急「(ワイドビュー)ひだ」
←2034D大阪行き
2023D高山行き→

①	②	③
指 キハ 85	自 キハ 84	指 キハ 85

2023. 3.18特急「ひだ」
←2036D大阪行き　2025D高山行き→

①	②		①	②	③	④
指 クモハ 85	自 クモハ 85	または	指 クモハ 85	指 モハ 84	指 モハ 84	自 クモハ 85

ていた職場での、平湯温泉への親睦会旅行の際、大阪～高山間を乗車した一度だけだった。

その急行「たかやま」は、ＪＲ化後名古屋始発列車が大出力で足の速いキハ85系「(ワイドビュー) ひだ」に置き換えられても、キハ58系の塗装を変更しただけで急行のまま残っていたが、車両の老朽化だけはどうにもならず、１９９９(平成11)年12月改正でキハ85系に置き換えのうえ、「(ワイドビュー) ひだ」への仲間入りを果たす。２０１６(平成28)年３月には長野行きの「(ワイドビュー) しなの」が運転を取りやめたため、大阪駅で残る昼行列車では普通を含む唯一のＪＲ東海管内直通となる。列車名も「ひだ」に戻ったＨＣ85系には、孤高の存在として今後も頑張り続けてほしいものである。

特急「(ワイドビュー) ひだ23号」。今や大阪駅からＪＲ東海区間に直通する唯一の昼行列車である。2000.3.30　関ケ原～垂井

コラム6

関西から富山へは、急がば高山を回れ

1956（昭和31）年11月から1965（昭和40）年9月までの約9年間、大阪〜富山間で運転された急行「立山」は3章でも触れたように、大阪〜金沢間では何かと準急「ゆのくに」と比較され、評判の良くない列車だった。そして、1961（昭和36）年3月には大阪〜富山間でも〝屈辱の日〟が訪れる。

当時の大阪〜富山間は北陸本線経由が354・1㎞に対し、高山本線経由は385・9㎞と約30㎞長く、さらに同線は全線単線未電化なので、北陸本線経由は所要時間で断然速くて然りである。だが、1961（昭和36）年3月改正では、「立山」が大阪発12時15分↓富山着19時24分、所要時間は7時間09分でマイペースの走りを行っている間に、新設された電車急行「せっつ」と気動車準急「第2ひだ」との乗り継ぎでは、大阪発14時00分↓岐阜着16時10分・同発16時15分↓富山着20時30分、所要時間は6時間30分で39分も速くなり、〝急がば回れ〟の現象が生じる。これは高性能の153系電車と勾配に強いキハ58系気動車によるところが大きく、鉄道近代化の勝利といえた。

その後、北陸本線では1962（昭和37）年6月に北陸トンネル開通と敦賀〜福井間電化、1963（昭和38）年4月に金沢電化、1964（昭和39）年10月には富山電化と次々にプロジェクトが完成す

る。「立山」も1964（昭和39）年10月には米原〜田村間を除く全区間が電気機関車の牽引となり、大阪〜富山間所要は6時間19分にまで短縮されるが、同区間での新しい比較対象となった、電車準急「比叡4号」と気動車急行「加越」乗り継ぎの6時間11分には、わずかながらも及ばなかった。

翌1965（昭和40）年10月に「立山」は電車化され、大阪〜富山間は5時間21分に短縮される。一方、岐阜での高山本線乗り継ぎには、待ち時間がかかるようになり、大阪〜富山間で、さほど次元が高いとも思えないスピード競争はピリオドが打たれる。

客車列車の「立山」は最後まで苦汁を嘗めたわけだが、大阪〜富山間を実際に岐阜乗り継ぎでどれだけの人が旅行したかとなると、ごく少数かと思われる。岐阜経由は値段が高額なことに加え、電車急行や気動車準急は人気が高く、座席確保が困難なのが理由である。その点、通常期の「立山」は混雑とは無関係の列車なので、時間さえ気にしなければ、ゆったりとした旅ができたからである。

特急「ひだ」はニューフェイスのHC85系にバトンタッチ。2022.12.9　尾張一宮駅　写真：交通新聞クリエイト

終章　関西発名列車のこれから～あとがきにかえて

東海道・山陽新幹線が全通を迎えてからはや50年が経とうとしている。京阪神三都から列車が発車する在来線も、その間北陸本線と福知山線は全区間、山陰本線と紀勢本線も「幹線区間」の電化が完成して久しい。山陽・九州新幹線では鹿児島中央まで、3時間台で到達できるようになり、長崎へも途中在来線を挟みながらも、新幹線の旅が楽しめる。さらに、来春には北陸新幹線が敦賀開業を迎える。

しかし、在来線では多本数の特急運転を行なっている区間が存在するものの、全体としては伸び悩みの状況が続いている。これは特急運転路線に並行する高速道路の相次ぐ開通で、利用客の高速バスやマイカーへの移行が進んでいるのがひとつの理由とされる。スピード面で限界のある在来線鉄道が、旅客を取り戻すのは容易でないが、観光地へクルマで行こうとする親を、子どもが引っ張ってでも乗りたくなるような列車をつくり、それを背伸びすれば利用できるような値段で、定期運転してほしいものである。一レイルファンとして、鉄道会社にはそれを提案し、本書のまとめとしたい。本書の企画・出版にあたり、格段のご高配を賜った交通新聞社の太田浩道氏、貴重な写真をご提供していただいた大津宏氏と篠原丞氏には、心から感謝するとともに、厚くお礼を申し上げます。

2023（令和5）年5月　寺本光照

参考文献

●寺本光照『列車名大事典 最新増補改訂版』イカロス出版　2022
●寺本光照『関西発の名列車』JTBパブリッシング　2016
●寺本光照・福原俊一『関西新快速物語』JTBパブリッシング　2011
●寺本光照『時刻表でたどる新幹線発達史』JTBパブリッシング　2013
●寺本光照『153系電車が走った東海道電車急行』フォト・パブリッシング　2021
●岡田誠一『国鉄鋼製客車Ⅰ』JTBパブリッシング　2008
●三宅俊彦『日本鉄道史年表』グランプリ出版　2005
●池田光雅『鉄道総合年表1972～93』中央書院　1993
●星晃『回想の旅客車』交友社　1985
●須田寛『須田寛の鉄道ばなし』JTBパブリッシング　2012
●『JR特急の四半世紀』イカロス出版　2012
●『日本の鉄道150選』交通新聞社　2022
●『停車場変遷大事典』JTB　1998
●『日本鉄道旅行地図帳』（6号北信越、8号関西1、9号関西2）新潮社　2008・2009
●『国鉄動力車配置表』、『国鉄客車配置表』『国鉄車両配置表』『JR車両配置表』（鉄道図書刊行会、関係各号）
●『鉄道ピクトリアル』『鉄道ファン』『ジェイ・トレイン』『JR時刻表』『国鉄監修時刻表』（関係各号）

※特記以外の写真は筆者撮影

寺本光照（てらもと　みつてる）
1950年大阪府生まれ。甲南大学法学部卒。もと公立小学校教諭。鉄道関係を中心に多くの著書を持つが、中でも鉄道運輸・運転史研究の大家としても知られ、列車への愛情あふれる独特の筆致を持つ。おもな近著に『こんなに面白い！　近鉄電車100年』（交通新聞社）、『列車名大事典　最新増補改訂版』（イカロス出版）がある。

交通新聞社新書171

関西発ゆかりの名列車

国鉄～ＪＲネームドトレインの物語

（定価はカバーに表示してあります）

2023年６月15日　第1刷発行

著　者——寺本光照
発行人——伊藤嘉道
発行所——株式会社交通新聞社
https://www.kotsu.co.jp/
〒101-0062　東京都千代田区神田駿河台2-3-11
電話　（03）6831-6560（編集）
（03）6831-6622（販売）

カバーデザイン—アルビレオ
印刷・製本—大日本印刷株式会社

ISBN978-4-330-03423-2